普通高等教育"十二五"规划教材
全国高等院校规划教材·旅游系列

实用旅游心理学

秦 明 主编

内 容 简 介

本书从全新的视角出发,全面、系统地阐述了旅游心理学的理论以及在实践中的应用。全书共十四章,主要包括旅游心理学概述、旅游者的感觉和知觉、旅游动机、旅游态度、旅游者的情绪和情感、学习与旅游决策、个性与旅游倾向、个体的旅游审美心理、社会群体对旅游行为的影响、旅游商品的设计生产与销售心理、旅游宣传心理、旅游资源开发心理、旅游饭店服务心理、旅游接待与导游服务心理等内容。全书体系完整、论述详尽,配有相关的案例及复习思考题,能够反映本学科的研究成果和前沿动态,具有较强的实务指导性。

本书可以作为旅游管理专业专科生、本科生的教材,也可以作为旅游企业、旅游研究机构的相关人员的学习参考书。

图书在版编目(CIP)数据

实用旅游心理学/秦明主编. —北京:北京大学出版社,2013.9
(全国高等院校规划教材·旅游系列)
ISBN 978-7-301-23038-1

Ⅰ. ①实… Ⅱ. ①秦… Ⅲ. ①旅游心理学—高等学校—教材 Ⅳ. ①F590

中国版本图书馆 CIP 数据核字(2013)第 190833 号

书　　　名:	实用旅游心理学
著作责任者:	秦　明　主编
责 任 编 辑:	吴坤娟
标 准 书 号:	ISBN 978-7-301-23038-1/G · 3687
出 版 发 行:	北京大学出版社
地　　　址:	北京市海淀区成府路 205 号　100871
网　　　址:	http://www.pup.cn　　新浪官方微博:@北京大学出版社
电 子 信 箱:	zyjy@pup.cn
电　　　话:	邮购部 62752015　发行部 62750672　编辑部 62756923　出版部 62754962
印　　刷　者:	北京富生印刷厂
经　　销　者:	新华书店
	787 毫米×1092 毫米　16 开本　14.75 印张　350 千字
	2013 年 9 月第 1 版　2020 年 1 月第 3 次印刷
定　　　价:	28.00 元

未经许可,不得以任何方式复制或抄袭本书之部分或全部内容。

版权所有,侵权必究

举报电话:010-62752024　电子信箱:fd@pup.pku.edu.cn

前　言

　　旅游心理学是研究旅游活动中人的心理现象和行为规律的科学，它是心理学的一个分支学科。其特点是运用心理学的方式、方法，来分析和解决旅游消费、旅游服务、旅游管理中的心理现象和心理问题。本教材旨在使学生掌握旅游心理学的基本知识，并培养学生运用这些知识分析实际的旅游行为的能力。

　　通过本教材的学习，希望学生掌握影响旅游行为的各种心理因素，如需要、动机、知觉、态度、个性等，还要了解影响旅游行为的社会因素，如家庭、社会阶层、社会文化等，以及在这些因素的作用下旅游者决策的特点和旅游行为产生、发展的规律；了解旅游者在旅游活动过程中的心理特征及其发展趋势；准确把握旅游服务心理的内涵；掌握旅游服务中的心理现象与规律；了解旅游服务人员应具备的心理素质。

　　旅游业是正在迅猛发展着的朝阳产业，在我国，旅游业的发展具有非常广阔的前景。但随着我国旅游业的迅猛发展，旅游专业人才匮乏的问题显得越来越突出。要培养出专业型人才，首先得有一系列高质量的教材。在这里，编者要感谢北京大学出版社对本书的写作及出版的大力支持。

　　此外，由于旅游专业的操作性、实践性很强，心理学理论又较为抽象，因此本教材在编写过程中，选择了大量案例来帮助学生将理论与实践相结合。

　　编者的出发点是要编写一本实用教材，为旅游教学作一点贡献，但由于水平所限，教材中的疏漏和错误难以完全避免，还请专家、学者不吝赐教，真诚地希望使用本教材的师生在使用过程中能给予指正。

编　者
2013 年 4 月

第一章 旅游心理学概述 …… 1

第一节 旅游心理学的研究对象和
研究意义 …… 1
　一、旅游心理学的研究对象 …… 1
　二、研究旅游心理学的意义 …… 2
第二节 旅游心理学的研究原则和方法 …… 3
　一、研究的基本原则 …… 3
　二、旅游心理学的研究方法 …… 4
第三节 旅游心理学的相关学科简介 …… 7
　一、普通心理学 …… 7
　二、社会心理学 …… 9
本章小结 …… 12
思考题 …… 13

第二章 旅游者的感觉和知觉 …… 14

第一节 旅游者的感觉 …… 14
　一、感觉 …… 14
　二、感觉对旅游活动的影响 …… 15
第二节 旅游者的知觉 …… 17
　一、知觉的概念 …… 18
　二、知觉的特性 …… 18
　三、影响知觉的主观与客观因素 …… 21

第三节 旅游者对旅游条件的知觉 …… 25
　一、对旅游目的地的知觉 …… 25
　二、对旅游距离的知觉 …… 26
　三、对旅游交通条件的知觉 …… 27
　四、对旅游娱乐服务的知觉 …… 28
第四节 旅游活动中的社会知觉 …… 28
　一、社会知觉的概念 …… 28
　二、社会知觉的类型 …… 29
　三、影响社会知觉的心理效应及
　　　心理定势 …… 31
本章小结 …… 32
思考题 …… 34

第三章 旅游动机 …… 35

第一节 旅游动机的概念及其作用 …… 35
　一、旅游动机的概念 …… 35
　二、旅游动机对旅游行为的作用 …… 36
第二节 产生旅游动机的条件 …… 37
　一、主体的旅游需要 …… 37
　二、符合旅游需要的对象 …… 40
　三、旅游主体对符合需要的
　　　旅游对象的知觉 …… 40
第三节 旅游动机的特性及其决定条件 …… 41

一、旅游动机的特性 …………… 41
　　二、决定旅游动机特性的条件 …… 43
第四节　旅游动机的种类 ……………… 44
　　一、身心健康的动机 ……………… 45
　　二、探奇求知的动机 ……………… 45
　　三、社会交往的动机 ……………… 46
　　四、纪念性与象征性动机 ………… 46
　　五、经济的动机 …………………… 46
　　六、宗教朝觐动机 ………………… 47
本章小结 …………………………………… 47
思考题 ……………………………………… 49

第四章　旅游态度 ……………………… 50

第一节　旅游态度的概念及其特性 …… 50
　　一、旅游态度的概念 ……………… 50
　　二、旅游态度的特性 ……………… 51
第二节　旅游态度的作用 ……………… 52
　　一、旅游态度影响旅游选择 ……… 52
　　二、旅游态度影响旅游活动的效果 … 52
　　三、旅游态度可以形成对某些对象的
　　　　偏好 …………………………… 53
第三节　影响旅游态度形成的因素 …… 53
　　一、旅游需要的满足与否 ………… 53
　　二、知识的影响 …………………… 53
　　三、团体的影响 …………………… 53
　　四、个性特征的影响 ……………… 54
　　五、其他因素的影响 ……………… 54
第四节　旅游态度的改变 ……………… 54
　　一、个体改变态度的可能性 ……… 54
　　二、改变态度的方法 ……………… 58
本章小结 …………………………………… 62
思考题 ……………………………………… 66

第五章　旅游者的情绪和情感 ……… 67

第一节　情绪和情感概述 ……………… 67
　　一、情绪、情感的定义 …………… 67
　　二、情感和情绪的区别与联系 …… 68
　　三、情绪和情感对旅游行为的影响 … 69
　　四、情绪和情感的特性 …………… 71
　　五、情绪和情感的作用 …………… 72
第二节　情绪和情感的种类 …………… 73
　　一、情绪的种类 …………………… 73
　　二、情感的种类 …………………… 77
第三节　掌控情绪 ……………………… 78
　　一、情绪的表现 …………………… 78
　　二、引起情绪情感变化的原因 …… 80
　　三、情绪的诱发和控制 …………… 81
本章小结 …………………………………… 81
思考题 ……………………………………… 86

第六章　学习与旅游决策 …………… 87

第一节　现代旅游者的特点与发展趋势 … 87
第二节　旅游者的学习 ………………… 89
　　一、旅游决策的风险与学习 ……… 89
　　二、实施旅游决策的疑虑与学习 … 92
　　三、旅游业在减少旅游者疑虑方面的
　　　　作为 …………………………… 94
第三节　旅游者的学习理论与学习过程 … 94
　　一、相关的学习理论 ……………… 94
　　二、旅游者学习的过程 …………… 96
本章小结 …………………………………… 98
思考题 …………………………………… 100

第七章　个性与旅游倾向 …………… 101

第一节　个性概述 …………………… 101
　　一、个性的概念及其特征 ……… 101
　　二、研究旅游者个性的意义 …… 103
　　三、影响个性形成和发展的因素 … 103
第二节　相关的个性理论 …………… 105
　　一、弗洛伊德的个性结构学说 … 105
　　二、艾森克的个性类型学说 …… 105
　　三、奥尔波特的个性类型理论 … 106
　　四、卡特尔的人格理论 ………… 106
第三节　个性特征和旅游行为 ……… 107
　　一、内、外倾个性和旅游行为 … 107
　　二、兴趣对旅游行为的影响 …… 108
　　三、气质对旅游行为的影响 …… 108
　　四、性格对旅游行为的影响 …… 109
第四节　旅游者的类型 ……………… 110
　　一、根据对旅游内容的选择
　　　　进行分类 ……………………… 110
　　二、根据旅游距离分类 ………… 111

三、根据生活方式进行分类 ………… 112
　　　四、根据对旅游组织方式的选择
　　　　　进行分类 ………………………… 113
　　本章小结 ……………………………………… 114
　　思考题 ………………………………………… 116

第八章　个体的旅游审美心理 ………… 117

　　第一节　个体的旅游审美 ………………… 117
　　　一、研究旅游美学的意义 ……………… 117
　　　二、旅游审美对象的内容 ……………… 118
　　第二节　旅游审美的心理特点 …………… 122
　　　一、直接面对现实的对象，具有强烈的
　　　　　真切感 ………………………………… 122
　　　二、在移动中进行，审美感知的形象
　　　　　更丰富 ………………………………… 122
　　　三、能够获取动态美的形象 …………… 122
　　　四、不受约束，联想丰富 ……………… 122
　　　五、审美范围广阔 ……………………… 122
　　　六、审美情趣和鉴赏能力
　　　　　各有差异 ……………………………… 123
　　　七、审美过程直接却短暂 ……………… 123
　　第三节　提高旅游审美效果的措施 ……… 124
　　　一、提高文化素质，培养审美能力 …… 124
　　　二、认识审美规律，掌握审美法则 …… 125
　　　三、把握观赏的具体要求，获得最佳的
　　　　　审美效果 ……………………………… 126
　　　四、保持良好的情绪状态 ……………… 128
　　　五、请导游讲解 ………………………… 128
　　　六、避免过多安排相同类型的景观 …… 128
　　本章小结 ……………………………………… 129
　　思考题 ………………………………………… 132

第九章　社会群体对旅游行为的影响 …… 133

　　第一节　群体与个体 ……………………… 133
　　　一、群体 ………………………………… 133
　　　二、参照群体 …………………………… 135
　　　三、群体的范围及层次 ………………… 135
　　　四、群体对个体的意义 ………………… 136
　　　五、群体与个体的关系 ………………… 137
　　第二节　社会文化观念对旅游行为的
　　　　　　影响 ………………………………… 138

　　　一、文化概述 …………………………… 138
　　　二、社会文化观念对旅游行为的
　　　　　影响 …………………………………… 139
　　第三节　旅游团体与旅游行为 …………… 140
　　　一、旅游团体的构成 …………………… 140
　　　二、团体对旅游行为的影响 …………… 141
　　　三、典型群体的旅游行为特点 ………… 141
　　第四节　社会阶层对旅游行为的影响 …… 142
　　　一、社会阶层的概念 …………………… 143
　　　二、社会阶层与旅游行为 ……………… 143
　　　三、中国城镇居民的阶层划分及
　　　　　其旅游行为表现 ……………………… 144
　　第五节　家庭对旅游行为的影响 ………… 146
　　　一、家庭生活周期 ……………………… 146
　　　二、家庭旅游决策 ……………………… 147
　　本章小结 ……………………………………… 150
　　思考题 ………………………………………… 153

第十章　旅游商品的设计生产与
　　　　　销售心理 ………………………………… 154

　　第一节　旅游商品的心理意义 …………… 154
　　第二节　购买旅游商品的心理动机 ……… 155
　　第三节　设计和生产旅游商品的
　　　　　　心理要求 …………………………… 157
　　第四节　旅游商品销售心理 ……………… 158
　　　一、旅游者购买行为的分析 …………… 158
　　　二、旅游商品的销售 …………………… 160
　　本章小结 ……………………………………… 162
　　思考题 ………………………………………… 164

第十一章　旅游宣传心理 …………………… 165

　　第一节　旅游动机的产生和旅游宣传的
　　　　　　意义 ………………………………… 165
　　第二节　旅游宣传的针对性 ……………… 167
　　第三节　旅游广告宣传 …………………… 168
　　　一、旅游广告要引人注意 ……………… 168
　　　二、旅游广告的心理定位 ……………… 169
　　　三、旅游广告诉求策略 ………………… 171
　　第四节　心理学与旅游宣传技巧 ………… 172
　　　一、运用感觉、知觉的规律
　　　　　进行旅游宣传 ………………………… 172

二、运用情绪的感染作用
　　进行旅游宣传 …………… 172
三、运用模仿和从众心理
　　进行旅游宣传 …………… 173
四、旅游宣传要突出旅游资源特色和
　　服务质量 ………………… 173
五、旅游宣传要真实可靠、准确可信地
　　反映现实 ………………… 173
六、根据游客或有影响人士的评价形成
　　宣传口号 ………………… 174
本章小结 ……………………… 174
思考题 ………………………… 177

第十二章　旅游资源开发心理 …… 178

第一节　旅游资源的心理效应 …… 178
第二节　开发旅游资源的心理原则 … 179
一、注意针对性，以满足人们的旅游
　　需要和兴趣为目标 ………… 179
二、突出自己的特点 …………… 179
三、注意新颖性、审美性与知识性
　　相结合 …………………… 180
四、注意多样性 ………………… 181
第三节　开展多种情趣的旅游活动 … 181
一、趣味性与知识性相结合 …… 181
二、奇异性与熟悉性相结合 …… 183
三、稳定性和变化性相结合 …… 183
四、观赏性与参与性有机地结合 … 184
五、实用性与象征性相结合 …… 185
六、白天活动和晚间活动的有机
　　结合 ……………………… 185
七、发挥地区优势与引进吸收
　　相结合 …………………… 186
本章小结 ……………………… 186
思考题 ………………………… 188

第十三章　旅游饭店服务心理 …… 189

第一节　饭店服务与旅客需求 …… 189
一、饭店服务 ………………… 189
二、住店旅客一般心理特征分析 … 191
第二节　前台服务与旅客心理 …… 192
一、旅客在前台的一般心理 …… 192
二、前台服务人员的接待策略 … 193
第三节　客房服务与旅客心理 …… 195
一、客人基本需求心理的分析 … 195
二、在客房服务中的相应服务
　　行为策略 ………………… 196
第四节　餐饮服务与旅客心理 …… 198
一、客人基本需求心理的分析 … 199
二、餐厅服务人员的服务策略 … 201
本章小结 ……………………… 204
思考题 ………………………… 207

第十四章　旅游接待与导游服务心理 …… 208

第一节　旅游者的共同心理特点 … 208
一、旅游者共同的心理特点 …… 208
二、初入境时旅游者的心理 …… 209
三、旅游者在游览过程中的
　　主要心理 ………………… 210
第二节　旅游接待与导游服务 …… 212
一、旅游接待与导游工作的
　　心理依据 ………………… 213
二、旅游接待与导游服务的
　　心理过程 ………………… 216
三、旅游者对导游服务的心理要求 … 219
本章小结 ……………………… 223
思考题 ………………………… 226

参考文献 …………………………… 227

第一章 旅游心理学概述

通过对本章的学习,要求掌握:
- 旅游心理学的概念;
- 研究旅游心理学的意义;
- 旅游心理学的研究方法。

通过对本章的学习,要求能够:
- 清楚掌握旅游心理学的研究对象;
- 会使用相关的旅游心理学的研究方法,如设计相关的旅游调查问卷进行调研。

第一节 旅游心理学的研究对象和研究意义

旅游心理学技术与旅游学科也同时属于心理科学的范畴。旅游行为是在旅游者心理的支配下发生,并随着旅游者心理的发展变化而发展变化的。所以,研究旅游者的心理状态是这门课程的主要任务。

一、旅游心理学的研究对象

在着手开展旅游的相关研究并试图了解旅游的规律时,首先就会遇到以下一些问题:人们为什么要离开自己熟悉的居家环境,去一个相对来说很陌生的地方旅游?为什么有的人喜欢自然景观而有的人却喜欢人文景观?怎样才能使人们在旅游活动中得到愉快、满意等积极的心理体验?以上问题涉及有关旅游者个体旅游活动的原因、倾向和活动效果方面的问题,为了了解旅游者个体活动的规律,也为有效、成功地为旅游者提供相应的服务,我们需要了解那些影响旅游者做出不同的旅游决策的心理因素。因此,一门新的心理学的应用学科——旅游心理学就应运而生了。

旅游行为是旅游者在个人心理活动的支配和影响下所做出的如休闲度假、变换生活环境、异地游览探险、改变生活体验及认识世界的一系列行为,是内在旅游心态的外在表现。人的行为总是在一定的心理因素的影响下产生的,旅游行为也不例外。旅游行为是在旅游心理的支配下产生的外在表现,它会随着旅游者心理的发展变化而发展变化的。因此,旅游者的旅游行为与其个性特点、心理需求有很密切的关系,直接影响旅游行为的产生和继续,所以,研究旅游行为必须研究旅游者的心理因素。

旅游心理学是研究旅游者的心理活动现象及其相关规律的一门学科,其主要的目的就是解释人们为什么要外出旅游,影响和支配人们做出旅游决策的因素有哪些,人们是怎样做出旅游选择的,旅游服务对旅游者会产生哪些影响等一系列问题。

从以上的分析可以看出,旅游心理学以影响旅游者旅游活动的产生、旅游决策的制定、旅游心理效果的主观和客观因素为研究对象,期望从根本上揭示旅游活动的基本规律,为旅游业的发展提供一些依据。

因此,旅游心理学主要研究旅游者即旅游行为主体的心理,另外还要研究有关旅游业的开发、经营与管理的心理学内容及有关的旅游服务心理方面的内容。

二、研究旅游心理学的意义

任何一门学科的理论研究,都是希望通过发现研究对象的一系列规律,为该领域的实践活动服务。旅游心理学的研究意义,就是希望通过相关的研究去认识和掌握产生旅游行为的客观过程和客观规律,为旅游业提供科学的依据,使得旅游业的发展建立在一种科学而客观的基础上,避免盲目性,使旅游业的发展拥有更广阔的空间。

旅游资源是开展旅游活动的基本条件之一,它的作用就在于吸引旅游者,满足旅游者的旅游需要,使旅游者产生积极愉快的心理体验。那么,怎样才能使旅游资源发挥这样的积极作用呢?这就需要通过一系列的旅游心理学的研究,了解人们是如何产生旅游行为动机的,哪些因素会影响人们的旅游选择、旅游态度,并以此为依据,有针对性地对旅游资源进行科学的规划和合理的开发,尽可能地开展符合旅游者需要、动机和兴趣等心理活动特点的各种旅游活动。只有这样,才能保证使旅游资源的开发和旅游活动线路的安排,以及各项旅游活动项目的设立更加科学而合理,充分发挥吸引旅游者参加旅游活动的作用,达到争取和扩大旅游客源的预期目的。否则,就会造成旅游资源开发工作的盲目性,造成人力、物力、财力的巨大浪费,影响旅游业的发展。所以说,旅游心理学的研究能够为旅游资源的科学规划和合理开发提供有效且客观的依据.促进旅游业的飞速发展。

服务是旅游业的生命线,这越来越为大多数人所公认。在具备丰富的旅游资源和良好的旅游设施的前提条件下,旅游服务水平的高低、旅游服务质量的好坏、是决定旅游业发展的关键。旅游业的重要任务之一就是要大力提高旅游服务水平,使旅游者乘兴而来,满意而去。为了提高服务水平,除了提高自身的服务技能之外,还需要了解旅游服务对象的心理特点,这样才能有针对性地提供个性化服务,满足旅游者的心理需求,这就必须要了解和掌握旅游者的心理。不仅要了解和掌握旅游者的一般心理特点,还要了解不同旅游者在需要、动机、兴趣、气质与性格等方面的心理特点,善于区分不同民族和国家、不同性别和年龄、不同职业和文化背景所造成的个体心理差异,从而有根据地开展针对性服务。只有在了解旅游者的心理倾向和心理特点的前提条件下,才能主动地、自觉地开展有针对性的服务,满足不同旅游者的心理需求,才能使他们产生积极愉快的心理体验,形成美好而深刻的旅游印象,只有这样的服务才是最佳的服务。所以,旅游心理学的研究还能够为开展主动的、有针对性的旅游服务,创造最佳的旅游服务提供相应的心理依据。

人们选择不同的旅游对象是以对它的了解为前提条件的,但是,对旅游对象的直接了解只有在实际的旅游活动过程中才能产生。因此,人们在做出旅游选择时,必须依靠通过各种渠道所获得的旅游间接信息来做出有关的旅游决策。因而,对旅游从业人员来说,一定要通过有效的旅游宣传,向旅游者传递有关信息,以影响他们的旅游选择和旅游决定。

第二节 旅游心理学的研究原则和方法

任何学科研究要想得到正确的结论，都要首先解决研究方法问题。旅游心理学的研究必须有与自己的研究任务相适应的研究方法，正确的研究方法可以保证研究工作方向的正确，可以使研究工作事半功倍，是获得可靠科学成果的必要条件。从产生和构成旅游活动的条件分析，对旅游心理的研究主要涉及主体和客体两大方面的内容，其中对客体的研究要通过对主体的心理特点及心理反应的研究来进行。因此，研究旅游主体的心理，是旅游心理学研究的中心和关键。由于旅游活动对每一个旅游者来说在时间上都是短暂的，而且，旅游者在旅游活动中又处于一种极其特殊的地位，因此，研究旅游者的心理不能随便使用一种心理学的研究方法，只能有选择地使用其中几种有效的方法。例如，可以选择观察法、调查法，而不太适合采用实验室试验法。鉴于旅游者的特殊情况，在有选择地使用某几种一般的心理学研究方法时，还需要附加某些限定条件，提出特定的要求。同时，由于旅游者旅游活动的特点，在进行研究时不太方便要求旅游者主动给予配合，同时也难以使旅游者同意进行配合。因此，对旅游心理的研究具有更大的难度，这就对研究工作提出了更高的要求。但是，只要保证研究方法正确并且运用得当，同样是可以获得可靠的研究成果的。

一、研究的基本原则

1. 客观性原则

在运用各种方法进行旅游心理学的研究时，都要遵守一个共同的原则——客观性原则。所谓客观性原则，就是要求研究者坚持实事求是的科学态度，按照心理现象的本来面貌去反映问题，去分析问题，而不附加任何个人主观成分。按照客观性原则的要求，研究者要保证获得真实的客观材料，并且保证结论的内容确实反映研究对象自身的真实状况。

2. 共同性和差异性原则

不同的旅游者在心理上或多或少都会有一些相同的因素，在研究中要注意发现那些存在共同性和普遍性的心理因素。同时，由于每一个旅游者其生活背景、教育程度、思维方式等各不相同，每一个旅游者又有着不同于他人的心理特点，因此，在研究中既要注意共同性又要注意差异性。

3. 稳定性与变化性原则

每个人在长期生活中形成的心理特点是具有一定的稳定性的，因此，当面对外界环境的刺激，个体的反应会表现为一种一贯性。例如，某位旅游者受自身心理特点的支配选择了某一种旅游活动，那么在今后再次面临选择时还会表现出这种倾向性。另外，人们的旅游需要、旅游动机在还没有得到满足和实现前是不会消失的，也会表现出相对的稳定性。

但是，每个人的心理状况在不同时期、不同条件下，会有不同的状态，因此，又会表现出一定的变化性。例如，受个体心理环境、生理状况的影响而使个体动机强度、情绪的性质和强度发生变化，由此产生不同的心理状态，就是这种变化性的体现。因此，在研究时既要注意心理状况稳定性的一面，又要注意变化性的一面。

二、旅游心理学的研究方法

旅游心理学的研究方法是多种多样的，这里我们主要介绍以下几种。

(一) 观察法

观察法是在自然情况下，有计划、有目的、有系统地直接观察被研究者的外部表现，了解其心理活动，进而分析其心理活动规律的一种方法。

运用观察法，首先应有明确的目的，要制订研究计划，拟定详细的观察提纲。观察过程中要敏锐捕捉各种现象，准确、详细地记录下来，及时予以整理和分析，以利于科学结论的产生。由于观察法很少干扰或不干扰被观察者的正常活动，因而得出的结论比较符合实际情况；另外，观察法简便易行，可以涉及相当广泛的内容。但由于观察者往往处于被动地位，他只能等待需要观察的现象自然出现，不能在必要时反复观察，因而对观察所得的材料往往不足以区别哪些是偶然的、哪些是规律性的事实。此外，观察法对研究者要求较高，表面看起来观察法很简单，但实际运用起来难度非常大，因此，只有经过严格训练的人才能有效使用。

观察法一般适用于以下情形：调查者所关注的行为是公开的；这些行为经常且重复出现或者是可以预测的；行为发生在相对较短的时间跨度里。

从不同的角度来划分，观察法可以分为以下几种类型。

(1) 自然观察与条件观察。根据观察的情境，可以将观察法分为自然条件下的观察与人为情境下的观察。前者是在自然情境下等待某一行为的出现，后者是根据当时的需要，创设一定的条件而进行的观察。

(2) 公开观察与隐蔽观察。公开观察是指观察者的身份是公开的，而且消费者意识到自己行为的被观察；隐蔽观察是指观察者的身份不公开，而且消费者没有意识到有人在观察自己。

(3) 结构性观察与非结构性观察。如果将观察限定在预先确定的那些行为上，就是结构性观察；非结构性观察是指对所有出现的行为都进行观察和记录。

(4) 直接观察与间接观察。直接观察是指对行为本身进行观察；而间接观察仅仅是对行为的结果进行观察。

(5) 人工观察与机械观察。按照观察时是否借助于机械、仪器等设备，可以把观察法分为人工观察与机械观察。

(二) 实验法

实验法是指有目的地严格控制或创设一定的条件，人为地引起某种心理现象产生，从而对它进行分析研究的方法。因此，这种方法涉及在改变一个或多个变量(如改变产品特征、包装颜色、广告主题)的条件下，观察这种改变对另外一个变量如(旅游消费者的态度、学习或重复购买行为)的影响。在控制条件下改变的变量被称为自变量，受自变量影响而改变的变量被称为因变量。实验法有两种形式：实验室实验法和自然实验法。

(1) 实验室实验法是在专门的实验室内借助于各种仪器来进行的。在设备完善的实验室里研究心理现象，从呈现刺激到记录被试者反应、数据的计算和统计处理，都采用电子计算机、录音、录像等现代化手段，实行自动控制。因而对心理现象的产生原因、大脑生理变化及被测试者行为表现的记录和分析都是比较精确的。

(2) 自然实验法是由研究者有目的地创造一些条件，这是在比较自然的条件下进行的，它既可以用于研究旅游者一些简单的心理活动，又可用于研究较复杂的心理活动。自然实验法兼有观察法和实验室实验法的优点。由于自然实验法是在实际情况下进行的，所得到的结果比较接近实际。又由于自然实验法是由研究者有目的地改变或控制某些条件，因此比较具有主动性和严密性，所得到的结果也比较准确。

(三) 调查法

调查法是从大量旅游者中系统地收集信息的方法。调查可以采用人员访问、邮寄调查和电话调查等方式。

人员访问通常在购物现场进行，通过运用复杂的问卷和产品展示，能在较短时间内从消费者中收集到大量的信息。邮寄调查所花的时间较长，所问的问题一般比较简单。这种方法可用来收集中等复杂程度的数据，其优点是费用较低。电话调查的特点是完成迅速，能提供良好的样本控制(谁回答问题)，而且费用也不太高。但询问的问题同样也应该简单一点。

调查法的一个主要问题是拒绝访问所引起的偏差比较大。在选择参与调查的对象中只有不到一半的人实际接受了调查。在人员访问和电话调查中，很多人不在家或者拒绝合作，而在邮寄调查中，很多人拒绝或忘记了做出反应。为了尽量避免这种情况的发生所带来的不利影响，调查人员可以通过电话或人员再访方式来提高调查反应率。再访应该安排在不同的日子或同一天的不同时段。

(四) 问卷法

严格地说，问卷法也是属于调查法的一种，它是根据研究内容的要求，由调查者设计一份调查表，由被调查者填写，然后汇总调查表并进行分析研究的一种方法。

问卷法要求被调查者回答问题要明确，表达要正确，实事求是。对得到的材料作仔细的数量和质量的分析，可以确定某一年龄阶段或某一阶层的人们的旅游消费心理倾向。问卷法的优点是可以同时进行大规模的调查，缺点是问卷回收率低，对所回收的问卷答案的真伪判断较难。因为有些问卷的回答者可能并不认真对待。

问卷法的用途非常普遍，用它可以测量或衡量：过去、现在或将要发生的行为；有关的人口统计特征，如年龄、性别、收入、职业等；被调查者的知识水平或对某一问题的了解水平；被调查者的态度和意见。

问卷法的关键是问卷的设计。一份好的问卷设计要按步骤地回答以下问题。

1. 基本决定

需要收集哪些信息？
向哪些人收集信息？

2. 确定所问问题与内容

这一问题确实需要吗?
被调查者能正确地回答这一问题吗?
是否存在外部的事件使得被调查者的回答具有倾向性?

3. 决定应答方式或形式

这个问题是以自由回答式、多重选择式还是以两分式的形式提出来?

4. 决定提问的措辞

所用的词语是否对所有的被调查者都只有一种含义?
问题里是否隐含任何的备选答案?
被调查者能从研究者所期待的参照体角度回答这一问题吗?

5. 决定问题的排列顺序

所有问题都是以一种合乎逻辑且避免产生偏差的方式排列的吗?换句话说,前后问题之间有没有矛盾的地方?

6. 预试与修正

最终问卷的确定是否取决于运用少量样本的预先试测?预先试测中的应答者是否与最后要调查的被试相类似?

(五) 访谈法

访谈法是指调查者与被调查者进行面对面有目的的谈话、询问,以了解被调查者的人格特征及对所调查内容的态度倾向等。

访谈法可以分为结构式访谈和非结构式访谈两种。所谓结构式访谈,是指由访谈者按事先拟定好的提纲提出问题,被调查者按问题要求逐一回答,通过有目的、有计划的提问搜集所需要的资料。它的优点是针对性比较强、调查的问题比较明确、节省时间。它的不足是由于所提问题规范化程度比较高,可能会降低被调查者合作的积极性或采取敷衍的态度。所谓非结构式访谈,是指访谈者事先不定出谈话的具体题目,有时甚至也不告诉被访者谈话的目的,而是在总体目标范围内采取自然交谈的方式。这样做的优点是谈话的气氛比较轻松,被调查者可以坦诚地谈出自己的真实想法。但这种方法要求调查者要有较高的把握目标和掌握谈话技巧的能力。同时,这种方法对收集上来的资料进行归纳和整理也较困难。

访谈法可以涉及一个访问者和一个被访者,也可以涉及一个访问者和多个被访者。前者被称为一对一访谈,后者被称为集中小组访谈。在一对一访谈中,访谈者要注意不能给被访者任何压力和暗示,要使被访者轻松、自然地回答问题,而不能有意识地影响被访者的回答。标准的集中小组访谈通常涉及 8~12 名被访者。一般来说,小组成员的构成应该能反映特定细分市场的特性。被访者是根据相关的样本挑选出来的。小组讨论由一名主持人组织，主持人一般在 1～3 个小时的讨论过程中试图发展起以下 3 个清晰的阶段：①与小组成员建立起融洽关系、设定访谈目标；②在相关领域激发热烈的讨论；③试图总结小组的各种反应，以确定小组成员在基本观点上的一致程度。

(六) 投射法

投射法用来测量被测试者在一般情况下不愿或不能披露的情感。动机或态度，是"根据无意识的动机作用来探询人的个性的方法"。

常用的投射法测试有很多，如主题统觉测验、造句测验、角色扮演法等。例如，在角色扮演法中，实验者向被测试者描述某种情景，然后让被测试者充当情景中的某一角色，观察被测试者在该情景中的反应，从而取得实验结果。这是一种间接调查的方法，让被测试者在不知不觉中自然地流露出自己的真实动机和态度。

旅游心理学的研究方法还有很多，如案例研究法、内省法等，这里就不一一介绍了。

第三节　旅游心理学的相关学科简介

旅游心理学是心理学科领域的一个新的分支，是 20 世纪 80 年代以后才出现的一门新兴学科。它属于应用心理学的一部分，是心理学基本原理在旅游领域的应用。其研究和发展是建立在以往心理学已形成的基础理论之上的。而作为旅游心理学最基本也是最重要的理论基础，是早已产生并发展形成相对成熟理论体系的普通心理学和社会心理学。要开展旅游心理学的研究，必先对普通心理学和社会心理学作一个最基本的了解。

一、普通心理学

普通心理学是心理学的主干分支学科。关于普通心理学，我们主要从普通心理学的研究对象出发对其作一番介绍。普通心理学的研究对象是一般正常人的心理现象及其基本规律。普通心理学的具体研究内容包括心理动力、心理过程、心理状态和心理特征。

(一) 心理动力

心理动力系统决定着个体对现实世界的认知态度和对活动对象的选择。它主要包括动机、需要、兴趣和世界观等心理成分。

人的一切活动，无论是简单的还是复杂的，都是在某种内部驱动力的推动下完成的。这种引起并维持个体活动，并使之朝向一定目标和方向进行的内在驱动力就是动机。个体在动机的作用下产生行为，并使其指向一定目标，在行为进行过程中不断调节行为的强度、持续时间和方向，使个体最终达到预定的目标。

动机的内在心理基础是需要，需要是个体缺乏某种东西的一种主观状态，它是客观需求的反映，这种客观需求既包括人体内的生理需求，也包括外部的社会的需求。兴趣是一种对事物进行深入认知的需要，是需要的直接体现。世界观则对人的需要进行调节和控制，并由此确定个体对客观世界的总体看法和基本态度。

(二) 心理过程

人的心理是一种动态的活动过程，也就是人脑对客观现实的反映过程，它包括认知过程、情感过程和意志过程。

认知过程是个体获取知识和运用知识的过程，包括感觉、知觉、记忆、思维和语言等。人在处理事物的时候，用眼睛看，用耳朵听，用鼻子闻，用手摸，就会产生感觉和知觉。感觉是对直接作用于感觉器官的客观事物的个别属性的反映，知觉是对直接作用于感觉器官的客观事物的整体属性的反映。人在活动中不仅感知当前的事物，并且要记住它，有时还要回忆过去经历过的有关事物，这就是记忆。若要认识事物的特点和意义，就必须利用感知的材料及已有的知识进行分析、思考，深入理解事物的本质，掌握事物的规律，这就是思维。感觉、知觉、记忆、思维等都是为了弄清我们日常生活中所接触到的客观事物，都是对客观事物的认知活动。

人在认识客观世界的时候，不仅反映事物的属性、特征及其联系，还会对事物产生一定的态度，引起满意、喜爱、厌恶、恐惧等心理状态，这些现象被称为情绪，它是客观事物是否符合自己的需要而产生的态度体验。凡是符合个体需要的客观事物，人就会产生积极情绪，反之就会产生消极情绪。

人对客观事物不仅感受、认识，还要处理、改造。为处理、改造客观事物而提出目标、制订计划，然后执行计划，克服困难，完成任务，这类活动被称为意志活动。心理学把这种自觉地确定目的，并为实现这一目的而有意识地支配和调节行为的心理过程，称为意志过程。

以上介绍的认知、情感、意志等心理活动都被称为心理过程。在现实生活中，个体的认知、情感和意志并非彼此孤立活动，它们是紧密联系、相互作用的。探讨心理过程产生和活动的规律及它们之间的联系和关系，是普通心理学研究内容的一部分。

(三) 心理状态

心理状态是指心理活动在一段时间里出现的相对比较稳定的持续状态，它既不像心理过程那样经常变动，也不像心理特征那样稳定持久。例如，在感知活动时可能会出现聚精会神或漫不经心的状态；在思维活动中可能会出现灵感时刻或刻板状态；在情绪活动时可能会产生某种心境、激情或应激的状态；在意志活动时可能会出现犹豫不决或坚决果断的状态等。事实上，人的心理活动总是在睡眠状态、觉醒状态或注意状态下展开的，这些不同的心理状态体现着个体的心理激活程度和大脑功能的活动水平。

在睡眠状态下，脑功能处于抑制状态，心理激活程度极低，人意识不到自己的心理活动。例如，做梦时人并不能意识到自己的梦境，而醒来后如果记住梦的内容只能算是无意记忆。在睡眠状态下的心理活动都是无意识活动，人无法进行有效的控制。从睡眠进入到觉醒以后，人开始能意识到自己的活动，并能有意识地调节自己的行为。觉醒状态存在不同的性质和水平，如兴奋的状态使人的心理活动积极有效，疲惫的状态则相反，会使人的心理活动低调迟缓。注意状态是一种比较紧张积极的心理状态，是意识活动的基本状态，它使人的心理活动指向和集中在一定的客观对象上，并使人对注意的事物进行清晰的反映。

(四) 心理特征

心理特征就是人在认知、情绪和意志活动中形成的那些稳固并且经常出现的意识特性，主要包括能力、气质和性格。

能力是指人们顺利完成某种活动所必须具备的心理特征，体现着个体活动效率的潜在可能性与现实性。例如，从事某些工作时，有的人善于概括，有的人善于分析；有的人记忆力强，有的人记忆力差；有的人抽象思维能力强，有的人形象思维能力强；有的人思维灵活并且反应迅速，有的人思维呆板反应迟缓。

气质是指表现在人的心理活动和行为的动力方面的特征，如速度与强度的特点、稳定性的特点、指向性的特点等。例如，在人的日常活动和交往活动中，有的人精力充沛、动作敏捷，有的人无精打采、动作迟缓；有的人活泼急躁，有的人沉静稳重；有的人情绪稳定而且内向，有的人情绪容易波动而且外向，这些差异就属于气质方面的特征。

性格是人对现实的稳固的态度和习惯化的行为方式。在现实生活中，有的人勤奋，有的人懒惰；有的人大公无私，有的人自私自利；有的人积极进取，有的人被动退缩；有的人坚毅果敢，有的人优柔寡断。这些是性格上的差异。正是这些心理特征，使人与人彼此区别开来，这就是所谓的千人千面，人人各有不同。

把个体的心理分为心理动力、心理过程、心理状态和心理特征是为了研究的方便，当然它们各自具有一定的独立性，但更为重要的是它们彼此之间密切相连，相互作用。

普通心理学关于心理现象的归类，为各个领域研究人的心理提供了明确的思路。普通心理学关于各种心理现象发生发展规律的研究及由此形成的各种理论，为各个领域的应用心理学研究打下了最根本的基础。旅游心理学也是沿着这种思路展开对旅游者的心理研究的。例如，旅游心理学是研究旅游者心理现象及其规律的，那么如何进行研究呢？普通心理学提供了一把打开旅游者心理之门的钥匙，如普通心理学关于心理学研究对象的理论表明，可以从心理过程和个性心理的角度来分析旅游者的心理，也就是把旅游者复杂的心理现象划分为感觉、知觉、记忆、想象、思维、情感、意志、需要、动机、态度等方面，并运用普通心理学对以上各种心理现象规律的研究成果来开展对旅游心理学的研究。

二、社会心理学

旅游心理学作为心理学的一个分支学科，它与社会心理学有着密切的联系，社会心理学知识成为旅游心理学的一个重要的知识来源。旅游心理学的主要研究对象是旅游者及从事旅游接待服务工作的从业者，这二者都是社会中的人，其行为的发生和变化都离不开社会因素的影响。所以，研究旅游心理学就需要了解与其相关的社会心理学的内容。

关于社会心理学的定义在国内外并没有达成共识，我们可以引述社会心理学家周晓虹的观点。他认为："社会心理学应该研究生活在特定的社会生活条件下、具有独特的文化和完整的人格结构的人对各种简单与复杂的社会刺激所作的反应(包括内隐与外显两个方面)。简而言之，它研究人的社会或文化行为发生、发展、变化的过程及规律。"从这个定义我们可以了解到，社会心理学主要是研究人的社会行为的。

社会心理学经过近100年的发展，所取得的丰硕成果却为其他领域研究人的心理提供了完善的理论基础。其研究内容对多门学科都有着极高的参考价值，尤其对于以"人"为研究中心的各种应用心理学。由于社会心理学是站在"人是社会性的"这个角度来研究人，所以，可以说对旅游者进行研究的方方面面都无不涉及社会心理学领域的研究。因此，社会心理学就成为旅游心理学研究中的又一雄厚的理论基础。

下面我们对社会心理学研究的基本内容及其在旅游心理学研究中的应用进行一个简单的概述。

1. 个体社会化及人格形成

社会心理学研究人怎样由"自然人"逐渐发展为"社会人"的过程，也就是研究个体是如何在社会生活中学习知识和技能，掌握社会行为规范，选定生活目标，形成价值观念，履行一定的角色任务，从而适应一定社会要求的。社会化过程贯穿于一个人生命的始终。社会化既是社会对个体的要求(社会发展所必需)，又是个体自身生存和发展所必需的。社会心理学家从不同角度对个体社会化问题进行了研究，形成了关于个体社会学习、人格形成、角色分工等方面的基本理论，为旅游心理学分析人、认识人提供了理论基础。例如，社会心理学对人格形成中的一个重要因素"自我意识"作了深入细致的研究，指出个体对自己身心的认知、情感和意向构成自我意识，认为自我意识是社会环境对个人发生影响的中介，它制约着个体人格发展的方向，决定着环境在多大程度上及从什么角度对个人产生影响。这有助于认识环境对个人产生作用的复杂性，有助于理解不同旅游者之间的个体差异性。

2. 社会认知

相对于普通心理学所研究的对物的认知而言，社会心理学所提出的社会认知指的是对来自社会的刺激，主要是对人的认知。社会认知是各种社会心理和行为产生的基础。社会认知既具有普通心理学中关于知觉的基本特性，如选择性、理解性、整体性、恒常性等，又有其自身的特殊性。社会心理学对社会认知现象进行了大量的实验研究，形成了关于印象形成及认知偏差等多种理论，对实践工作很有启发。例如，社会心理学中有一个典型的概念叫"刻板印象"，是说人们在长期实践中，对各个群体会相应形成一种较为固定的看法。例如，根据国别对群体进行划分，就会形成"美国人是怎么样的人"、"日本人是怎么样的人"等看法。这是人们在进行社会认知中普遍存在的现象。刻板印象给我们进行旅游者研究提供了这样一个启示：从群体划分及群体差异的角度来认识不同的旅游者。再如，社会心理学上对认知偏差进行了多种解释，提出首因效应、近因效应、光环效应、投射效应等理论，这些为旅游部门如何提供服务、如何认识导游这一工作环节的重要性等提供了参考依据。

3. 社会动机

我们知道动机是推动人从事各项活动的内部驱动力，动机问题是任何心理学研究中都必然涉及的中心内容之一。社会心理学从考察人如何满足社会性需要入手，对动机的特征、类型、功效及应用等问题进行了深入的阐述，形成了多种动机理论。这无疑是为研究旅游者的动机提供了理论基础。

4. 社会态度

对于态度的研究是社会心理学研究的中心课题之一。由于态度包含着认知、情感、意向等多种复杂的成分，时刻左右着人的心理和行为，因此对态度及态度转变的研究，既具有深刻的理论意义，又具有广泛的应用价值。有些学者甚至干脆把社会心理学视为"关于对态度研究的科学"。社会心理学对态度的结构、特征、功能、形成过程、影响因素、测量方法及态度改变的理论和方法等都作了深入的研究，这对深入了解认识旅游者的态度，尤其是怎样通过改变旅游者的态度而对其行为加以引导，提供了扎实的理论基础。

5. 群体心理

社会心理学站在整个社会的角度研究和认识人的心理现象，而社会本身可以说是由群体构成的。因此，对群体心理及行为的研究在社会心理学中占有极其重要的地位。一般来讲，社会心理学研究群体，倾向于对各种群体进行总体的研究，即把"群体"作为研究对象来研究各种心理现象的发生发展。而各个领域的应用心理学则倾向于以研究"个体"为主要目的来看待群体。换言之，是把群体作为个体心理发生和发展的背景来看待的。当然，群体和个体之间互相影响、密不可分的关系，决定了对群体的研究与对个体的研究必然也是不可分割的。各种应用心理学学科中关于群体类型的划分、群体功能及其动力机制的认识、群体对个人活动的影响等的研究和应用，都是以社会心理学的研究为依据的，旅游心理学也是遵循这一套路的。

6. 群体中的人际关系

从一定程度上来讲，社会心理学就是研究人与人之间的关系的一门科学，只不过不同的研究课题，是从不同的角度来研究和看待人与人之间的关系而已。除了从其他角度对人进行研究之外，社会心理学还专门对群体中的人际关系问题进行了研究。其具体内容包括什么是人际沟通，如何进行人际沟通，什么是人际交往，人际交往有哪些技巧，什么是人际关系，如何改善人际关系等。这些内容及其研究的结果，为各行各业如何做好人的工作提供了有利的依据。例如，这些理论可以为导游服务工作提供启示：首先是导游如何提高自身的人际吸引力，也就是说要让游客感到有亲和力；其次是导游如何利用人际吸引规律来巧妙地处理游客之间的关系，如在安排游客住宿时如何进行房间的人员搭配，组织游戏等活动时如何对游客进行人员的分组等。

以上所涉及的几个方面，只是社会心理学研究内容中可以作为旅游心理学理论基础的主要部分。社会心理学研究的内容还包括其他一些方面，它们也可以从某种程度上给旅游心理学的研究提供指导。例如，社会心理学关于行为归因的理论，有助于在实践工作中避免对旅游者的行为产生认识上的偏差；关于社会角色的理论，为旅游者的分类提供了一定的依据；关于时尚的理论，为研究旅游行为的产生和发展提供了部分依据。

此外，要对旅游者的心理活动规律进行研究和应用，还要认识到，旅游心理学还与其他一些学科存在着相关性。这些学科包括旅游学、旅游市场营销学、旅游资源开发学、导游学及管理心理学等。

本章小结

1. 对旅游心理学基本问题的说明,包括旅游心理学的研究对象、研究意义和研究方法等基本问题。

2. 对旅游心理学基础理论的介绍,主要是对普通心理学和社会心理学有关理论的介绍。

3. 研究旅游心理学对旅游者心理现象及其规律的研究和学习有着广泛而深远的意义。这主要体现在:第一,可以帮助旅游从业者认识旅游者,从而更好地服务于旅游者;第二,可以帮助旅游企业争取旅游者,从而提高企业竞争能力;第三,可以丰富旅游管理者与旅游服务人员的知识结构,提高从业人员的素质;第四,可以为景区的规划、资源的开发、宾馆饭店的建设等各项工作提供依据。

4. 心理学的研究方法有许多种,本章主要对适用于旅游心理学研究的一些基本方法(如观察法、实验法、问卷法等)进行了简单介绍。

5. 旅游心理学属于应用心理学,对其研究离不开对普通心理学和社会心理学基本理论的运用。故本章对有关的基本理论作了介绍,以此作为对旅游者进行研究的理论依据。

案例分析

速溶咖啡入市

20世纪40年代后期,速溶咖啡作为一种方便饮料刚刚进入美国市场。让生产者和经营者始料不及的是,这种被他们认为方便、省时、省力、快捷、价格也适中的新商品并不受欢迎,问津者寥寥无几。而当直接问消费者不买这种速溶咖啡的原因时,他们中的大部分人回答是不喜欢速溶咖啡的味道。但若深究下去,却没有人能说出速溶咖啡的味道与普通咖啡豆加工后的味道相比到底有什么不同。为此,生产者和经营者都感到很茫然。

美国加利福尼亚大学的海尔认为,消费者并没有回答拒绝购买的真正原因,其实味道只是他们的一个托辞,实际是一种潜在的心理在起抵制作用。于是,海尔采用了间接的角色扮演法进行深入的调查。在调查中,他首先制定两种通常使用的购物单。这两种购物单中各开列数种食品,除咖啡外,其余项目完全相同。在咖啡一项中,一种写速溶咖啡,另一种写新鲜咖啡豆。海尔的购物清单如表1-1所示。

表1-1 购物清单

购物单一	购物单二
汉堡牛肉饼	汉堡牛肉饼
面包	面包
胡萝卜	胡萝卜
发酵粉	发酵粉
速溶咖啡	新鲜咖啡豆
桃子罐头	桃子罐头
土豆	土豆

在调查中，把两种购物单分别发给A、B两组各50名家庭主妇，要求他们描述按该购物单买东西的家庭主妇的个性。调查结果发现，家庭主妇们认为，购买速溶咖啡的人一般是懒惰的、邋遢的、无计划的、没有家庭观念的人，而购买新鲜咖啡豆的人被认为是有生活经验的、勤俭持家的、有家庭观念的人。显然，被调查的家庭主妇们用消极的语言来描述速溶咖啡的购买者，这表明速溶咖啡在消费者心中的印象并不好，因此，这并不是产品本身的问题，而主要是由于情感偏见造成的。速溶咖啡的生产者和经营者利用这一研究成果，改变广告宣传策略，使商品很快打开了销路，占领了市场。

分析：请根据此案例，分析其使用了怎样的研究调查方法，使用的效果如何。

思 考 题

1. 旅游心理学的研究对象是什么？
2. 旅游心理学的研究方法有哪些？
3. 旅游心理学主要以哪些学科为理论基础？
4. 举例说明学习旅游心理学的实践意义。

第二章　旅游者的感觉和知觉

> 通过对本章的学习，要求掌握：
> - 感觉的概念与感觉的种类；
> - 知觉的概念和特性；
> - 距离知觉的阻止作用和促进作用；
> - 首因效应、晕轮效应、心理定势的概念。
>
> 通过对本章的学习，要求能够：
> - 了解生活中的各种感觉现象；
> - 明确知觉的组织规律；
> - 分析影响知觉的主观、客观因素有哪些；
> - 明确旅游者旅游条件的知觉包括哪些内容；
> - 分析旅游活动过程中的各种社会知觉现象。

感觉和知觉是人们理解世界的一种心理过程，风景、名胜古迹、旅游中的衣食住行都是通过人们的感觉和知觉来形成印象的。在这一章里我们将着重讨论旅游者的感觉和知觉，分析旅游者的感觉和知觉是如何影响旅游者的旅游行为和看待旅游产品及服务的。

第一节　旅游者的感觉

在旅游活动中，旅游者接触大量的事物，每一事物都是由许多个别属性综合组成的。例如，旅游者在就餐时对桌上的菜肴的反应就是将其各种属性通过眼、口、鼻等感觉器官做出一个知觉。"色、味、香俱全"就是为了满足感官的全面享受。人是经常需要新鲜刺激的动物，不能总是在同一刺激环境中工作和生活。囚犯的生活之所以令人恐怖，不仅仅是因为他们被剥夺了自由，而是他们生活在一种单调乏味的环境之中。感觉剥夺的心理学实验就证明了这一点。为了了解宇航员在失重状态下，在太空枯燥的生活情形下，其感觉会发生什么变化，心理学家设计了一个密封的、十分安静的、舒适的房间，除了在吃饭、上厕所时可以活动以外，剩下的时间都安静地躺在床上，安静到听见自己的呼吸都是很大的轰鸣声，而咳嗽的声音更为巨大。结果大部分志愿被试者在三四天就要求出来，因为忍受不了安静和没有变化刺激的环境。感觉被剥夺超过三天以上的人普遍感觉迟缓、神经衰弱、情绪紧张、易怒、烦恼，并且需要一段调整适应期才能重新开始正常生活。

旅游正是给人提供丰富、新异的感官刺激的一种最好的休闲娱乐活动。

一、感觉

感觉是外界客观刺激直接作用于感觉器官所引起的认知反应。例如，视觉是光波刺激作用于眼睛后产生的反应。心理学意义上的感觉是多种感觉器官对客观事物个别属性进行反应的总概念，它和我们日常所用的"感觉"意义不同。日常的"感觉"含义更为广泛，包括心理学意义上的感觉含义，还包括情绪、评价、判断、态度等。而我们这里所说的感觉是指作为认知过程中最初级的形式及阶段的感觉。可以说感觉是人认识外部世界、形成各种复杂心理过程的基础。

感觉有以下几种：视觉，感觉器官是眼睛，可以感受到光波的变化，帮助我们看清周围的世界；听觉，感觉器官是耳朵，它可以感受到声波的变化，帮助我们听见周围的声音；嗅觉，感觉器官是鼻子，它能感受到周围气味的变化，帮助我们识别不同的气味；味觉，感觉器官是舌头，可以帮助我们了解事物的各种味道；触觉，感觉器官是皮肤，能够帮助我们感受到物理压力，帮助我们感觉物体的硬度及形状等。所有这些感觉都能够帮助我们更好地认知这个世界。

二、感觉对旅游活动的影响

旅游者是通过不同的感觉器官来感受旅游活动的，下面我们将逐一分析不同感觉对旅游行为的影响。

（一）视觉

旅游活动可以说首先是视觉的活动，事实上游遍天下就等于看尽天下美景，大部分旅游景点的开发与设计首先必须满足人们视觉上的需要。

旅游者在视觉上要求新奇、有趣、美丽、难忘，要与平时生活中看到的一切有所不同。所以，他们乐于看到异国他乡的文化习俗、风景名胜。乡村人士因看到大都市的高楼大厦、购物中心、流行时尚而兴奋不已；而城里人却因看到田园风光、原始土著而激动愉悦。世界的陆地上到处都是山和水，为什么桂林、九寨沟的景色会使人感到特别美呢？就是因为那儿的山水变化多端，而且搭配组合令人悦目，四周景色皆不平凡。而平淡的辽阔草原和单调的大海同样也吸引人去欣赏，是因为这类风景能极大地增加人们的视觉域，有开阔心胸之感。

颜色是视觉最重要的因素。旅游产品中的颜色对吸引顾客有很大作用。颜色对于不同民族、不同文化具有不同的象征意义，这是旅游设计和服务中应该注意的问题。例如，黑色在中国代表着死亡和丧葬气氛，是中国人忌讳的颜色。颜色视觉具有很强的联想功能。例如，在儿童游乐园里，游乐设施的颜色就要活泼、鲜艳、多彩；故宫的颜色以金黄和红色为主，显现出帝王宫殿的威严与雄伟。在具有民族、传统、原始性的旅游区还要创设相应的颜色文化，如美国的印第安人聚居区、中国的西藏，当地人本身的服饰颜色就给游客以强烈的视觉冲击。旅馆、饭店、交通工具、纪念品都应该考虑到颜色视觉价值问题。

颜色视觉所产生的心理联想如表2-1所示。

表2-1　颜色视觉产生的心理联想

颜色	象征意义	距离感	温度感	兴奋度	主要联想
白色	清纯、神圣、死亡	远	冷	低	清洁、诚实
灰色	质朴、温和	近	较温暖	中等	平易近人、稳重老实、和气

续表

颜 色	象 征 意 义	距 离 感	温 度 感	兴 奋 度	主 要 联 想
黑色	夜晚、罪恶、压抑、死亡	近	较温暖	很低	死亡、庄重、神秘、罪恶
红色	喜庆、活力、恐怖、血腥	近	很热	很高	精力旺盛、好斗、张扬、愤怒、危险
绿色	植物、生命	近	温暖	中等程度	生机勃勃、环保、顺利
蓝色	天空、大海	远	冷	较低	遥远、飘逸、朴素、寂寞
黄色	黄锦、高贵、富裕	近	温暖	较高	愉快、舒适
紫色	威严、优雅、高贵	近	较温暖	中等程度	优美、满意

(二) 听觉

人们20%以上的信息是听来的，并且听来的往往是很重要的信息。心理学研究表明，听到他人亲口所说的信息要比从电视、收音机中听到的信息更可信、更可亲，也更容易记住。

"有声有色"是一种审美境界。对于久居都市的人来说，自然界的风声、水声、鸟儿的鸣叫、野兽发出的声音及异地人的山歌、音乐、口音、语言等都是人们心灵渴求的，加上导游的精彩讲解更能打动人心。旅游并不完全是在默默地深思和欣赏，开发旅游产品、创新旅游服务当然也要从听觉角度去探索如何满足旅游者的需求。

人们的听觉蕴藏着一个巨大的市场。在旅游中应当考虑引导游客听听寺庙的钟声、山泉的流动、鸟儿的鸣叫和当地的传说故事等。这样才能使旅游者投入旅游活动。

(三) 嗅觉、味觉

在旅游过程中，旅游者的所有感官都是开放的、敏感的，具有较高的接受性。对新的环境的感知，嗅觉是第一位的。嗅觉总是在其他感觉之前反映周围环境的。嗅觉本身是个体生理警觉系统的一部分。好的气味能使人振奋精神，产生甜蜜、幸福、温暖、兴奋、愉快、舒适、轻松、受欢迎、自信、安全的感觉。

20世纪50年代的日本东京市受到世人的批评，批评该城市没有抽水式厕所，全市气味令人厌恶，加上要在该城市举行奥运会，从而引发了日本20世纪六七十年代的厕所卫生革命，现代东京是世界卫生城市的典范，从此旅游者与投资者大量涌入。中国在20世纪七八十年代也因同样的问题遭到外国游人一致的批评，至今有许多地方仍然没有改进。肮脏、气味难闻是阻碍我国旅游业发展的一个重要因素。

人们对气味的敏感要求我们加强旅游产品、设施、景点的绿色环保行动。北京市的大气污染改造，内城水体污染改造正是基于此。不良的气味对个体来说意味着不安全、易得疾病或招致危险。

大部分旅游者同时还是美食家。品尝异国他乡的美食也是旅游中的一大享受。但是我国的一些旅游景点还没有重视到这一点，不仅食物、饮料价格昂贵，而且品质很差。有的旅行社安排给旅游者的食物既无味道，也无营养，更谈不上满足游客的口味了。这大大影响了旅游者的游览情绪。

第二章 旅游者的感觉和知觉

（四）触觉

收音机、电视机、录像机都无法帮助你产生登上长城的豪迈和兴奋，也无法帮助你体验漂流时的惊险和喜悦，更不会让你感觉沙滩的温度与大海的汹涌澎湃，因为你没有"身临其境"。你必须亲自去旅游，用你的手、脚、全身的肌肉和骨骼去全面接触陡峭的登山路、沙滩、激流、冰雪、海洋，你才能真正体验到旅游的美妙感觉——触觉。旅游者喜欢用手摸一摸旅游景点或纪念品中好看的部分。看看天安门大门上那与人齐高的铜乳钉个个被摸得发亮，就能知道旅游者是怀着一种什么样的崇敬心情来游览故宫的。用手或皮肤接触，人才会真正体会"真实"的而非虚幻的感觉。许多旅游者在看到久已向往的旅游目的地时，会产生这是否在梦中的疑惑，接触一下以证明它是真的。

温度觉。旅游者很重视气候、季节、纬度等因素。温度适宜的时节和地区也是首选旅游目的地的要素之一。冬天到寒冷的黑龙江亚布利去滑雪、打猎、体验寒冷的感觉让人回味，夏季去凉爽的地方避暑则更令人留恋，温泉一直是世界各国旅游者喜欢的旅游去处。

痛觉。痛苦是欢乐的敌人吗？其实不然，有时候痛苦是欢乐的朋友。人们旅游大多数是追求轻松、舒适、无痛苦、快乐的感觉。可对于极地探险、穿越沙漠、长途徒步旅行、深入无人居住区去旅游的人们来说，根本体验不到舒适，反之要忍受饥饿、寒冷、生病、无人交谈、危险等痛苦，但是他们愿意。而宗教僧侣的苦行可能是最早的以痛觉体验为目的的旅游者。通过感受痛苦才能达到最大的快乐——这是旅游的另一种乐趣。有时旅游者在旅游过程中不小心受了一点小伤，反而会增强这次旅游的快乐记忆。

（五）动觉、平衡觉

蹦极、攀岩、高空降落、滑水、滑雪、冲浪、开飞车、坐过山车等游乐项目无一不是通过刺激来使人们的神经紧张兴奋起来，激发出体内的热情和能量，考验人的胆量和意志。人们平时习惯于日常的固定运动程式，而通过新的动觉、平衡觉刺激可以获得新的体验，可以增进身体各部位的动觉感觉器官的功能。凡是能使旅游者运动起来的项目都会使旅游者全身心投入，增加旅游的热情。让一个人一动不动，或重复单调地活动是令人乏味和难以忍受的。而激情、新奇、惊险、有一定运动量的游乐项目能够刺激旅游者动觉和平衡觉的需要。经过动觉、平衡觉新异刺激的旅游者，往往精神振奋。所以，那些登山、潜水、漂流、蹦极等项目备受青年旅游者的喜爱。

第二节 旅游者的知觉

感觉和知觉是人的智慧之门。旅游知觉是指直接作用于感觉器官的旅游刺激的整体在人脑中的反映。个体通过旅游知觉去获得新的知识和生活智慧。中国自古就有"见多识广"，"读万卷书，行万里路"的说法。在旅游中不仅能愉悦身心，而且还可以学习和体验到其他地区、民族、国家的文化风俗，增长生活智慧。

人是靠感觉和知觉来了解周围世界的。感觉与知觉是连续不可分的两个认知阶段。感觉以感觉器官为基础接受外界信息，知觉却是各种感觉加上人的记忆、思维等过程的综合。

掌握旅游者知觉特点对理解旅游中风景的欣赏，旅游中景点的评价，以及广告设计、旅游产品开发都有积极的意义。

知觉过程是选择、组织和解释感觉刺激，使之成为一个有意义连贯的现实映像的过程。一个世纪以前，人们还把知觉类比成照相机来理解，但是计算机要模拟知觉时却发现远不是那么回事。知觉是一个主动探索客观世界的过程，在这一过程中，大脑对大量离散的感觉信息进行选择加工，在信息加工过程中又强烈地受个体的动机、人格、态度、学习等因素影响。不同的人面临相同的风景会产生不同的旅游知觉反应。

一、知觉的概念

知觉是人脑对直接作用于感觉器官的客观事物的整体反应。它是在感觉的基础上，把所有的信息材料加以综合整理，从而形成对事物的完整印象。

二、知觉的特性

知觉有以下四种特性：知觉的选择性、知觉的理解性、知觉的整体性、知觉的恒常性。其中，和旅游行为关系较为密切的是知觉的选择性和知觉的理解性。

(一) 知觉的选择性

在辽阔的澳大利亚平原上人们去看魔鬼岩石——艾尔斯岩石；在沙漠中人们容易看到绿洲；在无边的大海上，人们的视觉很容易被船只、海鸟和白云所吸引。当人们按照某种需要、目的，主动地、有意识地选择少数事物作为知觉对象，或无意识地被某种事物吸引，以它作为知觉对象，对这些事物产生鲜明清晰的知觉印象，而周围的事物则成为知觉的背景，其知觉印象比较模糊，这就是知觉的选择性。被选择的对象可以是事物的整体，也可以是事物的某一部分。古人说得很好："仁者乐山，智者乐水。"山水并存，乐山或乐水取决于人的知觉选择。不同类型的旅游者，其旅游需要和目的不同，在旅游过程中选择的知觉对象也就有各种差别。有人注意奇山异水，有人注意人文古迹，有人喜欢安全系数大的旅游项目，有人喜欢冒险性强的旅游项目。历史考古型的旅游者，可能把古代的残砖片瓦看得比一座现代化的游乐场还重要；而商务型的旅游者会认为，交通、通信便捷的饭店的价值高于名山大川。假如这些人同游一个旅游景区，那就会各自分别形成关于这一旅游景区的知觉印象。

知觉的选择性从某种意义上来说，是一种感知防御形式。通过主动的知觉选择，可以排除那些非本质的、无关的，或从个人角度、文化角度出发难以接受的事物。同时，感官功能有限，人们能够同时清晰感知的事物很少，而刺激物纷繁复杂，只有发挥知觉选择性的功能，才能使知觉过程正常进行，保护自己的身心安全。例如，乘坐飞机的人，通常不注意航空保险机构，因为他们不愿意、也不可能把乘坐飞机旅行知觉为危险的过程。同样，走在华山险处的旅游者，眼睛大多盯着脚下的石阶，或向山顶和天空看，而不去看脚旁的万丈深渊。近年来开始流行的单项旅游，很多就考虑到了旅游者的知觉选择性。从业者有选择地向旅游者推荐一些特殊的知觉对象，可以大量减少旅游者知觉选择过程的时间和工作量，从而既降低了旅游者的身心疲劳，又使他们能更清晰深刻地感知某些对象，获得比其他旅游方式深刻丰富得多的旅游享受。

在日常生活中，人们往往把注意力集中在自己认为重要的东西上，但是，在旅游活动中，人们常常会背离这种倾向。旅游者通常会降低自己的知觉选择性，尽可能多地把各种事物纳入知觉范围，扩大知觉对象，体验日常生活中没有或无法体验到的多姿多彩的人生乐趣。但是，由于感官功能和停留时间的限制，即使最大限度地降低知觉选择性，刺激的无限性和知觉选择性的矛盾也依然存在。为了解决这个问题，旅游者往往借助各种媒介，如导游手册、明信片、书籍、照相机、录像机、旅行日记等，记录当时无法深入感知的事物，以供事后欣赏。这样就不需要再付出体力、经济、时间等代价，足不出户，也可以继续获得旅游乐趣和旅游享受。

人们把知觉对象从背景中选择出来是遵循一些规律的。

1. 差别律

对象与背景的差别大小决定着对旅游知觉对象的选择。这一规律我们在日常生活中经常不自觉地应用。例如，"万绿丛中一点红"，一点红就容易成为知觉对象，引起人们的注意；在黄皮肤、黑头发、黑眼睛的黄种人中出现一个碧眼金发的白种人容易成为人们知觉的对象；嘈杂的街道上忽然响起刺耳的警笛会成为人们注意的对象。旅游者对旅游产品的知觉也是这样，似曾相识的、无甚特色的、千篇一律的产品很难成为旅游者的知觉对象。旅游产品的推销要想打动旅游者，就必须做到产品有特色、宣传突出特色。宣传突出特色就是要运用知觉的差别律，把所要宣传的产品突出出来，这在广告中的应用特别明显。人们在对大量广告信息进行筛选的过程中，往往只注意那些对象鲜明、突出的广告，尤其对广告画面和标题关注较大，很少去仔细阅读广告的正文，所以这两部分应以鲜明的色彩、造型的突出来吸引读者的注意，使其成为知觉对象。为使所宣传的产品突出，还可以采用对比手法，以其他产品作为背景，突出所宣传的产品。

2. 组合律

刺激物各部分相互关系的组合形式也是我们从背景中区分出对象的重要因素。组合形式一般有接近组合和相似组合。

(1) 接近组合

接近组合就是在知觉刺激时相互接近的两个刺激物容易被知觉为一组而形成知觉对象。接近组合可以是空间的，也可以是时间的。例如，在对旅游目的地的知觉中，人们往往把相近的几个旅游目的地归为一组。例如，"东南亚之旅"就是把新加坡、马来西亚、泰国、菲律宾、印度尼西亚等东南亚国家知觉为一组；国内的"锦绣江南游"就是把江南的苏州、无锡、常州等城市景点知觉为一组。这种接近组合景点构成的旅游产品对旅游者具有较强的吸引力。其花费的时间、金钱、精力不多，却可以多游览几个景点。旅游产品推销应考虑这一点，把空间相近的几个景点联合起来推销。像孔子、孟子故里是邻近的，就可以推出"孔孟之乡游"

(2) 相似组合

相似组合就是在感知各种刺激物的时候，彼此相似的刺激物比彼此不相似的刺激物更容易组合在一起，而成为知觉对象，如图 2-1 所示。

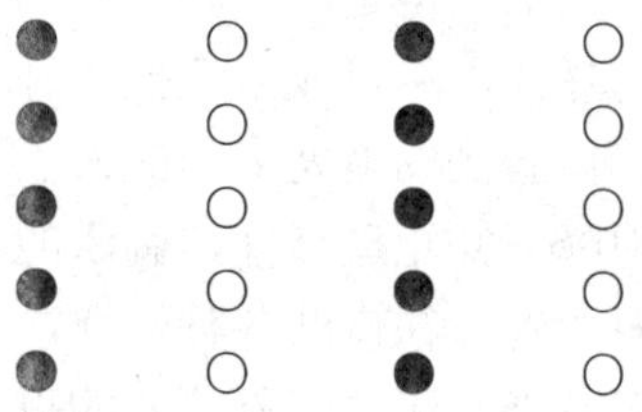

图 2-1 相似组合

由黑白小点组成的方阵，人们往往把黑色的小点看成一排，把白色的小点看成另一排。在旅游活动中，旅游者对一些特征相似的旅游景点容易知觉为一组。例如，青岛、大连、北戴河、秦皇岛等虽各有特色，但都是北方海滨避暑胜地，许多旅游者往往把它们知觉为一组。这在某种程度上对各地推销旅游产品有不利的一面，既然这几个景点都差不多，那么只去一个就可以了，到了北戴河就不用去青岛、大连了，从而使有限的客源分流了。了解这一知觉特性后，我们就应注意宣传各景点的特色，同时要在注意开发、生产旅游产品时注意自身的特色，不要雷同，不然客源要相对减少。

（二）知觉的理解性

知觉是在过去的知识和经验的基础上产生的，所以对事物的理解是知觉的必要条件。在知觉的时候，客观事物的各种属性和各个部分不一定同时发生影响，只是由于过去经验的帮助，人们对知觉对象产生理解，才获得事物的整体反映。因此，所谓知觉的理解性，就是指必须借助过去的知识和经验，理解客观事物的含义，才能形成整体的知觉印象。理解性使人的知觉过程更加迅速，节约感知的时间和工作量，同时知觉印象准确完整。如果缺乏知识和经验，每一次知觉都是学习过程，其中尝试与错误不仅浪费，而且知觉印象和对象实际相差甚远。

知觉的理解性在旅游者旅游中有着十分重要的意义。它会使旅游富于乐趣，收获更广、更多、更高。自然的山水原本是没有意义的，但经过旅游产业的加工就变得有旅游意义了。例如，北京房山著名的"石花洞"，对有些特殊的钟乳石进行神话式、拟人式、拟物式的理解就使游客游兴大发。越是经常旅游，就越能增强对旅游的理解性。

（三）知觉的整体性

在对周围世界的知觉过程中，人们不是孤立地反映刺激物的个别特性和属性，而是反映事物的整体和关系。这就是知觉的整体性。

在知觉活动中，整体与部分的关系是辩证的、相互依存的。人们的知觉系统具有这样的一种能力，即能够把个别属性、个别部分综合成为整体的能力。从图 2-2 中可以看出，尽管这些点并没有用线段连接起来，但我们仍然可以从中看到两个三角形。在这里，我们的知觉系统把视野中的个别成分综合成为一个有组织的整体结构。

图 2-2 知觉的整体性(图一)

另外，我们对个别成分(或部分)的知觉，又依赖于事物的整体特性。图 2-3 就充分说明了部分对整体的依赖关系。同样一个图形"13"，当它处在数字序列中时，我们把它看成数字 13；而当它处在字母序列中时，我们就把它看成字母 B 了。

```
         12
  A      13      C
         14
```

图 2-3 知觉的整体性(图二)

有人曾用对图片的感知，说明部分对整体的依赖性。实验者先给被试者一张图片，上面画着一个身穿运动服，正在奔跑的男子，使人一看就断定他是球场上正在锻炼的一位足球运动员。接着给被试者第二张画片，在那个足球运动员的前方，有一位惊慌奔逃的姑娘。这时被试者断定他看到了一幅坏人追逐姑娘的画面。最后实验者拿出第三张图片，在两个奔跑的行人后面，是一头刚从动物园里逃跑出来的狮子。这时，被试者才明白了画面的真正意思：运动员和年轻的姑娘为躲避狮子而拼命地奔跑。可见，离开了整体情境，我们对事物的理解就失去了它确定的意义。在现实生活的知觉活动中，人们对整体的知觉先于对个别成分的知觉，这种情况也是常有的。当我们面对一辆疾驰而来的汽车，最先看到的是汽车的整体，然后才是它的各种细节。我们走进一间房屋，首先是对室内的陈设有一个整体的印象，然后才个别地审视它的一些细节。

知觉的整体性是知觉的积极性和主动性的一个重要方面。它不仅依赖于刺激物的结构，即刺激物的空间分布和时间分布，而且依赖于个体的知识经验。一个不熟悉外文单词的人，他对单词的知觉只能是一个字母一个字母地进行。相反，一个熟悉外文单词的人，他把每个单词都知觉成为一个整体。

（四）知觉的恒常性

知觉的恒常性是指当知觉对象的客观条件在一定范围内改变时，我们的知觉映像在相当程度上仍然保持着它的稳定性。知觉的这一特性能够帮助我们更好地抓住知觉对象的本质特征，对我们的正常生活和工作有重要的意义。如果人们的知觉随着客观条件的变化而时刻变化，那么要想获得任何确定的知识都是不可能的。

三、影响知觉的主观与客观因素

知觉是主体对客体的感知过程，必然会受知觉对象本身特点和知觉者本人特点的影响。苏州的拙政园，谁去看它都是人造园林，这是由拙政园的景观决定的，但是，园林专家和普通旅游者的知觉印象是有差别的。苏东坡说："西湖天下景，游者无愚贤；深浅随所得，谁能识其全？"从某种意义上说明了旅游者对旅游区的知觉印象受到主客观因素的双重影响。

（一）影响知觉的客观因素

知觉是对客观事物的整体反映。因此，知觉首先决定于知觉对象本身的特点。知觉对象的特点是多方面的，下面仅从两个比较主要的方面，讨论这一问题。

1. 知觉对象的刺激强度

旅游者面对的环境是错综复杂的。自然景观与人文景观并存，静止的事物与动态的事物同在，即各种感知对象作为刺激因素交织在一起。如果客观事物没有独特的形象、突出的属性，即缺乏刺激强度，就不会引起人的注意，从而未被知觉到。旅游者容易感知到那些在特定环境中有突出特点的对象及那些和他们平时习惯的事物有较大差异的对象。一块古色斑斓的碑刻，放在陵墓、寺院、山水、园林等处，很容易被人知觉到，但是，把它放在著名的西安碑林之中，旅游者就可能不太会注意它。在相同文化背景的城市中，旅游者很少注意当地人的服饰、交通工具、现代化的建筑。而一旦旅游者进入少数民族地区，他们往往最先感知，并留下深刻印象的就是他们不熟悉的衣、食、住、行。这就是因为不同的客观事物对旅游者刺激强度不一样。一般情况下，知觉对象的刺激强度越大，越容易被清晰地、深刻地感知。例如，险峻的山峰、幽静的湖泊、奔腾的江河、辽阔的大海、古老的建筑、珍禽异兽、奇风异俗等，都会以它们较大的刺激强度，使旅游者留下清晰的知觉印象。

2. 对象与背景的关系

客观事物是多种多样的，人总是有选择地以少数事物作为知觉的对象，对它们知觉得特别清晰。被知觉的对象似乎从某种事物中显现出来，突现在前面，而其他事物则退到后面去了。前者是知觉的对象，后者是知觉的背景。在知觉中，对象与背景是可以相互转换的，这取决于人的知觉选择。例如，旅游者在观赏花草树木时，亭台楼阁就成了背景，而当他们注意这些建筑时，花草树木就转化成了背景。从并存的客观事物中区分出知觉的对象与背景，受下列条件的影响。

(1) 对象和背景的差别

对象与背景的差别越大，就越容易从背景中区分出对象。从一张多维立体画片上，找出特定的对象很困难，但从一张彩色照片上找出某个对象来，就容易多了。因为就前者而言，对象与背景差别小，而对后者而言，对象与背景差别大。江南很多旅游区都种植了观赏性的方竹或斑竹，它们周围都种植了其他的花草树木，旅游者轻易地就能看到，但是，如果把方竹和斑竹同其他竹类种在一起，旅游者要看到它们就困难了。

(2) 对象的运动

在固定不变的事物中，某个运动的刺激物容易成为知觉的对象，如山上运行的缆车、松林里的松鼠、湖上的游船等。正因为它们是运动的，所以很容易被旅游者感知。南宋词人张炎有一首《解连环·孤雁》，其中几句写道："自顾影，欲下寒塘，正沙净草枯，水平天远。写不成书，只寄得、相思一点。"不管是张炎自己，还是读者，都是以沙草之上、水天之间的飞翔孤雁为感知对象，而其他事物都是衬托知觉的背景。

(3) 对象的组合

刺激物本身的内容和结构是区分对象的重要条件。首先，在时空距离上接近的事物，容易被人组合在一起，而成为知觉对象。例如，苏州和无锡，山海关和北戴河，因为它们的距离接近，旅游者往往把它们知觉为一条旅游线。其次，性质相同或相似的事物也容易被人组合在一起，成为知觉对象。例如，青岛和大连都被认为是海滨避暑胜地，五台山、普陀山、峨眉山、九华山，地理上远隔千里，但人们把它们知觉为相似的佛教圣地。在知觉人时，往往也有相同的倾向，把众多的人，按一定的标准，可以分成许多类别。地域、民族、职业、文化水平等，都可以把人组合成相似的群体，从而被他人感知为整体。最后，几个性质相同或相似的事物，如果在时间或空间上有连续性，也容易被组合在一起，成为知觉对象。例如，在拥挤的旅游区，戴着相同颜色太阳帽的旅游者在一个方向上前行时，往往被其他人组合成一体，感知为团体旅游者。苏州、无锡、上海，由于经济文化相似，地域毗邻，很多情况下，人们用苏、锡、沪的整体去知觉这一地区。

(二) 影响知觉的主观因素

知觉不仅受客观因素的影响，也受知觉者自身的主观因素的影响。这些主观因素是指知觉者的心理因素。旅游者是有不同心理特征的知觉主体，感知相同的景观时，他们各自的知觉过程和知觉印象是不同的。

影响知觉的主观因素主要有以下几个方面。

1. 需要和动机

动机是直接推动人从事某种活动的内在驱动力。一般情况下，只有那些能够满足旅游需要，符合旅游动机的事物，才能引起旅游者的注意，从而被清晰感知。同一个旅游区，可以同时接纳各种类型的旅游者，如观光型、度假型、健身型、疗养型、商务型等。由于各种类型的旅游者具有不同的旅游需要和旅游动机，所以，他们感知的范围、具体的对象及最终的整体知觉印象是多种多样的。此外，有些事物本来不是知觉对象，但当它们的刺激强度大到足以干扰需要与动机所指向的目标时，旅游者也会转移注意，把它们纳入知觉范围。例如，各地大同小异的旅游车，通常不会引人注目，但是，当旅游者因为旅游车出问题而耽误行程时，它们就会进入旅游者的知觉。

2. 情绪

情绪是人对客观事物的态度的一种反映。情绪和人的需要紧密地联系在一起，包括复杂的生理及心理机制，往往伴随着身心状态的广泛波动。情绪对人的任何心理活动都有较大的影响，知觉也不例外。俗话说的"欢乐良宵短，愁苦暗夜长"，说明情绪影响了人们的时间知觉。情绪状态是指人在知觉客观对象时个人的主观态度和精神状态。情绪状态在很大程度上影响着个人的知觉水平。在心情愉快的时候，人们对对象的感知无论在深度还是在广度上都会深刻鲜明；相反，情绪不好，心情苦闷，知觉水平就会降低，再生动、鲜明的对象也很难成为其知觉对象。在旅游活动中，由于各种原因，有的旅游者情绪可能会很低落，对导游的讲解听而不闻，对景点也会视而不见，旅游服务人员应对此给予关注并及时调节旅游者的情绪。当旅游者情绪愉快时，各种事物都会被他们知觉得比实际状况美好、明快，同时也会兴高采烈地参与，积极主动地去感知大量的景观。而当旅游者情绪不佳时，再好的景观，他们也会觉得索然寡味，知觉范围缩小，知觉主动性下降，并会留下消极的知觉印象。

3. 兴趣

兴趣是人们积极探究某种事物或从事某种活动的意识倾向。这种倾向是和一定的情感体验联系在一起的。旅游者经常把自己感兴趣的事物作为知觉对象，而把那些和自己兴趣无关的事物作为背景，或干脆排除在知觉之外。例如，"上有天堂，下有苏杭"，杭州有人间天堂的美誉，尤其是西湖，苏轼把它比为西子，让人想见其绝世风华。但是旅游者观光山水的兴趣不一样，他们对知觉对象的选择及留下的知觉印象也会因人而异。总之，兴趣影响旅游者知觉什么、知觉的程度，以及留下什么样的知觉印象。

4. 经验

经验是从实际活动中获得的某些感受。凭借以往经验，旅游者可以很快就能对知觉对象的意义做出理解与判断，从而节约感知时间，扩大知觉范围，获得更多也更为深刻的知觉体验。例如，山峰是否险峻，溪流是否灵动而清冽，交通是否便利，服务是否热诚，诸如此类的问题都和旅游者的经验有关。旅游实践表明，重到和初来，旅游享受是大不一样的。其中的原因之一就是旅游者有无经验。有经验的旅游者知道哪些景点景观应该多玩多看，哪些应该少玩少看，哪些不看也罢，哪些不可不玩不看等。在相同的时间里，有经验比没有经验的旅游者有更多的旅游收获。

5. 阶层意识

人生活在社会之中，他必然因各种因素从属于某一社会阶层，从而产生各种阶层意识。不同阶层的人的价值观念、生活方式、待人处事的态度，以至于道德标准等意识是不同的。虽然现代社会中旅游日益普遍化，但是，各个阶层的旅游的方式、时间、地点、目的、消费等是有差别的。在实际旅游活动中。旅游者的阶层意识将使知觉对象的选择和知觉印象等表现出不同的倾向。处于社会上层的旅游者，更多注意那些象征社会地位、表现活动能力、代表经济实力的旅游项目。中层的旅游者，既有选择性地注意一些上层旅游者关注的旅游项目，在力所能及的范围内表达向上的动机，也乐于接受廉价实惠的旅游。下层的旅游者更欢迎物美价廉的旅游消费。

6. 个体人格特征

个体人格特征就是个人的气质、性格和能力等方面的特点。这些特点的不同往往会极大地影响一个人的知觉选择性。在旅游活动中，不同人格特征的人在知觉的深度和广度上有很大的差别：多血质的旅游者知觉速度快、范围广，但不够细致；黏液质的旅游者则知觉速度慢、范围小，对事物知觉深刻。(关于人的气质特征详见第七章第三节)

7. 经济收入

经济收入在知觉的选择性上也有所体现。工薪阶层一般只对适合他们经济条件的经济型旅游产品给予关注，将那些豪华型的旅游产品放到知觉背景中去。高收入者则相反，他们主要关注的是那些豪华、气派的旅游产品，以显示其身份地位。

8. 其他个体因素

影响旅游知觉的个体因素除了以上的几个方面之外，还包括一些人口统计方面的因素，如收入、年龄、性别、职业、家庭结构、国籍、种族等。

年龄对旅游知觉也起着很重要的作用。例如，上了年纪的旅游者对旅游的感受和年轻人就有很大的不同，他们更喜欢轻松愉快、慢悠悠的旅游方式，也更关注在旅游活动的过程中获取更多的知识。而且，这一时期这些老人们在经济上已经有了保障，人生的目标也实现得差不多了，他们会以新的眼光来看待旅游活动。

职业也影响着旅游者的知觉选择性，一个从事考古专业的旅游者与一个从事医务工作的旅游者对古陵墓的知觉也是完全不同的。

此外，宗教信仰对旅游者知觉选择性也有很大影响。信仰宗教与不信仰宗教的旅游者对宗教旅游景点的知觉会大相径庭。例如，对同一庙宇，信佛的人会把其知觉为圣地而朝拜，不信佛的人则只把其当做一般的庙宇；信仰不同宗教的人对不同宗教旅游目的地的知觉也全然不同，信仰伊斯兰教的人会不远万里去麦加朝拜，信仰其他宗教的人则不会把麦加当做特别的旅游目的地。

最后，纵观影响旅游者知觉的主客观因素，作为旅游从业者，在旅游资源开发、旅游区建设、接待服务、旅游营销宣传等工作中，应该通盘考虑。针对上述因素，突出景观特点，合理布局景点，悉心设计旅游线路，提高服务质量，并进行有效宣传，从而增加产品的吸引力、竞争力。尽量争取使每个旅游项目，使整个旅游区都能符合旅游者知觉的客观规律，引起他们的注意，纳入他们的知觉范围，并形成清晰深刻的知觉印象。做到这一点，既可以使旅游者乘兴而来，满意而归，也可以在吸引回头客的同时，通过旅游者的宣传，占领新的市场。

第三节　旅游者对旅游条件的知觉

研究现代旅游者对旅游中的食、住、行、游、购、娱等行为条件的知觉，对于旅游企业理解旅游者的旅游行为和招徕游客有着重要的意义。

一、对旅游目的地的知觉

旅游目的地的内涵非常广泛，大到一个国家，小到一个公园，只要能够为旅游者提供食、住、行、游、购、娱的活动场所的地方，都可以称为旅游目的地。人们在知觉旅游目的地景区时，通常乐于广泛接受有关事物的各种信息，力争把握旅游区的主要特征，并从自己的旅游需要和旅游目的出发，对旅游景区做出综合的识别、理解和评价，最终形成自己的旅游景区知觉印象。良好的知觉印象能够促使潜在的旅游者选择旅游目的地，做出旅游决策；同时，也能够帮助旅游者做出对旅游景区和自己旅游活动满意感的评价。

同样，知觉旅游目的地景区，在旅游活动的不同阶段，知觉的信息来源是不同的。在旅游决策阶段，知觉的信息主要来自己或他人的经验、各种新闻媒介的有关文章或专题报道、旅游广告、书刊、电影、展销会、旅游宣传手册等，主要以间接信息为主。在旅游活动的进行阶段，知觉的信息来自旅游者的亲身经历和感受，主要以直接信息为主。鉴于这种情况，作为旅游从业者，对旅游商品的质量和旅游宣传都要给予高度重视。必须时刻注意以宣传引导旅游决策，以高质量的旅游商品强化旅游者的满意感。

一般情况下，旅游者对旅游景区的知觉印象关键取决于以下几个方面。首先，旅游景观必须具备独特性、观赏性，相应的项目必须重视参与性。景观的吸引力，就是其特点与人的旅游需要相互作用的结果。例如，说那些参与性强的旅游活动项目，如采摘、仿古文化旅游项目、近海潜水等，都深受旅游者的喜欢。其次，旅游设施必须安全、方便、舒适。在标准化的同时，注意特异性。旅游设施不能仅仅是景观的附属部分，而应该成为景观的有机组成部分之一。最后，旅游服务必须礼貌、周到、诚实、公平。尊重旅游者，但不能放弃自尊，旅游服务人员与旅游者之间应该相互尊重，以保持友好的人际关系，有利于旅游活动的顺利进行。此外，旅游景观、旅游设施和旅游服务，虽然内容不同，但是都属于旅游商品。旅游者感知它们时，其价值与价格的比值是一个非常敏感的问题。过低的价格会损害旅游目的地景区的利益，过高的价格会损害旅游者的利益。但是，不论过高还是过低的价格，最终都会使旅游者形成不良的旅游景区知觉印象。因此，旅游商品的定价，必须以景观、设施和服务的价值为基础，同时考虑市场的波动，力争做到价格的公平合理。

目前各种各样的旅游景区，不胜枚举，我们不可能也没必要一一论及，现在仅列举海外旅游者对中国旅游总体状况的知觉，以此为例，希望能收到举一反三的效果。1983年，国家旅游局曾对10个国家的来华旅游者调查了关于中国旅游的13个问题。结果发现，所有的旅游者都对中国的历史古迹及自然风光作了肯定的评价。大多数国家的旅游者认为，来中国能买到精美的工艺品、礼物和纪念品，能吃到精美可口的中国食物。马来西亚、加拿大、德国的旅游者认为，来中国能体验不同的文化和生活方式，其余国家的人则没有这种期望。在气候、增加知识、旅游设施、度假费用、冬季运动、娱乐、会见有意义的人、参观建设成就等方面，除少数国家的旅游者，大都评价很低。从这一调查结果中我们可以看到，在我国刚刚开始发展旅游事业的20世纪80年代初期，海外旅游者对中国旅游的知觉印象，除了景观和少数商品外，对大多数设施及服务类商品的印象都是消极的。这种知觉印象基本上是当时中国旅游的客观反映，景观质量高，设施及服务质量差，因此，来华旅游人次少，旅游满意感低。1994年，国家旅游局专门针对旅游服务、旅游设施和旅游价格，调查了15个国家的来华旅游者。结果发现，占被调查人数90%以上的旅游者，对宾馆、导游和餐饮的设施与服务印象良好，表示满意。35.7%的旅游者认为交通运输差，49.4%的旅游者批评了景点的厕所。70%以上的旅游者认为中国旅游的价格合适或偏低。在对中国住宿、餐饮、交通的费用和旅游价格的综合印象的评价中，31.6%的旅游者认为住宿费用偏高，而认为其他费用偏高的旅游者约占20%。与1983年的调查相比，这一结果客观地反映了中国旅游事业的长足进步。海外旅游者对中国旅游的设施及服务的印象越来越好，普遍有较强的满意感。同时，也指出了中国旅游有待改善的问题，如交通、旅游价格、配套设施的建设等。

二、对旅游距离的知觉

从居住地到旅游目的地之间的时空距离一直是影响人们是否去旅游的重要因素。虽然现代交通工具迅速发展，甚至能将人送往神秘的宇宙，但距离知觉所产生的经济、安全、时间等方面的问题是不可避免的。旅游距离知觉对旅游者做出是否旅游的决定具有以下两个作用。

(一) 阻止作用

旅游距离知觉的阻止作用主要体现在以下几个方面。经济方面：距离越远的旅行无疑花费越多，所以一个国家出境旅游状况是一国财富的象征。时间方面：对于抱着时间就是金钱观念的现代人来说，远距离，特别是偏僻的、交通时间长的地方就容易产生阻止作用。身体是否能适应：旅游需要耗费体力，旅游时的身体消耗比平时上班时要多得多，而且要适应时差、饮食、水土、气候的多方面因素的变化。生活方便程度上：远距离旅行需要携带物品可能很多，如更换的衣服等，另外，语言和风俗的不同也可能成为不便因素。安全方面：如生活在北京的人去长城游玩与去内蒙古或是去西藏旅游的安全感是不同的。古诗云："劝君更尽一杯酒，西出阳关无故人。"更给人以长途旅行的苍凉感。总体上来讲，距离客源地越近的旅游景区，相对的旅游者会多一些。

（二）激励作用

从另一个角度来看，距离越远的旅游对人越有吸引力。"天那边"、"在那遥远的地方"、"天涯海角"等，都是自古以来人们所向往的地方，遥远的异国他乡能激发人们的好奇心、神秘感。当人们知觉到距离遥远时，既可能阻止旅游行为的产生，也可能激励旅游行为的产生。距离遥远激励人们旅游行为的产生，尤其在以观光为目的的旅游中作用最大。心理学的研究表明，遥远的旅游区正因为远，对旅游者特别具有吸引力。距离遥远的本身意味着神秘和陌生，而人类具有探索未知世界的意识和强烈的愿望，从而使神秘和陌生反而构成了远距离旅游区的独特吸引力。从心理学的角度来看，距离之所以产生美，是因为人在感知对象时，拉开的距离增加了信息的不确定性，给了人更广阔的想象空间，把自己的愿望投射到了相对模糊的对象上，从而产生了美的印象。因此，远距离的旅游区的吸引力，除了神秘与陌生之外，也包括了人们对美的需要。这种由神秘、陌生、美的需要等主客观因素相互作用所构成的吸引力，远远超过距离摩擦力的阻止作用时，就会把人们吸引到遥远的地方去旅游。使用这一原理解释人们的某些旅游行为，如在经济条件许可的情况下，美国旅游者选择去希腊克里特岛比选择夏威夷度假的可能性更大。虽然旅游者在两个海岛上都可以参加基本相同的活动，获得同样的乐趣，但是，克里特岛远得多，它就是因为距离远而有了更大的吸引力。

总之，距离知觉对人的旅游行为既有阻止作用，又有激励作用。但是，哪种作用更大，以及影响的程度怎样，则因人而异，因环境而异。作为旅游从业者，为了吸引旅游者，不断扩大市场，首先应该把旅游区开发、建设、管理好，为市场提供高质量的旅游商品，创造良好的整体形象。其次，应该破除"皇帝女儿不愁嫁"的落后观念，充分利用各种方法，积极开展旅游宣传，给那些潜在的旅游者留下深刻的印象，引导他们的旅游决策。两个方面同时入手，一定可以使旅游景区远近适宜，产生强大的吸引力，从而吸引更多的旅游者。

三、对旅游交通条件的知觉

现代旅游交通条件的便利快捷，大大改善了人们旅游的条件，加快了旅游速度，特别是飞机、轮船的出现实现了人类全球漫游的梦想。宇宙飞船的出现更激发了人们在 21 世纪太空旅游的伟大梦想。

影响旅游者对旅游交通条件知觉的因素有以下几点。

（一）安全

人们外出旅行首先会重视安全。在一些偏僻、原始的自然保护区、沙漠、沼泽地、森林等旅游区往往由于路面不好，加上当地经济条件差，旅游交通车质量也不高等，造成交通安全事故。对飞机、轮船的安全性有些人也持有怀疑。对于冒险性旅游，如航海、漂流等，人们更担心交通工具的安全性。一想到 20 世纪初的"泰坦尼克"号豪华游轮大海难，就使人们对海上旅游心有余悸。

（二）速度

交通工具速度的加快节省了时间，减轻了旅途中的疲劳。当然，速度与安全性成近似反比关系，飞机速度快，但心理上的安全性差，而且受场地的限制，旅游区很少建航空港。

(三) 舒适程度

汽车快捷，但坐、立、卧的舒适性比火车差，特别是对老年游客更是如此。

(四) 服务水平

在海陆空3种交通工具的竞争中，服务水平是最为重要的因素。特别是有些客人对服务十分挑剔，对服务水平的要求也就更高一些。

四、对旅游娱乐服务的知觉

娱乐是旅游行为的六要素之一，并且贯穿旅游行为的始终，是旅游的基本目的之一。娱乐与消遣的功能和作用有直接联系，就是为了人们的休息、松弛、开心和个人发展而进行的活动。娱乐能使旅游者开心、免除烦恼，创造轻松愉快的旅游气氛。娱乐设施必须具有当地的自然、文化和技术等方面的特点和魅力，在不同的旅游区，可以因地制宜地建设以下相应的设施，为旅游者提供娱乐服务。第一是生态便利设施，包括自然保护区、动物园、水族馆等。第二是文化便利设施，包括博物馆、剧场、展览馆等。第三是体育便利设施，包括滑雪场、骑术中心、自行车赛道、垂钓处、游泳池、球类场馆、水上运动场所等。第四是消遣便利设施，包括舞厅、酒吧、游乐场、餐厅等。第五是其他便利设施，包括会议厅、野餐设施、工艺品及特产售货部、散步场所等。

旅游者知觉娱乐服务时，主要注意的是服务质量，知觉印象主要取决于服务质量的高低。可以用物质的、状态的、行为的3个方面因素评价服务质量，即娱乐服务提供什么、提供的环境和怎样提供，涉及了娱乐服务的设施、环境、主客交往、服务方式等主要方面的问题。这里有一个更为详细的评价服务质量的标准，有200种之多，但主要有5个具体的标准：有形性标准、可靠性标准、信任性标准、责任心标准和移情作用标准。有形性指设施、服务人员的仪表；可靠性指可靠、准确地提供许诺的服务的能力；信任性是指给人以信任和信心的服务人员；责任心指热情帮助娱乐者实现他们的意愿；移情作用指对娱乐者的关心和个别照顾，体现了服务人员对娱乐者需要的理解。在此基础上，可以把服务质量定义为对一项服务的预期与感受相比较的结果。

旅游者对娱乐服务的感知过程及结果，提醒旅游从业者建设娱乐设施并使用它们服务于旅游者，只是娱乐服务工作的第一步，而且是最简单的工作。要想使服务给旅游者留下良好印象，必须严格按照有形性、可靠性、责任心、信任性和移情作用等标准，不断完善娱乐服务的设施、环境、服务方式等具体的工作内容。现代人对娱乐的态度是积极而肯定的，认为娱乐和工作、休息一样自然。旅游者进行娱乐是他们的天赋权利与合理需要。旅游从业者有责任提供良好的娱乐服务，满足旅游者的需要，从而更好地创造旅游业的经济效益与社会效益。

第四节 旅游活动中的社会知觉

一、社会知觉的概念

社会知觉是指在社会环境中对有关个人或群体特性的知觉。它主要包括对他人的知觉、对自己的知觉、人际知觉和角色知觉等。

社会知觉是人们在社会活动中逐渐产生、形成、发展起来的，它影响人际关系的建立和活动效果的好坏，影响人们的社会行为。在旅游活动中，组织者、接待者与旅游者之间相互知觉的内容及性质，直接影响他们之间相互关系的建立、维持和发展，并在很大程度上影响旅游活动的效果。

二、社会知觉的类型

(一) 对他人的知觉

对他人的知觉主要是指对他人的需要、动机、情感、性格等心理状态和个性心理特征的认知。由于对他人的知觉是在经验的基础上对感觉信息的解释，因而知觉的结果必然会受到多种因素的影响。归纳起来，对他人的知觉主要受以下3个因素的影响。

1. 知觉者的特征

社会心理学家认为，每个人的头脑中都有一定的心理组织或结构。这种心理组织或结构，如同一个"过滤镜头"，人们所看到的一切事物都要经过这个"过滤镜头"的过滤。组成这个镜头的因素有一个人的经验、生活方式、文化背景及个人的需求等。由于认知者本身的心理结构不同，对同一社会刺激，不同的人会产生不同的认知结果。

(1) 知觉者的经验

知觉者的经验不同，思考问题的角度不同，对同一刺激会产生不同的认知内容。例如，旅游者对某一个旅游服务人员的认知，艺术家侧重注意其外貌、身材、姿势、语调等，考虑该人能否做演员或模特儿；伦理学家则侧重于观察该人的行为举止及道德品质；学者则可能侧重于考查该人的智慧、能力及专业知识。各人的经验不同，其认知结构也不同，有简单和复杂之分。例如，年龄小的旅游者具有简单的认知结构，认知他人时往往采用两分法，或好人或坏人。

(2) 知觉者的性格

知觉者的性格不同会影响其认知的结果。例如，自信心强的人和自信心弱的人认知同一对象时，前者有独立性，后者则往往因服从于权威的判断，迷信别人而使认知活动受暗示影响，变得人云亦云。一个具有猜疑性格的人，对他人动作和言语的认知，往往从猜疑的立场加以判断。一个思维比较全面、深刻的旅游服务工作者，在观察旅游者的需要时会更准确。一名无忧无虑的导游人员，经常会忽略旅游者的忧虑。

(3) 知觉者的需要

旅游者的需要不同，对旅游活动的认知结果也不相同。所以，作为旅游服务工作者必须认识到，对于旅游者的正确知觉或旅游者对于我们的正确知觉，并不是一件简单的事，它会受到知觉者自身某些特征的影响。

2. 知觉对象的特征

知觉对象的某些特征往往影响知觉者对他人的判断。首先，知觉对象的外部特征在很大程度上影响人的知觉。一个人的风度、仪表、言谈、举止、姿态和表情，在初次接触时会给人留下很深的甚至难以改变的印象。一个风度优雅、举止端庄、谈吐幽默的旅游服务

人员，总是给旅游者留下良好的印象。相反的，一个傲慢无理、举止轻浮的服务人员，绝不会给旅游者以好感。其次，知觉对象的品德、能力和性格特征影响人的知觉。旅游者与导游的接触，在最初的一段时间里，主要是知觉他的外部特征，但随着时间的推移和更多旅游活动的开展，外部特征对知觉的影响会逐步淡化，取而代之的是个性特征及思想品德的影响。因此，一名合格的导游，不仅需要掌握过硬的专业知识，还必须具有高尚的思想品德和良好的个性特征。

3. 知觉环境的影响

人们所处的客观环境，会影响到知觉者与知觉对象之间人际知觉的正确性。当旅游者处于一个相互友好且不断交流的环境中，他们更容易知觉到对方的长处，忽略对方的不足。

(二) 人际知觉

人际知觉是指人与人之间相互关系的知觉。人际知觉是社会知觉中最为核心的部分。一个旅游者在社会群体或旅游群体中，其个体行为必定受其他成员的影响。例如，旅游者与旅游工作者之间，旅游者与旅游目的地居民之间，旅游者与旅游者之间的人际知觉如何，对旅游知觉都能产生重要影响和作用。

在知觉过程中情感因素起一定作用是人际知觉的主要特点。在旅游活动中，人们互相认识，并且彼此之间通过交往互相了解，互相感染和影响，进而在人际关系上形成一定的态度，并在此态度基础上，产生各种各样的情感。例如，在旅游团体中，由于旅游者的认识倾向不同，因而对某些人亲近，对某些人疏远，对某些人喜欢，对某些人讨厌。同时，在人际知觉中，旅游者所产生的各种情感，又会反过来影响并制约着人际知觉。例如，人际知觉直接影响着旅游者与旅游工作者交往的频率和交往的程度。

(三) 自我知觉

自我知觉是指人在社会实践中，对所有属于自己的身心状况，以及自己同周围人关系的认识。它包括对自己的生理状况的认识，对自己的思想、情感、需要、动机、个性等心理状况的认识，以及对自己的行为表现、地位与作用、与他人的关系的认知。它决定了自我行为的基本形态及生活态度。旅游工作者正确的自我知觉，有利于责任心和职业道德的形成，并与旅游者建立良好的人际关系。

人的自我知觉既有完整性，又具有可分性。美国心理学家詹姆斯认为，人的自我概念包括3个构成要素：一是"物质自我"，即对自己的身体、仪表、家庭等方面的自我认知；二是"社会自我"，即对自己在社会活动中的地位、名誉、财产及与他人相互关系的认知；三是"精神自我"，即对自己的智慧、能力、道德水准等内在素质的认知。旅游者的自我认知，直接影响其旅游行为。

人的自我认知是在社会实践中产生，并随着社会的进步不断发展的。人们在社会生活和旅游活动中可以通过以下途径认识自我：①通过与他人类比来认识自己。例如，一名旅游服务人员，通过参观其他同行的工作，同技术水平高的同行比较，就会发现自己的不足之处。这种社会比较，在人们认知自己时采用的最多。②根据他人对自己的态度认识自己。一个人认知自己、评价自己，往往是以别人对自己的态度评价为参照点的。例如，一位导游认为自己有较高的专业水平，开始很自负，但是，在旅游活动中经常受到旅游者的批评，顾客意见较多，假如这位导游是一个尊重事实的人，必然就会对自己的业务水平产生疑问，进而加强业务知识的学习。一般来说，别人对自己的态度评价，是自我认知、自我评价的一面"镜子"，通过这面"镜子"，人们看到了自己的形象，即"以人为镜"，或者说"以别人来反映自己"，也就是心理学所说的"镜像自我"。若一个人对自己某一方面品质的评价能与他人的评价相一致，他就会巩固和发展自己的这些品质。反之，如果他人的评价和自我的评价相矛盾，他就会改变或部分地改变自己的这些品质，改变对自己的认识。③通过自我观察和心理分析来评价认识自己。一个人对自己的评价和认知，并不全是依据他人的态度和评价做出的。同时他人的态度和评价并非都符合客观实际。因而，要正确地认知自己，还需要经常检点自己的行为，分析自己的心理。④通过角色扮演认识自己。旅游工作者通过扮演一定的旅游活动中的社会角色，可以了解自己是否有这方面的才能。

三、影响社会知觉的心理效应及心理定势

（一）首因效应

首因效应即第一印象，是指第一次接触事物留下的印象往往会成为一种心理定势，而影响以后对其的看法。

第一印象具有层次性、广泛性和持续性。在旅游活动中，当人们第一次游览某个景点得到了良好的印象，他会对该地区所有的景点产生良好的印象。当人们第一次进入某个饭店，受到前厅服务员的热情接待，他所形成的良好印象就不仅是这个服务员，而是包括这个饭店的所有服务员，甚至整个饭店。首因效应的这些特点，难免以偏概全，妨碍人们准确地感知事物。旅游工作者应该充分认清首因效应的特点，在与旅游者接触时，处处注意留下良好的第一印象。

（二）晕轮效应

晕轮效应也称光环效应，是指由知觉对象的某一特征推及对象的总体特征，从而产生美化或丑化对象的心理倾向。这种心理对事物某一特征的认识也许是真实的，但推及事物的总体认知就难免会失实。例如，许多人常有这样的心理定势：根据商品精美的包装、较高的价格，就认为里面的东西一定是高质量的，也会像包装一样精美。其实，情况并非都是如此。

晕轮效应和首因效应一样，都带有强烈的个人主观色彩，但两者又有区别。首因效应是从时间上说的，由于前面的印象深刻，后面的印象往往成了前面印象的补充；而晕轮效应是从内容上说的，由于对知觉对象部分特征印象深刻，而将这部分印象泛化为全部印象。在现实中，第一印象往往是晕轮效应的前奏，两者都是以点代面，以主观代替客观。旅游企业在提供旅游产品和服务时，要避免劣质产品和劣质服务的出现，以防旅游者产生晕轮效应，对整个企业产生恶劣印象。同时，也可以充分利用旅游者的晕轮效应，如在旅游广告中突出旅游活动中某个或某些与众不同的优点，使旅游者对整个旅游活动形成良好的印象。

（三）刻板印象

刻板印象是指人们对于某一类事物产生一种比较固定的看法，也是一种概括而笼统的

看法。这种印象不是一种个体现象，它反映的是群体的"共识"。例如，人们常常会用籍贯、地位、职业、年龄、性别等将周围的人划分为不同的类别，并对同类别的人产生相同的固定印象。例如，南方人细心，北方人豪爽；年轻人勇于开拓，老年人迂腐保守等，都属于刻板印象之列。

从某种意义上来说，刻板印象能够节约我们的知觉时间，但刻板印象终究还是呆板而没有变通的印象，具有明显的局限性，但就概括本身来说，应视为认识上的进步。在旅游活动中，刻板印象是一种知人、识事、辨物的手段，它可以帮助旅游者决策，也可以帮助旅游服务人员很快地知觉某一类旅游者，以便确定提供何种类型的产品或服务。

(四) 心理定势

在社会知觉中，人们经常受以前经验模式的影响，产生一种不自觉的心理活动的准备状态，在头脑中形成一定的思维定势，按照固定的思路去思考问题，这种现象称为心理定势(经验效应)。例如，中国有"智子疑邻"的典故，说的是一位农夫丢失了一把斧子，怀疑是邻居的儿子偷的，于是农夫看他走路的样子、面部表情，都像是偷斧子的人。但后来，农夫找到了斧子，再看邻居的儿子怎么也不像偷斧子的人了。这里知觉对象没有变，所变的是农夫丢失斧子前后的心理状态。这种定势效应，在社会知觉中容易导致认知者形成知觉偏差，影响旅游活动中人际交往的健康发展。

以上这些在旅游活动中的社会知觉现象，都应该在旅游服务与接待中加以重视。

本章小结

1. 知觉是人脑对客观事物的整体反映。旅游者是通过感觉和知觉来认识和理解旅游产品的。

2. 知觉具有选择性、理解性、整体性和恒常性4个基本规律。掌握知觉的规律，对旅游服务部门有重要的启发意义。影响知觉的因素有刺激物本身的特点及人的主观因素两大类。

3. 旅游条件的知觉会对人的旅游行为产生重要的影响，其主要包括对距离的知觉、对交通条件的知觉、对娱乐服务的知觉等。

4. 在旅游活动过程中的各种社会知觉现象。

案例分析

这是为什么

某家旅行社经过精心选择，新开辟了一条人文景观和自然景观合理搭配的旅游线路，这条旅游线路上的旅游景点离这家旅行社所在的城市很远。组团旅游结束后，旅行社对旅游者作了调查，以验证这条旅游线路的吸引力。结果让旅行社大失所望，每位旅游者感兴趣的、有美好和深刻印象的景点不多，且彼此差异很大。请分析其中的原因。

分析： 旅行社精心筛选出的一条远距离旅游线路，第一次组团旅游效果不好，没能给旅游者留下良好的知觉印象。首先，距离远，是要付出更多代价的，包括时间、金钱、身体、感情等方面。此次旅游的大多数旅游，对这些景点既感到陌生，又感觉神秘。旅游者对美的需求与自己美好的愿望和期待共同投射到这些景点上，使这些景点对他们产生了特殊的吸引力，促使他们做出旅游决策，产生旅游行为。在实际旅游中，他们发现大多数的自然景观、人文景观和自己的想象、愿望和期待还是有一定距离的，所以知觉印象差。其次，每位旅游者有自己特殊的需要和动机，在知觉共同的旅游景观时，只有那些符合他需要的景观，才能给他留下深刻、美好的知觉印象。

★ 心理测试

你有敏锐的直觉吗？

1. 玩猜猜看的游戏，你经常赢吗？
2. 你有赌运吗？
3. 你能只要看一眼房子就知道它合不合适吗？
4. 你能够凭第一眼就确定这个人值得一交吗？
5. 你曾经在电话铃响时，就料到是谁打过来的吗？
6. 在冥冥中，曾经有人指示过你吗？
7. 你相信宿命吗？
8. 你曾经在对方尚未开口前，你能知道他们想讲什么吗？
9. 你曾经有过噩梦成真的情况吗？
10. 你曾经在拆信前，就已猜到内容吗？
11. 你曾经接口别人未讲完的话吗？
12. 你曾经有过想念久未谋面的朋友时，那人却突然寄来一张卡片、一封信或打一通电话给你吗？
13. 你曾经有过觉得某人不可靠的那种直觉吗？
14. 你能够一眼就看出一个人的好坏吗？
15. 你曾经有过对陌生人似曾相识的感觉吗？
16. 你曾经有过因为坏预兆而取消班机的经历吗？
17. 你曾经有过在半夜里醒来，担心某个亲友的安危的经历吗？
18. 你曾经没来由地讨厌过某些人吗？
19. 你曾经一看到某套衣服，立刻就有非穿它不可的直觉吗？
20. 你相信一见钟情吗？

计分方法：每道题回答"是"加1分，回答"否"不得分。

说　　明：如果你的分数是10～20，你是个有敏锐直觉的人。这种天赋，并不是人人都有。

如果你的分数是1～9，虽然有时你的直觉很强，不过往往不晓得如何有效地运用。不妨让直觉来为你作某些决定。你会发现，许多解决问题的方法通常出现在一念之间，其效果有时胜于冥思苦想。

如果你的分数是0，你几乎没什么直觉。其实，直觉可以说人人都有，只是程度的强弱不同而已。如果你慢慢培养自己，会发现直觉能够带来不少方便。

思 考 题

1. 什么是知觉？
2. 谈谈知觉的理解性和旅游的关系。
3. 影响旅游者知觉的因素有哪些？
4. 简述距离知觉和旅游行为的关系。
5. 举例说明什么是第一印象、晕轮效应和心理定势。

第三章 旅游动机

通过对本章的学习，要求掌握：
- 旅游动机的概念；
- 旅游动机的作用；
- 旅游动机的特性。

通过对本章的学习，要求能够：
- 结合实际生活中的事例分析旅游的作用；
- 明确产生旅游动机的条件；
- 明确旅游动机可以划分成哪些类型。

旅游动机是影响旅游行为及其心理效果的重要心理因素之一。研究旅游活动的首要目的，是发现人们参加旅游活动的原因，弄清楚人们为什么要旅游，为什么要选择不同的旅游活动，在旅游活动中应当怎样进行才能使旅游者取得良好的旅游效果。这些基本的但是也是最重要的问题，在旅游心理学的研究中可以得到解决，而旅游动机的研究可以很好地解释以上这些问题。

第一节 旅游动机的概念及其作用

旅游是人的一种实践活动，是一种外在的行为反应。作为活动和行为，总是需要某种力量的激发和推动才会产生。旅游行为无论是就其内容的选择还是就其活动本身的进行，都是一个充满不断努力的持续发展的过程，都需要一种推动力量促使人们进行这种努力和维持这一过程的演进。旅游是人的一种有目的、有意识的主动活动，它具有特定的目标，为了使整个活动始终指向这一目标，凡是不符合目标要求的活动都要受到抑制，这就更需要某种强有力的力量的支配和调节。那么，这种力量是什么呢？旅游活动作为人的一种自主行为，推动它产生、演进的不可能是某种外部的力量，而应该是旅游活动的主体自身的内部力量，旅游心理学的研究表明，这种内部力量就是旅游动机。

一、旅游动机的概念

旅游动机是引发、维持个体的旅游行为并将行为导向某一个旅游目标的内部心理过程和心理动力。

个体的旅游行为就是在他自己的旅游动机这一内部力量的推动下产生的。一个人，当他一旦产生旅游动机之后，这一动机就会推动他为实现所需要的旅游活动目标进行种种努力，包括准备和创造各种必需的条件，搜集旅游的信息，分析、选择旅游活动的目标和活动的方式，制订旅游的活动计划，引发旅游行为并维持这一旅游行为直至完成。

二、旅游动机对旅游行为的作用

1. 推动个体创造必要的旅游条件

进行旅游活动需要个体具备一定的客观条件，如需要相对集中的时间和必要的旅游经费。旅游动机产生以后，就会推动个体对自己的工作和日常生活做出某些安排，以准备旅游所需要的相对集中的闲暇时间，调节经费的使用情况，准备旅游所必需的资金(有时还需要对家庭生活做出某些必要的安排)及准备旅游中所需要的其他客观条件。

2. 促使个体搜集、分析和评价旅游信息

为了进行旅游活动，个体在旅游动机的推动下，将从各种渠道去搜集旅游信息，分析信息的内容及信息来源的可靠程度，对所有的信息进行评价，以此作为个体进行旅游选择的依据。

3. 支配个体做出旅游选择，制订旅游计划

在旅游动机的支配下，个体将对所获得的旅游信息和自己的动机需要的内容进行比较对照，决定对不同旅游活动线路和项目的取舍，选择最适合个体需要的活动内容和最有利于实现旅游动机的旅游方式，制订一份包括具体的旅游景点、旅游线路、旅游方式和旅游时间安排等内容的旅游计划，为进行旅游活动做好充分的准备。

4. 引发、维持个体的旅游行为

在个体做出了旅游选择和制订出旅游活动计划之后，旅游动机将推动个体产生旅游行为，进行旅游活动。旅游活动是一个包括多方面内容的、需要经历一定时间的演进过程，旅游动机正是推动个体进行不断努力以维持旅游活动进程的力量，有时还包括克服在旅游活动过程中所遇到的一些困难。

5. 引导旅游行为向实现预定目标的方向进行

在旅游活动过程中会遇到各种不同的情况，个体在旅游动机的支配下，把在旅游动机作用下产生的预定目标为具体标准，对不同的情况产生不同的态度。对符合旅游期望和目标的活动和条件，旅游主体会产生积极的态度；对不符合旅游期望和目标的活动和条件，旅游主体会产生消极的态度，从而不断调节自己的行为，使之向着实现预期的旅游目标的方向前进。

6. 作为指标对旅游活动内容进行评价

在具体的旅游活动过程中，旅游动机不仅是推动和维持旅游活动前进的重要力量，也是个体衡量旅游活动效果、进行旅游评价的主观标准。旅游的实际内容及旅游经历是否符合旅游动机的需要和期望，符合的程度如何及是否有超出期望之外的惊喜内容，都会使个体产生不同性质和不同程度的心理体验，或者感到满意和愉快，或者感到不满意和失望，或者觉得完全平淡无奇，或者觉得有出乎意料的奇异感受，这都将使旅游者对旅游活动的

内容和活动的方式做出各种各样的评价。这些程度不同及性质各异的评价，作为一种经验储存在旅游者的记忆之中，影响着他对该项旅游活动的态度和今后对旅游活动的选择。积极愉快的旅游活动感受、美好的印象，不仅成为促进新的旅游活动的积极心理因素，而且可能使旅游者产生再来此地重游一遍的旅游动机。

从对旅游动机的作用的分析中我们可以看到，它既是旅游主体整个旅游活动的起点，又贯穿于旅游活动的全过程之中，并且对旅游主体未来的旅游活动具有不同性质的影响。正是由于旅游动机对旅游行为和旅游活动具有如此重要的作用和影响，所以旅游业的各行业和各部门都应该把了解和研究旅游者的旅游动机，作为搞好旅游事业的重要任务之一。对旅游动机的研究，最主要的应该包括以下方面的内容：旅游动机是怎样产生的，产生旅游动机需要哪些条件，旅游动机有什么样的特性，旅游动机有哪些不同的种类，旅游动机对旅游选择有什么作用，旅游动机和旅游资源的开发、旅游市场的变化、旅游服务及旅游宣传有什么样的关系等。对于这些问题的研究，将有效地为发展和促进旅游事业提供可靠的依据。

第二节　产生旅游动机的条件

旅游动机是怎样产生的？或者说产生旅游动机需要哪些必要的条件？这是研究旅游动机应该首先解决的问题。

旅游动机的产生需要具备 3 个条件，即主体的旅游需要，符合需要的旅游对象，旅游主体(旅游者)对符合需要的旅游对象的知觉。

只有同时具备以上 3 个条件时，才会产生旅游动机。

一、主体的旅游需要

产生旅游动机的首要条件，是主体(潜在的旅游者)具有对旅游活动的需要。人类在自己的存在和发展过程中产生了多种多样的需要，其中就包括旅游需要。旅游需要和一般需要有密切的关系，因为一方面它是人类总需要的一个组成部分，另一方面它又在不同程度上包含了人类各层次需要的内容。例如，一个人的旅游需要中可能同时包含有对饮食、休息、安全、求知、审美和社会交往等多种需要的内容。旅游动机的内容是多方面的，可以具体区分为许多种类。

如果根据对旅游活动影响的大小，就旅游的本来意义对旅游需要进行概括，主要的并且有典型意义的旅游需要包括以下两种。

(一) 变换生活环境，以调节身心节律的需要

考查一下人们的生活，任何人都会注意到这样的情况：每一个人都是在他们的特定的环境和条件下，从事着特定内容的紧张工作和劳动。尽管他们可能意识到自己劳动和工作的社会意义，并且具有相当的兴趣，但是，日复一日、月复一月、年复一年地重复着同样的工作内容和同样的生活节奏，会带来心理上的单调感和枯燥感，并造成心理压力和心理的疲惫。紧张的劳动和工作需要体力和精神的巨大消耗，也会造成人们体力和精力的疲乏。

因此，人们就需要暂时摆脱这种环境和活动，寻求一个新的环境条件，参加一种新的活动，改变一下生活内容和活动节奏，以一段时间的新的生活经历，使紧张的神经得到放松，精力和体力得到恢复，使身体的和心理的活动节律得到调节。旅游可以使人们暂时摆脱单调、紧张的工作环境和生活环境，因此，成为满足这种调节身心节律需要的活动方式。这是人的生活和活动产生的需要，是基本的、典型的旅游需要之一，是具有普遍性和长期性的旅游需要。

有的研究者在研究旅游需要时，常常以现代化的大城市作为典型，强调喧闹嘈杂的城市环境、气氛和紧张的节奏对人的心理影响，从而指出城市居民对变换生活环境以调节身心节律的迫切需要，这是有道理的。但是，应该指出，在特定环境条件下从事紧张活动的任何人，都会产生这种旅游需要。例如，农民需要这种调节生活节奏的活动，他们除了把到城市旅游当做满足这种需要的理想形式外，还希望去观赏优美的自然风光和参观名胜古迹等。因此，变换生活环境以调节身心节律的旅游需要，是具有普遍性的，这是应当注意的。

也有的研究者指出，人们的这种旅游需要，会由于社会发展水平的提高而带来的周工作日的减少和日工作时的缩短，处于越来越次要的地位。这种说法的根据是周工作日的减少和日工作时的缩短会给个人带来较多的休息时间，人们可以在不离开家的条件下，在一定程度上满足休息的需要，使变换生活环境以调节身心节律的旅游需要让位于精神、文化的旅游需要。随着社会发展水平的提高，精神、文化的旅游需要的成分会越来越多，这是有道理的。

但是，应当注意到下述两种情况：首先，在不离开自己的生活环境的条件下，无论如何也无法摆脱各种烦琐事务的纠缠，难以使身心活动节律得到满意的调节。人们为了在一段时间内能够从日常的各种烦琐事务中彻底解脱出来，以便使身心活动恢复平衡，仍然寄希望于通过旅游来满足这种需要。其次，社会发展水平的提高，为通过旅游满足调节身心节律的需要创造了更有利的条件，如闲暇时间的增加、个人经济收入的增多、交通条件的改善等，使本来具有这种需求而无条件得到满足的广大社会群众，能够参加到旅游者的行列中去。因此，这种旅游需要不仅不会由于社会发展水平的提高而变得越来越没有普遍性，而且，从实现的可能性的意义来讲，这种需要在数量上可能会大量增加，在社会范围上则会大大地扩大。

当然，现代社会发展提供的某些条件，将会使旅游需要增加新的内容，形成旅游需求结构的某些变化。例如，使单纯的调节身心活动节律的需要增添新的旅游需要，在其相互关系上表现为，以调节身心活动节律的需要为主，同时兼具某种新的旅游需要；或者以某种新的旅游需要为主，同时具有调节身心活动节律的需要。但是，只要人们是在特定环境中从事特定的工作和劳动，这种调节身心活动节律的需要就总是会产生的。

人们进行的旅游活动，无论需要什么样的具体内容，都必然兼有满足调节身心活动节律这种需要的目的和内容。因此，社会发展水平的提高，虽然会使精神、文化方面的旅游需要增加，但却不会使变换生活环境以调节身心活动节律的旅游需要减少，相反，在数量和社会分布的范围上会增加和扩大。

这种基本的旅游需要，既包括生理的内容又包括心理的内容。生理的内容主要是体力、精力和身体健康的恢复，心理的内容主要是引起情绪方面的积极变化、心理活动平衡的恢复。这种需要的满足，可以使旅游者得到充沛的体力、旺盛的精力、愉快的情绪、焕发新的工作热情。开展满足这种需要的旅游活动，应当注意生理和心理两个方面的效应，而不应当只去注意生理效应。

这种基本的旅游需要不会因为获得一次满足而终止，而是在人们长期的生活过程中周期性地一再出现，所不同的是满足这种需要的具体内容和方式可能发生某些变化。这种需要重复产生的特点和满足这种需要在内容和方式上的变化性，是旅游心理学的研究及发展旅游事业应当引起注意的。

满足这种需要，可以通过在异地良好的环境中进行休息、疗养、参观游览，也可以通过参加旅游地的娱乐性活动、适当的体育活动或其他活动得以实现。在一些复杂的、精神文化内容较强的旅游活动中，也可以使某些旅游者同时得到满足。

(二) 探奇求知的需要

探奇求知是人们的另一种十分重要的旅游需要。人类在自身的存在和发展过程中，为了改造世界以适应自己的要求，就需要去探索和认识外界事物，这是在社会发展过程中形成的人类的特性之一。每个人都不同程度地对了解自身以外的事物、丰富自己的精神世界感兴趣，对自己感到新奇的事物具有强烈的好奇心，希望了解、认识和理解它们。未被认识的自然现象和社会现象，吸引着人们去探索、去研究，越是奇特的事物和现象，人们就越是要去揭示它的秘密，这就产生了探奇求知的需要。

人们总是生活和活动在一定的空间、一定的地域和一定的社会环境中，这既是认识外部世界的条件，同时又成为认识更广阔世界的限制和障碍。为了扩大认识的范围，人们总是在可能的条件下，克服种种障碍，采取各种措施，去发现新天地、开辟新领域，去获取外部世界的新知识。在现代条件下，旅游就成为人们突破狭小天地、探奇求知、开阔眼界的重要方式之一。探奇求知的旅游需要，是人们又一种基本的、典型的旅游需要。

探奇求知的旅游需要包括两个方面的内容。

(1) 对自然现象的认识和对自然景观的审美。人们常常对到那些具有奇异的自然现象和新奇美好的自然风光的地方去旅游产生强烈的愿望，其实就反映了这种需要。新奇的地质现象、稀有奇特的动植物和其他新鲜的自然条件，大峡谷、大瀑布、名山大川、自然风光胜地等都是这种需要的对象。

(2) 对不同文化和历史的认识，对不同民族生活方式的体验，以及对社会美的欣赏。认识不同民族的文化和历史，体验不同国家、不同民族、不同地区的生活方式、传统习俗、风土人情，欣赏文化艺术，都属于这种需要。这种需要的内容相当广泛，它涉及社会生活现象的各个领域，对人的旅游活动将会产生越来越重要的影响。有人通过对近年来旅游活动特点的分析指出：人们再也不会简单地把旅游和度假看做一种消磨时间的娱乐形式了，而是把它当做锻炼身体、丰富精神生活和增加知识的途径。这种看法表明，人们的旅游需求中，文化的含义会越来越大。但是，不能理解为它将排斥和完全代替旅游中休息娱乐的需要，而是说旅游中的文化内容过去占不重要地位的情况将会发生变化，以致达到占比较重要地位的程度。因为旅游中的求知和平时的学习毕竟是不同的，即使是求知需求的旅游，也必须把知识性与趣味性、娱乐性很好地结合起来，才能得到较好地满足。

探奇求知的旅游需要，使人们对不同于自己所在地、所在国和自己民族的自然现象、社会文化、风俗等，都产生浓厚的兴趣。这种需要的突出特点之一就在于对新鲜和奇异现

象的探索、体验和理解的强烈心理倾向。另外，与调节身心活动节律的需求相比，探奇求知的需求并不在于周期性的重复出现，而在于在得到一定程度的满足的条件下，具有逐渐增强、深化和扩大需求范围的趋势。它属于精神文化方面的需求。变换生活环境以调节身心活动节律和探奇求知，是两种基本的、典型的旅游需要。除了这两种以外，还有通过旅游以满足社会交往、提高社会地位、获得荣誉和尊重等需要。应当注意到人们参加某一次旅游活动，往往不只是为了满足一种旅游需要，而经常是为了同时满足几种旅游需要，不同之处只是在于不同的人在各种旅游需要的构成、所占地位的主次、所起作用的大小方面存在差别。

旅游需要是主体产生旅游动机的内在因素，是它的前提之一，但还不是产生旅游动机的充分条件，要使主体产生旅游动机，除主体内在的旅游需要外，还必须存在符合主体旅游需要的旅游对象。

二、符合旅游需要的对象

符合旅游需要的对象，是指能使个体旅游需要得到满足的旅游客体。人们在具有旅游需要的前提下，只有当客观上具有可以满足旅游需要的对象时，才有可能产生旅游动机。旅游的对象可以是自然界的事物，如秀丽的风光、险峻奇异的山峰、多种类型的气候及特殊的生物等，也可以是社会文化历史的事物和现象，比如历史文物古迹，民族传统习俗，独特的工艺和烹调技术，社会建设和社会发展的成就，以及异地、异族、异国人民的不同的生活方式等。利用自然条件和社会条件开展的各种旅游活动，也是旅游对象的重要内容。

旅游对象能够满足人们的旅游需要，因而是很具有吸引力的。对人们没有吸引力的事物，不能成为旅游的对象。能够满足人们的旅游需要，是旅游对象的基本性质，而是否具有吸引力，则是它最突出、最重要的特点。一个旅游对象必须具有自己的特异性，既要不同于人们日常的环境，又要与其他旅游对象相区别，只有这样才会有比较强烈的吸引力。与其他对象大体雷同，各个旅游对象千篇一律、毫无特色，就不会产生吸引力。所以，旅游对象最重要的问题，是要在客观条件的基础上，使它具有与众不同的突出特点。

旅游个体的类型是多种多样的，他们需要的内容也是多种多样的，每一个旅游者也会同时具有多种需要，因此，必须注意开展多种旅游活动，某一个旅游对象也应该具有多方面的特点，才能满足多方面的需要。

旅游需要是一个可变化的概念。随着人们旅游经历的增加和经济条件、文化教育程度等的变化，人们对旅游对象的性质、内容和满足旅游需要的方式等方面的要求，必然会发生变化。因此，旅游对象在保持既有特色的基础上，必须增加新的内容、增加新的种类，并以变化了的新的活动方式来适应旅游需要的变化。否则，旅游对象就会减弱甚至失去其应该具有的吸引力。

三、旅游主体对符合需要的旅游对象的知觉

在对产生旅游动机所需要的条件的研究中，多数都只明确地注意了上述两个条件，而忽略了另一个必不可少的条件，即主体对旅游对象的知觉。只有上述两个条件，还不能说已经具备可以产生旅游动机的充分条件。我们可以提出这样一个问题，当某个人主观上产生了旅游的需要，客观上也具有与这种需要相符的旅游对象时，他是否就会产生到这个旅

游对象去旅游的动机呢？当我们试图回答这个问题时，主体对旅游对象的知觉这个条件立刻就会显现出来。一个人不知道某个旅游对象的存在，当然不会产生到那里去旅游的动机。即使知道这个旅游对象的存在，而人们对它是否能够满足自己的旅游需要一无所知，他们也不会盲目地、贸然地到这个地方去旅游。我们不妨看一看我国1983年在澳大利亚举办的中国旅游图片展览的效果。展览会通过彩色图片和旅游风光电影片，向观众展示了我国绚丽多姿的自然风光、丰富多彩的名胜古迹和具有浓郁东方情调的风土人情，传递了我国的旅游信息，启发了澳大利亚民众对中国这个旅游对象的知觉，增加了他们对我国旅游资源和旅游活动的了解。因此，有的观众说："今天看了你们的展览，才发现中国原来这么美！"有的则说："我们也要亲眼去看一看中国。"有的人表示："我一定要到中国去！"曾来我国旅游过的人士则感慨地表示："中国还有这么多美丽的地方我没有去过，我要第二次、第三次去中国！"这些反应清楚地表明，我国丰富的、有特色的旅游资源是符合人们旅游需要的，但在为人们的知觉所了解之前，他们没有来我国旅游的动机，只是在他们通过展览获得对我国这个旅游对象的知觉之时，才产生了来我国旅游的强烈动机。所以，一个人主观上具有旅游的需要、客观上也存在能够满足其需要的旅游对象，如果没有对旅游对象的知觉，就不可能产生到那里旅游的动机。旅游对象和主体的旅游需要发生联系，引起主体的知觉，对主体产生吸引和激发作用，才能使主体产生旅游动机。由此可见，主体对旅游对象的知觉，是产生旅游动机的必要条件之一。

主体旅游动机的产生依靠对旅游对象的知觉，由于这种知觉是主体通过旅游宣传获得的间接信息，因此旅游宣传是旅游需要和旅游对象的中介和桥梁，直接影响主体获得的知觉印象的性质和旅游动机的产生。为了使主体产生良好的知觉印象，必须充分了解旅游对象和主体的特点，并且注重研究旅游宣传的方式和技巧。

认识主体对旅游对象的知觉是产生旅游动机的必要条件之一，不仅具有重要的理论意义，而且对于发展旅游业具有重要的实际意义。旅游经营者如果不重视这一必要条件并采取必要的措施，是无法赢得丰富的客源的。在旅游业的发展中，如果缺乏对这一条件的必要性和重要性的认识，往往会只把注意力集中于开发旅游资源和建设旅游设施上，忽视旅游信息传递的作用，以为只要具备旅游资源和旅游设施，客人就会自动上门，"皇帝女儿不愁嫁"。其后果只能是客无来源，物质条件不能被充分利用，造成经济上的浪费，使旅游业不能达到应有的发展规模。处于旅游业初创阶段的国家和地区，尤其应当注意并加以重视。不重视主体对旅游对象的知觉作用的经营倾向，如果不迅速克服，必然会在激烈的旅游竞争中导致失败。

第三节　旅游动机的特性及其决定条件

旅游动机有什么特性？旅游动机的特性是由什么因素决定的？这是了解旅游动机需要研究的重要内容之一。

一、旅游动机的特性

旅游动机具有两种基本特性：强度特性和指向性特性。

（一）强度特性

旅游动机作为旅游行为的内部推动力量，它具有强度特性，即不同个体的旅游动机或某一个体的几个旅游动机有强弱不同的表现。旅游动机强度的大小，将可以决定能否由内部因素转化为外部行为，能否推动个体去参加旅游活动。旅游动机的强度有绝对强度和相对强度之分。

1. 旅游动机的绝对强度

旅游动机的绝对强度即旅游动机自身强度的绝对量。当旅游动机达到足以产生旅游行为的强度之时，如果同时具备进行旅游的其他必要条件，如具有可自由支配的时间和足够的经费等，就可以直接转化为旅游行为，推动个体参加到现实的旅游活动中去；如果还不具备这样的条件，则强烈的动机将促使个体为实现旅游的愿望去克服困难和创造旅游所必要的条件，如个人通过"拼命攒钱"的做法为实现旅游行为准备必需的经费。当旅游动机还未达到必要的强度之时，就不可能转化为旅游行为，而是以愿望(潜在的旅游动机)的形式储存于个人的意识之中，以后在变化了的内外条件的作用下，如果能使旅游动机强化起来并且达到必要的强度之时，即可转化为旅游行为。凡是旅游动机的强度达到足以转化为旅游行为的人，即可认为是现实的游客，而旅游动机还没有达到必要的强度，当前还不可能进行旅游活动的人，则是潜在的游客。现实的游客决定着当前的旅游客源的数量，旅游业的发展规模取决于在现实客源市场中所能争取到的旅游者的数量，因此，旅游经营者们都把现实的游客作为竞争的对象。但是，具有潜在的旅游动机的人与现实的客源相比，数量上要大得多，是丰富的潜在旅游客源市场，因而，对未来旅游客源市场的变化，即对旅游业的发展具有决定性的意义。从长远的发展意义上讲，把为发展旅游业而进行的竞争看作对潜在游客的竞争，是绝不过分的。为了旅游业的持续发展，不仅要大力开展工作，争取尽可能多的现实的游客，而且还要着眼于服务潜在的游客，把争取潜在的游客列为竞争计划的重要内容之一。

2. 旅游动机的相对强度

旅游动机的相对强度即与其他动机比较，在强度大小上的差别。一个具有旅游动机的人，还会有许多其他动机，旅游动机和其他动机共同构成他的动机体系。动机体系中的各个动机具有不同的强度，旅游动机和其他动机相比，或者是更强些的，或者是更弱些的，这就是它的相对强度。动机体系中最强的动机为优势动机，也称主导动机，其他动机则为辅助动机。人的行为决定于优势动机。因此，只有当旅游动机与动机体系中其他动机相比较，在强度上占有优势成为优势动机的，才能产生旅游行为。当旅游动机相对强度较小而不能成为优势动机时，就不能产生旅游行为，并在其他优势动机支配下产生与之相适应的非旅游行为，此时，相对强度小的旅游动机亦将以个人愿望的形式潜存于个体的意识之中，成为潜在的旅游动机。以后在一定条件下，潜在的旅游动机达到必要的强度而成为优势动机时，才会产生旅游行为。

旅游动机的强度特性，决定着旅游行为能否产生，因此，为了促使人们旅游行为的产生，就应当采取有效的措施去增强人们旅游动机的强度。

(二) 指向性特性

旅游动机反映着个体的需要，而需要总是要求由一定的对象、内容来满足，以实现动机。因此，旅游动机总是要指向一定的方向和目标，指向一定的旅游对象、旅游内容和旅游活动方式，这就是旅游动机的指向性特性。在现实中，旅游动机的指向性特性一是表现为个体对旅游对象的选择，个体为了满足自己的旅游需要去选择特定的旅游对象；二是表现为对旅游行为的定向，表现为对适合需要的旅游对象、旅游活动的接近和参与及对其他对象、活动的疏远和回避。因此，旅游动机指向性特性是决定旅游开发对象的性质、内容和旅游客源流向的重要因素。对于不同的人来说，旅游动机是多种多样的，就是同一个人，往往也不止一个旅游动机。因此，旅游开发对象必须具有多种性质和多方面的内容，才能对旅游动机的指向性产生积极而广泛的影响，争取更多的游客。所以，了解旅游动机的指向性特性，对发展旅游业具有重要的意义。

二、决定旅游动机特性的条件

为了强化人们的旅游动机和影响旅游动机的指向性，必须使采取的措施正确而有效。为了保证措施的有效性，就必须以决定旅游动机特性的条件为前提和根据。为此，了解决定旅游动机的条件是很必要的，旅游动机的强度特性和指向性特性，决定于产生旅游动机的条件状况及其相互关系。

(一) 旅游动机的特性受主体旅游需要的影响

旅游的需要是决定旅游动机特性的条件。第一，旅游需要的状况决定着旅游动机的强度。一个人对旅游有迫切的需要，旅游动机才会强；旅游需要一般，则旅游动机就比较弱。当然，没有旅游需要，旅游动机就无从产生，则无所谓强弱问题的存在。第二，旅游需要还决定着旅游动机的指向性。旅游需要总要求一定的旅游对象来满足，旅游动机支配主体把选择方向和行为指向能够满足旅游需要的目标对象。

(二) 旅游动机的特性受旅游对象性质的影响

从产生旅游动机的条件来看，旅游动机的产生必须具有符合旅游需要的旅游对象。旅游对象的性质如何，它能否符合与满足旅游需要，符合与满足的程度如何，是影响旅游动机强度和指向性的客观条件。旅游活动的内容和方式能够满足人们的旅游需要，才能诱发和强化人们的旅游动机，才能吸引人们把其选择为自己的旅游活动的目标和对象。因此，它影响着旅游动机的强度和指向性。符合人们旅游需要的多种多样的旅游活动内容，是影响人们旅游动机强度和行为定向的客观条件，这就决定了为了强化人们的旅游动机和影响旅游动机的指向性，就必须要开展多种多样的、适合旅游者旅游需求的活动。

(三) 旅游知觉对旅游动机特性的影响

符合旅游需要的旅游对象的存在，只对影响旅游动机的特性提供了客观条件，提供了客观的可能性，而把这种可能性转化为现实性，还必须使人们知觉到旅游对象的存在、特性和功能。只有在人们知觉到旅游对象的存在，了解到它的内容、方式及其特点和功能，判断它是否符合并能否满足自己的旅游需要时，才能增强旅游动机并把行为指向这一目标。旅游知觉是人们接受旅游信息的心理过程，它的产生及其接受的信息内容，受信息特点和传递信息的媒介的影响。信息内容有特点，对接受信息的人有意义，且传递信息的媒介容易引起人们的知觉并产生深刻的知觉印象，才能对旅游动机的强度和指向性产生较大的影响。因此，应当注意采取最有效的方式向人们传递旅游对象的信息、以求最大限度地对旅游动机的特性发挥作用。

通过对决定和影响旅游动机特性条件的分析，我们清楚地看到，旅游动机的研究绝不是抽象的纯理论问题，它对旅游业的实践具有重要意义。在产生旅游动机和影响旅游动机特性的3个条件中，旅游经营者虽然不能控制人们旅游需要的产生，但却可以在了解它的内容和变化趋势的基础上，有针对性地规划和开发旅游资源，开展多种多样的旅游活动，设计和建设各种旅游设施，适应人们各种不同的旅游需要，以增强对人们的吸引力，强化人们的旅游动机，影响人们旅游动机的指向性。旅游管理者和旅游经营者都在竞相开设各种旅游活动项目，如果这种努力不是建立在了解旅游需要的基础之上，缺乏针对性，就必然摆脱不了盲目性，难以收到预期的效果。当然，他们也不应该单纯地进行开设旅游项目的努力，坐等旅游者自发地到来，而是应当采取各种方式，以生动具体的有效形式向人们传递旅游活动的信息，以激发和强化人们的旅游动机，影响人们旅游选择的方向，才能使努力开设的旅游活动项目发挥应有的作用，收到预期的效果，吸引尽可能多的游客。这些努力，虽然不能控制人们旅游需要的产生，但是，在了解人们旅游需要的基础上，有针对性地进行旅游业的规划和建设，向人们进行旅游宣传，对旅游业的实践有着重要意义。

第四节　旅游动机的种类

对旅游动机进行分类，不仅有助于对旅游动机作进一步的具体了解，并且有利于系统地掌握每一种旅游动机的内容和所要求的活动对象的性质和条件，以便更主动地创造这些条件。

对任何事物和现象都可以做出不同的分类，这决定于按照什么样的标准作为分类的依据。旅游动机的分类主要应该考虑产生动机的旅游需要的性质。进行这样的分类，有助于了解和预测旅游行为的方向，因而具有一定的现实意义。

许多研究家对旅游动机做出了不同的分类，了解这些分类将会使我们受到启发。

在《日本的旅游事业》一书中，编者介绍了日本的田中喜一先生和今井省吾先生对旅游动机的分类。

田中喜一先生对旅游动机进行了如下分类。

(1) 心理动机：思乡心、交游心、信仰心。
(2) 精神动机：知识的需要、见闻的需要、欢乐的需要。
(3) 身体动机：治疗的需要、休养的需要、运动的需要。
(4) 经济动机：购买商品的目的，商用的目的。

这种分类的优点在于每种动机的内容都比较具体明确，但心理动机和精神动机区分较为困难。

今井省吾先生对现代旅游动机的分类如下。

(1) 消除紧张的动机：变换气氛，从繁杂中解脱出来，接触自然。

(2) 扩大自己成绩的动机：对未来的向往，接触自然。

(3) 社会存在的动机：朋友之间的友好往来，大家一起旅行，了解常识，为了家庭团圆。

这种分类概括性较强，但对旅游动机的心理特点表述得不够明显。

美国的罗伯特·麦金托什和夏希肯特两位研究家，在他们合著的《旅游学》一书中，把旅游动机分为健康动机、文化动机、交际动机、地位与声望动机。这种分类把文化动机专门作为旅游动机的一种提了出来，反映了现代旅游发展的趋势。

随着我国旅游事业的发展，对旅游动机的研究也越来越重视，并且做出了某些分类，如《旅游概论》一书把旅游动机分为社会、文化、身心、经济方面4种。

为了更好地理解旅游者的活动规律，了解和预测旅游行为的方向，以便有效地进行旅游业的开发建设，按照产生旅游动机的旅游需要的内容、性质进行分类，更有现实意义。根据这一标准，通过对旅游动机和旅游活动的研究，吸取各家的长处，可以对旅游动机作如下分类。

一、身心健康的动机

为了暂时摆脱单调紧张的工作和烦琐的家庭事务，通过旅游消除身体的疲劳和心理的紧张感、枯燥感；通过到某地休息、休养、治疗以恢复和增进健康；通过旅游活动或到某地参加体育活动锻炼身体等，都属于这一类旅游动机。具有这类旅游动机的旅游者，主要是希望能通过旅游活动以调节身心活动的节律，消除身体的疲劳，消除心理上的紧张感、枯燥感和消极的情绪，以及治疗疾病、恢复和增进身体健康。在这种旅游动机下进行的旅游活动，主要是包括那些能够调节人们身心活动节律、愉悦身心、增进身心健康的活动，如轻松愉快的参观游览活动、文化娱乐活动，不太强烈的体育健身活动及休养和治疗活动等。各种自然风光、历史古迹区，各种公园、海滨区和温泉疗养区，有较好的艺术活动传统的地区及富有田园风光的乡村等，常常是具有身心健康动机的旅游者选择的对象。除了一部分专门希望通过参加某些体育活动锻炼身体的旅游者外，只要是不太紧张的旅游活动项目，都比较适合这种动机的要求，而下述旅游活动一般不适合这种动机的要求。

(1) 过于紧张、激烈的活动。

(2) 带有探险性质的活动。

(3) 与自己的生活环境和文化背景差异过大的旅游地区和活动项目。

生活条件比较优裕的人、中老年人、旅游经历比较少的人，他们之中具有这种动机的人及这种动机在自己的旅游动机体系中占优势的情况，都比其他人多。一般的旅游者也都会不同程度地具有这种动机，因而是比较普遍。具有这种旅游动机的人，比较多的是参加短途旅游和国内旅游。

二、探奇求知的动机

这是人们认识和了解自己生活环境和知识范围以外的事物的需要而产生的动机。这种动机要求旅游对象和旅游活动具有新鲜和奇异的特性。具有这种动机的人，由于对获得奇特的心理感受和对新异事物认识的强烈需求，即使旅游活动具有某种程度的冒险性，一般也不会成为他们旅游的障碍，甚至冒险性会成为增强这种动机的因素。所以，探奇求知的旅游动机的特点，主要是要求旅游对象和旅游活动具有新异性、知识性和一定程度的探险性。

探奇求知的旅游动机包括3个方面的内容。

（1）探求不同文化的动机，简称文化动机，如了解其他国家、其他民族的文化传统、音乐、艺术、舞蹈、民间传统、历史古迹等。

（2）探求不同的社会生活方式的动机，如了解不同国家和民族的生活方式、民族习俗、风土人情和现代社会结构等。

（3）自然审美动机。欣赏奇异美丽的名山大川、风光景物及奇特的动植物等。这种动机多指向奇异美丽的自然界的事物和现象，指向那些使人们能够接触旅游地居民的活动，以及参观博物馆、展览馆、名胜古迹和参加各种专题旅游活动等。

在人们的旅游动机体系中，这种动机的地位越来越提高。特别是开展国际旅游活动，对这种动机的研究，以及开展多方面的旅游项目以满足这种动机的要求，具有相当重要的意义。

三、社会交往的动机

人们为了探亲访友、寻根问祖、结识新朋友而进行旅游，就是社会交往动机的表现。个人、团体以至政府间的访问，人员间进行的公事往来、文化技术交流活动，也都包括这种动机的成分。进行任何一种旅游活动，都要接触新的人际环境、发生人际交往并且要依靠这种新的人际交往来实现旅游活动，所以，每一个旅游者都不同程度地具有人际交往的动机和要求。

具有社会交往动机的旅游者，其特点是要求旅游中的人际关系要友好、亲切、热情和得到关心。

四、纪念性与象征性动机

旅游可以作为某种重要事件的纪念，可以象征某种地位、声望和能力，有些人就是出于这种动机而旅游的，如新婚旅游、结婚纪念日旅游等，就是受纪念性旅游动机的支配。到有名的旅游地或需要相当费用或其他社会条件才能去的地方旅游，具有特殊经历和优越社会地位的象征意义，有些人就是出于这种动机进行旅游的，以引起别人的羡慕，提高在人们心目中的地位与声望。很多旅游活动被人们视为具有较强的象征性意义，如出国旅游引起人们的羡慕，使人肃然起敬，甚至在有的经济发达国家，没有出国旅游过的人会被看成"俗气"，自己也感到不光彩，因此，人们就以出国旅游为象征，来改变自己在别人心目中的地位和声望。又如，登山和横渡海峡的旅游活动等，这类活动象征着旅游者具有坚强的意志、健康的体魄和超群的能力。具有这类动机的旅游者，对旅游中的交通工具，饭店的名声、档次等都要求与自己的身份、地位一致，比较注重接待的规格。

五、经济的动机

有些人为了购物专程或绕道而到某地旅游，有些人为了商业或其他企业生产和营销的目的，去某地旅行以至停留相当长的时间，还有人作为企业的代表到某国、某地旅行并长住，这些都是受经济动机的支配。

作为较大企业的代表，出于经济动机而旅游的人，由于经济地位的优越或出于所代表的企业威信的考虑，对交通、食宿条件等比较讲究，很多属于豪华型的旅游者。

六、宗教朝觐动机

为了朝圣或其他宗教目的而去旅游，如信奉伊斯兰教的教徒去麦加朝圣，我国虔诚的佛教徒去峨眉山等佛教名山朝觐等都属于这类动机。

旅游动机就其广泛性和重要性可以分为以上 6 种基本类型，但这并不排除还存在有其他旅游动机的种类。此外，每一个旅游者往往并不是只具有一种旅游动机，而是以某种旅游动机为主，兼有其他旅游动机，这也是应当加以注意的。

旅游动机作为人的旅游因素，具有内隐性，所以，它不像某些客观事物那样可以直接观察，只能通过它产生的旅游行为和人们自己的言语表达加以分析了解。

在现实中怎样去了解和认识旅游动机，这涉及分析旅游动机的方法问题。

方法之一是典型统计分类。这种方法主要是通过对游客参加典型性的旅游活动的分析，了解旅游动机。例如，通过对某一旅游地游客社会构成的分析，了解来此地旅游的游客的国别、性别、职业、年龄等的比例，掌握什么样的游客具有与该地旅游类型相一致的旅游动机。利用这种方法分析旅游动机，需要注意排除其他因素的影响，这就要求选择比较典型的旅游地。例如，要了解什么样的人具有比较强的历史古迹旅游动机，选择北京就不具有典型性，因为它还具有首都这个重要因素，而选择西安就比较典型，因为西安就是以历史古迹吸引国内外游客的旅游城市。通过对不同的典型旅游地游客类型的统计分析，就可以在总体上了解不同人的旅游动机的倾向。例如，我们选择西安、桂林、无锡这 3 个地区作为典型代表，了解游客的构成比例，运用统计方法就可大体掌握哪些类型的人文化历史古迹的旅游动机比较强，哪些类型的人欣赏自然风光的旅游动机比较强，哪些类型的人对参加多种内容的旅游活动的动机比较强。

这种方法是通过旅游活动反过来分析旅游动机的方法，因而是一种由结果去揭示原因的方法，对研究者来说相对地比较容易些。其缺点是分析结果不能用于被研究的游客，只能用于未来的游客和潜在的游客。但是，这是一种分析旅游动机的有效方法。

方法之二是直接调查询问。旅游心理学的研究者可以通过直接的交谈或询问，去了解旅游者的旅游动机，也可以用问卷的方式向旅游者展开调查。

旅游动机是重要的心理因素，它不仅决定着人们的旅游选择和旅游行为的方向，而且是进行旅游开发建设、搞好旅游业的经营和管理、创造优质的旅游服务的重要的心理依据之一，因此，对旅游动机的研究一定要给予相应的重视。

本 章 小 结

1. 旅游动机是直接影响旅游者旅游行为的重要因素，旅游动机的这种影响主要表现在它的 5 个方面的作用上。

2. 旅游者旅游动机的产生要受主体旅游需要、是否存在满足这一需要的对象和主体对这一对象的知觉这 3 个方面因素的影响。

3. 个体旅游需要不同，其表现出来的旅游动机也不相同。

案例分析

日本老人热衷出国修学旅游

62岁的上原功,男,已退休,年轻时梦想当个中学英语教师。2001年,横滨某俱乐部推出了多种修学包价旅游活动,上原在该俱乐部的组织下去英国南部城市伯恩茅斯学习英语。他住在当地居民家中,周一到周五上午去语言学校学习英语,下午和周末跟学校的旅游团去游览该市周边的古迹。他很满意这种旅游形式,认为:"能直接了解英国人的思维方式,亲身体验他们舒缓的生活节奏。"回国后,上原继续与接待过他的英国家庭和学校保持定期的电话联系,他从这种国际性的交流中享受到很大的乐趣。

近年来,50岁以上的日本人越来越喜欢到国外旅游,日本交通公社对50~60岁的老年人进行的一项专项调查表明,该年龄段的老人到国外旅游的主要目的是了解当地历史文化和观光,老年男性尤其喜欢到其他游客很少去的地方旅游;同时,希望旅游内容多样化,而不仅仅是观光览胜。

分析:首先,退休老人上原功通过在英国的语言修学专项旅游,不仅希望学习英语的梦想得以实现,而且体验到了异地的生活方式和文化。另外,结识了新的朋友,这种社交上的满足,甚至在他回国后仍能持续。正因为上原的社会性旅游需要和精神性旅游需要都在这一次旅游活动中得以实现,所以他感到极大的满足,这体现出旅游需要的多重性。

其次,日本老年人的旅游需要具有两个突出的特点:其一,个性化的需要较为突出,表现为一方面追求新鲜的旅游目的地,一方面要求旅游内容多样化;其二,旅游需要的层次较高,他们不仅仅要求满足了解、认知的愿望,更希望能对旅游目的地有深入的理解。

心理测试

敏感程度的测试

测试说明:请在括号中填写"是"、"否"或"不好说"3种可能性。

1. 你平生第一次坠入爱河,视情侣为心中神圣的偶像。有一天,忽然发现他(她)竟做出十分庸俗的事,你会感到幻想的破灭,并决绝地抛弃恋人吗?　　　　　　　(　　)
2. 你是否宣称自己厌恶"长舌妇",不久却从你那儿传播出关于某人的毫无根据的谣言呢?　　　　　　　　　　　　　　　　　　　　　　　　　　　　(　　)
3. 别人指出你事情处理不妥,你是否会找一串理由加以申辩?　　　　　　(　　)
4. 哪怕与最好的朋友辩论时,你也始终认为自己是无疑的正确观点的持有者,对方不过是"歪理也要缠三分"?　　　　　　　　　　　　　　　　　　　(　　)
5. 你是否喜欢向人不厌其烦地详细叙述你遭遇到的一件小事情?　　　　　(　　)
6. 乘坐地铁时,与一个陌生人同座,你看到她用手背触了一下鼻尖,你会疑心她在嫌弃你的气味吗?　　　　　　　　　　　　　　　　　　　　　　　　(　　)
7. 同事们议论一个不在场的熟人,你把你所了解的他的遭遇大加渲染了一番,但事后颇感有愧,于是再见到他时便着意表现你对他的好感,是这样吗?　　　　(　　)
8. 老同学聚在一起聊天,你发表了一番对当前国际形势的看法。一个与你深交的同学

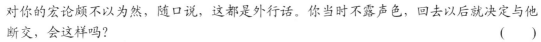

对你的宏论颇不以为然,随口说,这都是外行话。你当时不露声色,回去以后就决定与他断交,会这样吗? ( )

9. 你叙述了一件亲身经历的事给家人听,大家觉得有点难以置信,一笑了之。这时你会继续举出一系列的证据务必要大家相信那是真实的吗? ( )

10. 你的一位朋友平日与你过从甚密,但因意志薄弱,做了件对你不太忠实的事。你是否会毫不容忍、声色俱厉地指责他的过失,表现你的憎恶情绪吗? ( )

11. 你为别人提供服务或帮助,是否常常抱怨人家对你酬谢菲薄? ( )

12. 一次你在街上碰到一位同事与人且谈且行。你隔着一段距离朝他热情地打招呼。他没有马上做出反应,你是不是会想"他为何这般当众羞辱于我,难道我得罪了他了吗?可恶!" ( )

13. 你是否为证明你的社会地位丝毫不差于人,而在服饰、娱乐等方面的花销超出自己的经济能力? ( )

14. 你坐在客厅读报,忽然发现从窗户射进的一束光中无数小灰尘在上下飞舞,你是否马上感到呼吸有障碍,移到远离光束的地方? ( )

计分方法:

说　　明:每道题答"是"得10分,答"否"得0分,"不好说"得5分。据此为你自己打分,统计出总分。

112分以上,为过分敏感者:你神经异常敏锐,感受性又很强,他人的亲切和恩情,或外界的冷酷,都会在你心中烙下不可磨灭的印记;目睹黑暗与残酷,同等情况的你比别人受到的打击要强烈得多,你的反应也因此异乎寻常的激烈。你与人相处很辛苦,你将他人一些与自己毫不相干的言行看作不利于己的动作,经常处于紧张的警戒中。这会引起周围人对你厌倦和反感,因为你使所有人感到紧张。如果你不设法改善,恐怕就真的有麻烦了。

56～112分,属敏感性中等者:比起"过敏"者,你受伤害的机会少多了,你的戒备心理也小多了,不过你仍高于一般人的敏感程度。有时,你偶尔会显示一丝神经质。不要紧,学会漠视一些东西,情况会好起来。

56分以下,是敏感程度较轻者:敏锐的感受力与你无缘,同时也替你屏蔽了世间的苦难与伤害,你比他人可能活得更幸福。

思 考 题

1. 动机的概念是什么?
2. 请简述动机的作用。
3. 解释说明产生旅游动机的条件。
4. 简述旅游动机的基本特性。
5. 结合实际情况说明一些常见的旅游动机。

第四章 旅游态度

> 通过对本章的学习，要求掌握：
> - 旅游态度的概念；
> - 旅游态度的特点。
>
> 通过对本章的学习，要求能够：
> - 了解态度改变的方法
> - 了解改变旅游者的态度可以采取的手段。

人们对旅游对象的选择及人们参加旅游活动后的效果，不仅受自己的知觉、动机和兴趣等心理因素的影响，还会受自己对旅游对象、旅游活动持有态度的影响。人们认为某个旅游对象、旅游活动是有益的、良好的，是能满足自己需要的，就会喜欢它们，就会有选择它们的意向，这表示旅游者已经对这些旅游活动对象产生了较好的态度。显然，旅游态度是影响旅游选择和旅游活动效果的重要心理因素之一，了解旅游态度的特性，了解影响和改变旅游态度的条件，不仅有助于了解旅游行为的规律，对于促进旅游业的发展也是非常有意义的。

第一节 旅游态度的概念及其特性

一、旅游态度的概念

旅游态度是人们对旅游对象和旅游条件做出行为反应的心理倾向。

每一个人生活在自己的社会环境之中，接触各种人和事物，会对它们产生各种各样的认识，产生对它们赞成、反对、喜欢或者厌恶等心理体验，以及对它们是愿意接近、认同，还是回避、拒绝等意向。这是人们对所面对的人和事物做出的行为反应的心理倾向，即心理学上所讲的态度。旅游活动是人们众多社会活动中的一部分，人们对它持什么看法，认为它是有意义的、有价值的还是没有意义的、没有价值的，是喜欢它们还是不喜欢它们，有没有参加旅游活动的打算和愿望，这就构成了他们对旅游活动的态度。

例如，有人认为旅游活动可以开阔眼界、增长知识、陶冶情操，可以愉悦身心、增进身心健康，赞成而且喜欢旅游活动，希望能有机会去参加旅游活动，这说明他对旅游持有肯定的、积极的态度。而有的人认为旅游纯属吃、喝、玩、乐，是一种消磨意志的低级活动，因而反对它，不喜欢它，他自己没有参加旅游活动的想法，也不同意别人去参加，这是对旅游活动持否定和反对的态度。

旅游态度是人们将对旅游做出行为反应的心理倾向，是行为反应的心理准备状态，它虽然不是行为反应本身，也不是行为反应的现实，但却包含和预示着人们做出的行为反应的潜在可能性。一个人对某项旅游活动具有良好的态度，就包含和预示着他有参加这种旅游活动的可能性。人们对每一个旅游点，对每一项旅游活动，以及对开展旅游活动所必需的各种旅游条件，都会产生不同的具体态度，从而预示人们将做出什么样的选择，这就是旅游开发者和旅游经营者关心人们的旅游态度的根本原因。

旅游态度还决定旅游者将以怎样的活动水平投入即将进行的旅游活动中去。因此，它又是未来活动水平和努力程度的心理准备状态。

旅游态度是个人的内在结构，它由3种成分构成。

(1) 认知成分，即对旅游对象、旅游条件等的认识和看法。例如，夏季海滨旅游可以增进身体健康，桂林的山水是优美的，中国的旅游服务质量是比较高的，这些都是对旅游对象和旅游条件的认识和看法，是旅游态度的认知成分。

(2) 情感成分，即对旅游对象和旅游条件的好恶感。例如，喜欢山水风光旅游，喜欢在旅游中和当地居民接触，不喜欢在旅游中单纯参观建筑物，这些都是情感成分。

(3) 意向成分，对旅游对象和旅游条件做出什么反应的行为倾向。例如，有的人想去海滨旅游，有的外国人想来中国旅游，有的人希望乘飞机去旅游。这里的"想去"、"打算来"、"希望"都表示了人们实际行动前的行为倾向，这就是旅游态度的意向成分。

每一个人的具体态度，都包含这3种成分。

二、旅游态度的特性

1. 态度的肯定性和否定性

人们对旅游对象和旅游条件的态度有肯定和否定之别，如赞成、喜欢、关心，这是肯定性的态度，而反对、厌恶、冷漠，这是否定性的态度。

2. 态度的强度特性

各种态度都有程度的不同，从而可以分成不同的程度或等级，如最喜欢、很喜欢、喜欢；最反对、很反对、反对。

3. 态度的针对性

旅游态度总是指向一定的旅游对象和旅游条件的，因而具有一定的针对性。

4. 态度的协调性

态度是由认识成分、情感成分、意向成分组成的，一个心理正常的人，其旅游态度的3种成分是相互一致和协调的。

例如，对中国的旅游态度：认为中国既有优美的自然风光，又有丰富的文化历史古迹，而且开展了富有情趣的旅游活动(这是认知成分)，因此旅游者会觉得很有意思，自己很喜欢中国的旅游活动(这是情感成分)，从而非常愿意并决心争取到中国来旅游(这是意向成分)。

在这种态度中的3种成分是协调的、一致的。人们不可能对条件很差的旅游地产生好感，并决心去欣赏它，或者去那个地方旅游。

5. 态度的稳定性

态度一旦形成，将持续一定的时间，成为个性的一部分，因而是具有稳定性的。由于

态度具有相对的稳定性，要想影响人们的旅游选择和旅游行为，就应当注意不要在人们已经产生了不良和消极的情绪后又试图去改变它，这样做的难度非常大。

6. 态度的间接性

态度是人们内在的一种心理体验，它虽然能够影响行为，有一定的意向性，但是并不等于行为本身，所以不能直接观察，只能从一个人的言论、表情及行为中，通过观察、分析和推理间接地了解。这就是我们所说的态度的间接性。

第二节 旅游态度的作用

旅游态度作为人们对旅游活动的心理倾向和心理准备状态，不仅具有影响旅游选择的机能，而且对旅游活动的进行和效果产生重大的影响。

一、旅游态度影响旅游选择

人们在进行实际的旅游活动之前，必须首先选择旅游对象和旅游活动的方式。旅游选择是一个复杂的心理过程，它不但受旅游个体知觉、动机、兴趣等心理因素的影响，还受旅游态度的影响。旅游中的各种条件，如旅游的不同活动内容、旅游的不同活动方式、旅游交通、各种旅游饭店及各种旅游服务，都能使人们产生不同的态度，进一步在进行旅游选择时产生一定的倾向性。由于它是人的行为反应的心理倾向，本身就包含和预示将会对什么对象做出反应，因此，会对旅游选择起定向的作用。人们受态度的指导，会选择指向那些对其持有良好态度的对象，选择有意义、为自己所喜欢的对象和活动方式，选定自己感到满意的交通工具和饭店。从态度的构成因素来看，既有认知成分，又有情感成分，与态度相一致的对象会给人带来满意感，而与态度不一致的事物会给个体带来失望感或不满足感。因此，态度可以促使人们选择那些与个人态度相一致的旅游对象。由于态度具有意向的成分，它将驱使人们趋向那些与个体态度相一致的对象，避开与那些与个体态度不一致的对象，从而又具有动机的作用。因此，旅游态度对人们选择的旅游目标有很大影响。

二、旅游态度影响旅游活动的效果

旅游态度作为旅游行为的心理准备状态，对旅游效果有直接的影响。旅游行为是个体旅游心理的外化，旅游者以什么样的心理状态投入到旅游活动中去，对旅游效果会发生极大影响。如果人们有积极的心理准备，各种心理活动被激发到较高的水平，不仅在旅游活动中充满活力，而且会观察全面、体验深刻、情绪愉快，容易得到心理满足，并且对旅游中的困难、疲劳不加以介意。而如果心理准备不足，心理活动就会处于较低的水平，情绪没有激发起来，各种心理功能没有能够调动起来，就会缺乏活动的热情和活力，观察和体验的深度就会受到限制，影响旅游活动的效果。

旅游态度对旅游效果的影响，主要是依赖于积极肯定态度的强弱程度。例如，共同参加某项旅游活动的人，他们对这项活动喜爱的程度不同，对活动的热情程度不一样，就会影响他们在活动中的体验，并会产生不同的旅游效果。

三、旅游态度可以形成对某些对象的偏好

人们在肯定的旅游态度的作用下，参加某项旅游活动，由于得到了积极愉快的活动效果，感到满意和满足，就会强化对这项活动的态度，使之得到巩固，并影响将来对旅游活动和旅游条件的选择。例如，对旅行社的组织接待和饭店的服务感到满意，今后还会继续选择。多次选择都感到满意，就会形成习惯性选择，表现为对这些现象的信任和偏爱。

第三节　影响旅游态度形成的因素

旅游态度的形成受多方面因素的影响，而这些因素的作用并不是均等的，其中影响比较大的有以下几种。

一、旅游需要的满足与否

个体对凡是能满足自己的旅游需要或有利于达到目标的对象，一般都能产生喜好欢迎的态度，而对影响满足旅游需要和妨碍目标实现的旅游对象，则会产生排斥以至厌恶的态度。例如，中国既有丰富多样的旅游资源，人民又热情好客，能满足人们的旅游需要，人们就喜欢到中国旅游，产生积极的旅游态度。如果在旅游中未能住进预订的饭店、交通受阻、服务不佳或活动计划被改变，则会产生反感，造成消极的旅游态度。需要的满足与否涉及两个方面的情况：一方面是旅游需要的具体内容，另一方面是旅游对象的功能及人们对这种功能的了解和知觉。人们通过两个功能去知觉和了解满足旅游需要的对象。

(1) 旅游前对旅游对象能否满足旅游需要的知觉，自此产生对旅游对象的态度，影响对旅游对象的选择。

(2) 在旅游活动过程中对旅游对象满足旅游需要的程度的体验，它影响旅游态度的强化和旅游态度的改变。

旅游中的情感成分与意向成分，多半与旅游需要的满足有关。

二、知识的影响

个体对旅游对象的态度，会受到所获得的关于旅游对象的知识的影响。获得那些关于对象的正面知识，会产生积极的态度；而受负面知识的影响，则会产生消极的态度。一个参观了中国旅游展览的外国人和没有参观该展览的人，由于受这种知识状况的影响，对到中国来旅游的态度的积极程度是不会相同的。知识能够形成态度，也能够改变原有的态度。

三、团体的影响

每个人在社会上都与一定的社会团体(如家庭、学校、工作单位、社会活动组织)相关联，每个社会团体的成员都有一些需要共同遵守的成文或不成文的行为规范，有大体相同的知识，成员的态度无形中受团体压力的影响，对自己所属团体的态度有支持和接受的倾向。例如，一个人对旅游的已有态度，由于家庭中其他成员对旅游持相反的态度，他的态度强度，就会发生变化，甚至转而同意其他家庭成员的态度。

四、个性特征的影响

个性特征是影响个体旅游态度的重要心理因素。这是个体自身内部因素的作用。兴趣使个体的心理活动集中指向兴趣的对象，表现出极大的关心，这本身就包含着一种积极的态度成分。兴趣还使人接近、选择兴趣对象，从事感兴趣的活动，而远离、回避那些不感兴趣的对象。不同的兴趣会产生不同的态度。当人们对某项旅游活动产生了兴趣，或对某项旅游活动不再感兴趣，都会引起态度性质的变化。由气质和性格不同而产生的个性倾向不同，也会使人们对旅游对象产生不同的态度。例如，具有内倾性格特征的人，往往对那些比较安静、变化因素较少的旅游活动持有积极的态度；而气质和性格具有外倾性的人则会对比较活跃、带有某种程度的探险性质的旅游活动，有比较积极的态度。

五、其他因素的影响

个人创伤性或戏剧性的经验，会影响或强化人们的旅游态度。例如，人们乘坐飞机旅游途中，由于飞机出现故障或因恶劣气候而紧急降落，会使人们改变对乘飞机旅游的态度。他可能在今后旅游时，尽量避免选择飞机这种交通工具。所谓"一朝被蛇咬，十年怕井绳"，就是对这类创伤性经验影响的一种概括。人们在旅游中戏剧性的经验也会对旅游态度起到重要影响。例如，外国游客参加了事先未作安排的太湖钓鱼活动，又真的钓上来一条鱼，心里就会非常高兴，他用宣纸做成鱼的拓片，作为这次旅游的美好纪念。这种预料之外的带有戏剧性色彩的经验，会极大地强化他对中国旅游的良好态度。

第四节 旅游态度的改变

通过对旅游态度的分析，我们清楚地看到旅游态度是对旅游活动有重要影响的心理因素。它不仅影响旅游个体的选择，而且影响个体旅游的效果。正是由于旅游态度对旅游行为有很大的影响，因此，旅游活动的组织者和经营者，都希望有更多的人对自己开展的活动抱有积极的态度。但是，现实生活中人们不可能对旅游都抱有积极的态度，更不会对某种特定内容的旅游活动普遍抱有积极态度。于是旅游活动的组织者和经营者希望那些对旅游存在消极态度的人改变态度，以有利于旅游事业的发展，这就涉及以下问题：人们的旅游态度能否改变？影响态度改变的因素有哪些？通过什么途径、采取什么方法能够比较有效地改变人们的旅游态度？下面我们就围绕态度改变的有关问题进行讨论。

一、个体改变态度的可能性

(一) 改变态度的可能性

旅游态度是对旅游对象和旅游条件的主观反映，是后天形成的，而不是先天具有的。因此，旅游态度的形成、存在，依赖于一定的条件，这些条件的性质发生变化，就会引起态度的变化。例如，从主观心理因素看，人们兴趣和需要的变化，可以引起态度的变化。从态度的构成成分看，如果能引起态度主体认识上的变化或情感上的变化，也有改变态度的可能性。只要采取措施使影响态度改变的因素发生变化，就可以收到改变态度的效果。

(二) 改变态度的两种形式

1. 一致性改变

不改变态度的性质和方向，只改变原有态度的强度，态度的这种改变是一致性改变。例如，由对旅游活动有兴趣改变到非常喜欢旅游，这是对旅游活动从一般的积极态度变得非常积极的态度；对某一地方的旅游由非常喜欢变为一般喜欢，这是非常积极的态度变得一般积极的态度；对旅游活动由一般反对变为非常反对，这是一般消极态度变为非常消极的态度；由非常不赞成旅游活动，变得一般不赞成，这是由非常消极的态度变为一般消极的态度。上述这些变化，只是原来旅游态度强度的增强或减弱，并未发生质的变化，这就是态度的一致性变化。

2. 非一致性改变

改变态度的性质和方向，以新的态度代替原来的态度，态度的这种变化是非一致性改变。例如，由赞成旅游变为反对旅游，这是由积极的旅游态度改变为消极的旅游态度；由反对旅游变为赞成旅游，这是由消极的旅游态度变为积极的旅游态度。这两个变化中产生了态度方向上的变化，由积极变为消极或由消极变为积极，一种新性质的态度代替了个体原来的态度，即态度的方向和性质发生了根本变化，这是非一致性的变化。态度的两种改变形式的具体内容如表 4-1 所示。

表 4-1 态度的两种改变形式

改 变 形 式	原来的态度	改变后的态度
一致性改变	赞 成	非常赞成
	非常赞成	赞 成
	反 对	非常反对
	非常反对	反 对
非一致性改变	赞 成	反 对
	反 对	赞 成

态度的改变有一定的内在联系。

首先，非一致性改变包含着一致性改变。例如，由赞成改变为反对，它包含赞成程度的降低和反对程度的增加；由反对改变为赞成，则包含着反对程度的减弱和赞成程度的增强。

其次，一致性改变也含有非一致性改变的成分。例如，态度的积极程度的降低，包含着导致消极态度的可能；而态度的消极程度的降低，则包含着产生积极态度的可能。因为态度强度的变化在量上的积累会造成质和方向上的变化。

(三) 改变态度的难易

不同的态度发生改变，其难易程度是不同的，这受许多因素的影响。影响态度改变的难易程度的因素主要有以下 3 个。

1. 态度本身的特性

(1) 幼小时就形成的态度不易改变。幼小时由于受家庭和其他社会影响形成的对旅游的赞成或反对的态度，不容易改变。

(2) 较为简单的态度容易改变。例如，一个人的态度只依赖一个事实，则只要此事实被证明是假的或不正确的，其态度就可能被改变。

(3) 一贯的态度不易改变。人们对旅游一贯是赞成的或一贯是反对的，这种旅游态度不易改变。

(4) 极端的态度不易改变。对旅游活动非常喜欢或极为厌恶的态度，不易改变。

(5) 所依赖事实较复杂的态度不易改变。态度依赖的事实越复杂，证据就越充分，要想改变，必须证明这些证据都是错的。所以，态度依赖的事实越多越复杂，越不容易改变。

(6) 协调一致的态度不易改变。构成态度的认知成分、情感成分、意向成分三者协调一致，这3种成分没有矛盾便是协调一致。协调一致的态度呈现一定的稳定性，那么让其改变是困难的。反之，如果态度的3种成分出现矛盾，即出现不协调，而不一致的态度是不稳定的，就容易发生变化。

(7) 对能满足多种需要的对象的态度不易改变。某一个对象不仅能满足一个需要，而且同时满足多种需要，由此产生的态度不容易改变。对象满足需要的程度越大，态度越不容易改变。例如，游客对住五星级饭店有良好的态度，是由于它既可满足舒适、安全的需要，又可以满足显示较高的身份和社会地位的欲望，如果让他改变态度去住低档饭店，就非常困难。

(8) 与个人的基本价值观念有密切关系的态度不易改变。例如，当人们基于"只有好好休息，才能更好地工作，人应该有多方面的活动和丰富的知识，生活得才更有意义，更有朝气"这种对生活的价值观念，产生了对旅游的良好态度，认为"旅游既是一种积极的休息方式，又是能够开阔眼界、增长知识的有效途径"。建立在这种对生活的基本价值观上的旅游态度，就不容易改变。

2. 个人因素

(1) 兴趣的强度。对态度对象有很强的兴趣，态度不易改变。

(2) 智慧能力。智慧能力高的人，容易了解各种赞成或反对的论点，因而容易主动地改变态度。智慧能力低的人，自己缺乏判断力，容易被说服，容易接受暗示和团体的压力而被动地改变态度。

一般人们都认为，智力高的人比智力低的人更不容易为传播信息所说服。因为智力高的人比智力低的人知识丰富，较富批判能力，善于断定言论是否有逻辑、证据是否合理；但心理学研究却指出，智力的高低与个人抵制说服的程度并不必然相关。心理学家发现，智力与抵制说服在某一类别的传播信息中成正相关，在另一类别的传播信息中成负相关。他们向被试者传播两种信息，一种是强调使之屈服，另一种是强调使之注意与了解。对于强调屈服的信息，智力高的人比智力低的人较不受影响，而强调注意与了解的信息，则智力高的人比智力低的人较易受其影响。换言之，意义简单浅显的信息传播，对智力高的人较不具说服力，意义复杂而深奥的传播信息，因为不容易为智力低的人所了解，因而不容易说服他接受言论的内容。

(3) 性格特征。性格上缺乏独立性和判断力而依赖性强的人，容易信任权威而改变态度。有的人思想迟钝呆板，不肯接受新观念，对别人的劝告表现出极端的抗拒，其态度不易改变。

(4) 信息接收者的自我估价。信息接收者的自我估价状况，也对说服效果有很大影响。事实表明，一个感到自己能力不足的人，比一个自信的人更容易受传播信息的左右。如果你不满意自己，那么你对自己的观点就不会十分有把握，因而当遇到反面观点的攻击与说服时，就可能放弃自己原来的立场。人们一般都有让自己的看法保持正确的愿望，当一个人听到一种与自己思想相悖的传播时，一定会考虑，是改变自己的观点呢，还是坚持自己的观点，二者哪个更正确些。自我估价高的人，在面临传播者的不同意见时，倾向于相信自己；而自我估价低的人，在此种情况下，常会怀疑自己。以至于有的人认为，假如自己同意了传播者的观点，就会更正确些。

(5) 信息接收者的自我防卫机制。一般自我防卫较为强烈的人，会极力保护自己已有的态度以增强自尊，所以此种人在传播信息面前很难改变，像那些在政治上极端保守者，大多属于此类。

3. 群体的作用

每一个生活在社会上的人，都要加入到群体之中，成为群体中的一员，而群体对传播与说服的效果将会产生一定的作用，这种作用既可能是干扰性的，也可能是促进性的。

(1) 群体对传播说服效果的干扰作用

任何一个群体，都有其特有的信息流通结构。比较活跃或地位较高的群体成员，往往能起到控制外来的流通信息的作用。他们可能会阻止不合群体价值规范的传播信息流入，或者将他先接触到的传播信息修改润饰后，再转达给其他的群体成员。因此，群体内部的多数成员可能无从获得外界的信息，或者得不到真实的信息。

群体对传播信息的另一个抵制作用是，归属于同一群体的成员，通常都持有相似的态度与看法。这类共有的态度与看法，相互强化、相互支持，可以促使群体的成员抵制与本群体不符的外来信息。成员对群体的归属感越强，抵制外来影响的力量也越大。

从对青少年犯罪团伙的研究，可以发现群体支持个人抵制说服的情形。例如，一个失足的青少年，在学校、社会及家庭的帮助和教育之下，产生了痛改前非、重新做人的想法，但是，当其一旦回到犯罪团伙之中，曾产生改过的想法很可能就被抛到一旁去了。犯罪团伙是青少年犯罪态度的强大支柱。所以，人们要想说服和挽救社会上那些犯有罪错的青少年，其中一个极其重要的措施就是想办法切断他与犯罪团伙的联系。

在我们的现实生活中也有类似的情况出现，如果单位里组织旅游活动，大家会倾向于保持一致的态度，对于线路过长、花费过多，既劳民伤财又费时费力的旅游项目采取排斥的态度。

(2) 群体对传播说服效果的促进作用

取消群体对个人态度的支持，或者经由群体讨论和群体决定引导多数成员向一个新的观点转变等，都是群体促进传播说服效果以改变成员态度的主要因素。

一个群体受到外来或内在压力而削弱时，有可能会放弃原先具有的态度而接受新的态度。有社会心理学家指出，在战争中，其作战单位分散的军人，最容易受宣传的影响，而对作战单位集中的军人，宣传所起的作用是很微小的。

群体成员之间的沟通讨论与共同决定，也可以导致个人态度的改变。著名的心理学家勒温与其助手们,在第二次世界大战期间,首先从事了这方面的实验研究。大战期间由于物质的缺乏,政府当局希望能够说服家庭主妇们多购买些一向不受欢迎的食品——甜面包、牛心与牛肾。有3个小组的家庭主妇接受讲解与劝说,由能言善辩的人来讲解上述食品的营养价值,以及食用这些食品对国家的贡献,同时送给听讲人烹饪这类食物的食谱。另外3组家庭主妇则采取群体决定的过程,要求人们购买上述食品。经过一段时间之后,了解这些参与听讲和群体决定过程的主妇们购买和食用以上食品的情况,结果是听讲解的主妇们只有3%按要求去做了,而群体决定组的主妇们却有32%购买了她们原先不喜欢吃的食物。

勒温所采取的群体决定过程可以分解成下列7个步骤。

① 群体领导人呈现某一话题,其中包含有与群体成员当前动机有关的行为策略。
② 领导人请群体成员表明并讨论他们对所提行动策略的感想。
③ 领导人认可反对的意见,并且尊重成员们表示反对意见的权利。
④ 领导者遵从成员们对提供有关信息的要求。
⑤ 领导者鼓励成员们尽可能地就反对的意见及问题互相讨论。
⑥ 讨论结束后,领导人要求成员们做出选择,决定是否采取拟议的行动。
⑦ 让成员们有机会观看有多少其他成员同意尝试新的行动。

勒温指出,在群体决定的程序中经历3个阶段的变化:其一是"解冻"了原来抵制改变的群体态度,其二是建立了新的态度,其三是"凝固"了新的态度。

群体决定与讲解劝说的不同如表4-2所示。

表4-2 群体决定与讲解劝说的比较

群 体 决 定	讲 解 劝 说
听众的参与是主动的,较可能产生自我涉入	听众是被动的,缺乏参与感
成员得以察觉到其他的一些成员们愿意放弃原来的态度	听众是沉默的,成员间无法察觉他人的倾向
领导者对异议者的宽容态度可能会使成员们较愿意遵从他的建议	听众无参与感,领导人没有机会表示宽容的态度以赢得成员的支持
成员们被要求将自我局限于一个约定的行动	听众并没有被要求就拟议的行动作决定
成员们察觉到其他的人也将自己固限于拟议的行动	听众无法察觉到其他人的私下决定

后来的心理学研究将上述5个因素表述为,群体决定能够促成态度的改变主要得力于:第一,对未来的行动有所决定;第二,看到其他的多数群体成员同意执行了拟议的行动。

二、改变态度的方法

个人的态度受主客观因素的影响,通过适当的途径,采取正确的方法,可以有效地改变人们的态度。

(一)改变客观现实

旅游对象和旅游条件是旅游态度的客观对象,是旅游态度形成的客观前提。虽然旅游态度的产生同时受主观因素的影响,但主要的还是取决于客观对象的状态如何。只有旅游对象和旅游条件具有满足人们需要的功能,才有可能使人们产生积极的旅游态度。例如,

某旅游地旅游资源的开发和旅游设施的建设存在很大问题，旅游服务水平极差，旅游价格极不合理，必然使人们产生不良的旅游态度，如果不改变这种事实状况，无论如何也难以使人们改变已经产生的不良态度。所以，改变不利的客观事实，是使人们改变对旅游的不良态度的首要前提。

(二) 传播新知识

态度的形成依赖于对态度对象的认识，以后接受的新知识有可能改变原有的态度。向人们传播旅游的新知识，有利于改变人们对旅游的消极态度。例如，人们由于误以为某旅游地食宿条件差，对到该地旅游缺乏积极的态度，可以通过向他们传递真实的消息，使其改变旅游态度。又如，由于某旅游地交通不便，人们对到该地旅游态度不积极，在交通条件改善以后，向人们传送这方面的信息，会引起人们态度的变化，来这里旅游的人会随之增多。

提供新知识以有效地改变人们的态度，有以下技术问题需要注意。

1. 知识的可信度

新知识越真实可靠，人们对信息和信息来源越信任，改变态度的可能性越大。为了提高新知识的可信度，一是要使其与事实相符，逻辑上不矛盾，二是由有威信的人传播新知识。

2. 传播知识的媒介

以不同的媒介传播新知识，对改变态度的作用是不同的。一般来说，口头传播比印刷物传播容易收到更好的效果。口头传播可以发生情绪、情感的作用，是改变态度的一种有效的方式。

3. 单方面说明和双方面说明

通过传播新知识以说服人们改变态度时，提供知识材料的方式有两种：一种是只提出正面的材料，另一种是同时提出正反两方面的材料。这两种方式要根据具体情况选择运用，才能起到较好的作用。选用哪种方式较好，主要取决于3个条件：首先是客观情况。如果听众(包括观众与读者，下同)不知道反面材料，适于只提供正面材料，这有利于形成并加强肯定的态度。若同时也提供反面材料，可能会引起对反面材料的兴趣，不利于较快地形成肯定态度，或者会削弱对正面材料的肯定态度。如果听众本来就知道反面材料，则应当主动地提供正反两方面的材料，并用充足的证据证明反面材料的错误，这有利于增加正面材料的可信度，形成肯定的态度，并使听众增强对反面材料的"免疫力"。其次是接受者的态度和智力。若接受新知识的人一开始就对正面材料持肯定态度，最好只提出正面材料，这有助于加深和巩固肯定的态度。若其一开始就对正面材料持怀疑或反对的态度，则应同时提供正反两方面的材料，这有助于削弱对方的防卫心理，消除怀疑，改变反对态度。智力较高者有独立分析能力，同时提供正反两方面的材料，有利于增加对新知识的信任，形成较稳固的肯定态度。智力较低者独立分析能力较差，只提供正面材料有利于较快地产生肯定的态度。最后是宣传的任务。如果传播新知识的任务在于使对方尽快地形成肯定态度，解决当务之急，最好只提供正面材料。若同时提供正反两方面的材料，难于使对方立即形成正确的态度。如果传播新知识是为了使人们形成长期稳定的态度，则应同时提供正反两方面的材料，使对方通过对比，形成对正面材料的稳固态度和信念。

4. 提供材料的顺序

提供材料的顺序影响态度的形成和改变。心理学对记忆的研究证明，人在识记过程中存在"前摄抑制"和"倒摄抑制"两种作用，识记材料的中间部分不如首尾部分的材料记忆得清晰牢固、印象深刻。而记忆清晰牢固、印象深刻的材料会对态度的形成和改变产生较大的作用。因此，在需要既提供正面材料又提供反面材料时，应首先提出正面材料和观点，把反面材料和观点放在中间，最后用新的事实论证正面观点，这对人们改变不正确的态度，形成对正面观点和材料的肯定态度，能够产生最强的作用。

5. 明示结论

在传播新知识时，是否要明确提出应有的正确结论？这要根据具体情况，并主要根据对方的智力状况而定。除非对方智力很高，一般情况下，明示结论并加以讨论，常常能使人改变态度。

6. 说服企图的隐显

在传播新知识的过程中，如果接受者发现对方旨在影响和说服自己，容易引起自我防卫机制，增加对新知识的怀疑和戒备心理，拒绝改变态度。所以，一般应该隐蔽传播新知识的目的，以有利于人们改变态度。

7. 诉诸情感或诉诸理智

态度既有理智成分又有情感成分，两者对态度的形成与改变都有作用。究竟哪种成分的作用大？传播新知识改变人的态度时采用何者为佳？不能一概而论，因为两者各有利弊。一个人的情绪过于激动，就不能冷静地、理智地思考问题，但缺乏应有的热情和情感，也会影响态度的形成和变化。因此，应根据具体情况而定。如果对方注意事理的逻辑，或要收到长期的效果，或者对方文化水平较高，运用充分说理的手段改变态度效果较好。如果对方强调兴趣和生动，而且文化水平较低，为了收到立竿见影的效果，则富于情感色彩的手段对态度的改变有较大的影响力。

理智和情感两个因素对改变态度的作用并不是完全相互排斥的，两者适当的结合，对促使人们改变态度会达到最好的效果。人们常说的"动之以情，晓之以理"就是具体的运用。另外，在传播新知识时，首先利用情绪因素引起人们对材料和观点的兴趣，然后利用充分的论据进行说理论证，对态度的改变或形成会收到长期的较好效果。

8. 反复提示

在通过传播新知识改变人们的态度时，向人们反复提示有关材料和观点，可以加深人们的印象，有利于态度的形成和改变。当然，反复的效果并不在于人们会容易相信多次反复的消息，而是由于反复的结果使消息扩散到较广的范围，当人们从这些与原来不同的渠道得到相同的消息时，便容易相信，从而引起态度的变化。这种情况也说明，在希望改变人们的态度时，通过多种途径传播信息，会产生较好的效果。

(三) 改变个性倾向

改变人们的态度,可通过改变人们的个性倾向来实现。改变个性倾向的方式有以下 3 种。

1. 角色扮演

一个人所扮演的角色对他的态度有极大的影响。例如,汽车司机和其他职业的人,对于批评汽车司机的社会舆论会有不同的态度。因此,可以通过让人们扮演某种社会角色来改变他对这种角色的不正确态度;又如,让服务员扮演顾客,以体验顾客的心理,以及不同的服务态度对顾客的心理作用,从而改变不良的服务态度。

2. 强迫接触

不管喜欢与不喜欢,强迫个体与态度对象接触,增加对态度对象的了解,可以帮助他改变对态度对象的不良态度。例如,旅游宣传告诉人们,百闻不如一见,亲自去看一看,保证会愉快满意。当他们真的亲自看一看后,由于了解了真实情况,就会改变原来由于接受错误信息而产生的消极态度。

3. 改变外显行为

心理学的研究指出,人们有促使自己的思想和行为一致的倾向。人们的外显行为与态度不一致时,心理上会感到不舒服,个体会设法使态度和外显行为趋于一致。所以,先改变外显行为,有助于态度的改变。

4. 面对面相互沟通

在改变别人的态度时,不仅要自己向对方传播观点和信息,而且应当让对方有发表自己意见的机会,并且要耐心听取。这样进行面对面的沟通,可以了解对方改变态度的障碍,以便有的放矢地做好说服转变工作。在交谈中耐心听取对方的意见,他会认为你重视他,从而对你产生信任感,容易接受你的意见而改变态度。注意切不可对对方的意见和谈话流露出不重视、不认真听取的意向,使他认为你对他的意见反感,从感情上把你拒之千里,这样就难以说服对方改变态度。

5. 运用人际关系

在改变别人的态度时,恰当地运用人际关系的积极因素,可以收到良好的效果。

(1) 利用人际间的威信效应。利用有威信的人传播知识、信息,容易被人接受并改变态度。宣传有威信的人的态度或行为,也会收到较好的效果。

(2) "名片"效应。在向对方论述自己的观点前,先发表自己在某些方面与对方一致的看法和观点,这可以削弱对方的对立情绪和防卫心理,减少对所传播的观点和材料的挑剔,容易使对方采取一致的态度。

(3) "自己人"效应。传播新知识时,如果表明自己与对方在观点、利益、地位方面有更多的一致或相似,使对方产生"自己人"的感觉,会对改变对方的态度产生更有利的作用。例如,在旅游宣传中,宣传者不是以推销商的形象出现,而以潜在游客的旅游顾问的身份去做工作，会对潜在游客的旅游态度和旅游选择产生更大的作用。利用游客对潜在的游客进行宣传之所以效果好，就是由于潜在游客认为他们都是"自己人"。

6. 逐步提出要求

在改变人们的态度时，如果新态度与原来的态度差别过大，则应逐步提出要求，不断缩小差距，最后达到完全改变。否则，一下提出过高的要求，不但难以使对方改变原来的态度，反而会使其产生对立情绪，更加坚持原来的态度。先让对方做出小的改变、小的让步，才会产生大的改变、大的让步，这是消除改变态度过程中对立情绪的有效办法。

本 章 小 结

1. 态度是对某个对象的行为反应倾向，是行为的心理准备状态。它是由认知、情感和意向3种成分构成的。认知成分是形成态度的基础；情感成分是形成态度的核心；意向成分是态度的外观，对人的行为有指导和推动作用。

2. 态度具有肯定性和否定性、强度特性、针对性、协调性、稳定性、间接性等特点。

3. 态度和行为的关系十分密切，态度和行为并不总是一致的。态度和行为不一致可能是由态度构成成分之间的矛盾冲突、态度间的冲突、特定情境的行为规范的约束及个体的直接经验等原因造成的。

4. 态度对旅游行为的影响，是通过形成旅游偏爱，导致旅游决策来实现的。

5. 态度既有稳定性，又有可变性。从旅游从业者的角度来说，如何改变旅游者的态度是一个重要的问题。

 案例分析

一种常见的现象

某家旅行社积极宣传推介一条新的旅游线路，在旅行社运用多种宣传手段和方法的推动下，终于组团成功。结果旅游者乘兴而来，失望而归，不少人发表了"看景不如听景"的观感，甚至有上当受骗的感觉。

分析：第一，这家旅行社的旅游宣传工作行之有效，成功地改变了旅游者的态度，使旅游者做出了旅游决策，产生了旅游行为，这是值得肯定的。第二，这家旅行社在宣传中，信息可能失实，只片面夸大该旅游线路吸引人的优点的一面，对缺点不讲，或者是少讲。所以，旅游者事后会有"看景不如听景"的观感，还有些旅游者会产生上当受骗的感觉。这说明旅游者的态度具有可变性的特点。

 心理测试

压力的承受力

测试说明：在你认为恰当的选项上打钩。

1. 从国外旅行回来，海关要你打开装有超重物品的行李箱时，你的表现是：
A. 镇定自若   （   ）

B. 兴奋　　　　　　　　　（　　）
C. 冷静沉着　　　　　　　（　　）
D. 紧张不定　　　　　　　（　　）
E. 冒冷汗　　　　　　　　（　　）
F. 心发慌　　　　　　　　（　　）

2. 在一次关于新科技成果应用的讨论会上，大家认为你的说法荒唐可笑，并嘲笑你，你的反应是：
  A. 面红耳赤　　　　　　　（　　）
  B. 不在乎　　　　　　　　（　　）
  C. 镇定自若　　　　　　　（　　）
  D. 生气恼火　　　　　　　（　　）
  E. 心平气和　　　　　　　（　　）
  F. 手足无措　　　　　　　（　　）

3. 与朋友激烈争论一件事，朋友以"再也不想理你了"一句话结束争论，你会：
  A. 产生敌意　　　　　　　（　　）
  B. 镇定自若　　　　　　　（　　）
  C. 不安　　　　　　　　　（　　）
  D. 不在乎　　　　　　　　（　　）
  E. 手足无措　　　　　　　（　　）
  F. 保持平静　　　　　　　（　　）

4. 准备一些相关的资料，以便和你去应聘的跨国公司的人事科长面谈时用。面试时，人事科长却说："这些资料不足以当推荐函。"你的表情是：
  A. 不安　　　　　　　　　（　　）
  B. 镇定自若　　　　　　　（　　）
  C. 目瞪口呆　　　　　　　（　　）
  D. 面红耳赤　　　　　　　（　　）
  E. 保持平静　　　　　　　（　　）
  F. 手足无措　　　　　　　（　　）

5. 你正沉醉在舞会的舞蹈中，你的舞伴却说："你好像不太会跳。"这时，你会：
  A. 不在乎　　　　　　　　（　　）
  B. 手足无措　　　　　　　（　　）
  C. 生气恼火　　　　　　　（　　）
  D. 面红耳赤　　　　　　　（　　）
  E. 镇定自若　　　　　　　（　　）
  F. 一笑了之　　　　　　　（　　）

6. 讨论会上，有人指责你："你难道没有自己的想法吗？"这时，你会：
  A. 产生敌意　　　　　　　（　　）
  B. 保持平静　　　　　　　（　　）
  C. 手足无措　　　　　　　（　　）
  D. 冒冷汗　　　　　　　　（　　）

E. 目瞪口呆 （　　）

7. 与人聊天时，把对方不想让人知道的秘密不小心说漏嘴，尽管竭力找话掩饰，对方还是察觉到了，你会是：

  A. 慌乱无措　　　　　　（　　）
  B. 面红耳赤　　　　　　（　　）
  C. 说不出话来　　　　　（　　）
  D. 镇定自若　　　　　　（　　）
  E. 无所谓　　　　　　　（　　）
  F. 手发抖　　　　　　　（　　）

8. 上司对你的工作非常不满，指责了几句，你的表现是：

  A. 镇定自若　　　　　　（　　）
  B. 面红耳赤　　　　　　（　　）
  C. 保持平静　　　　　　（　　）
  D. 不安　　　　　　　　（　　）
  E. 目瞪口呆　　　　　　（　　）
  F. 摇头苦笑　　　　　　（　　）

9. 等待中轮到自己进行口试时，听到主考官用生硬、不友好的声音叫你的名字，你的表现是：

  A. 产生敌意　　　　　　（　　）
  B. 手发抖　　　　　　　（　　）
  C. 镇定自若　　　　　　（　　）
  D. 心平气和　　　　　　（　　）
  E. 冒冷汗　　　　　　　（　　）
  F. 紧张不安　　　　　　（　　）

10. 乘坐电梯时，电梯突然出了点小问题，停在两层楼之间。这时，你的心情是：

  A. 轻松　　　　　　　　（　　）
  B. 镇定自若　　　　　　（　　）
  C. 生气恼火　　　　　　（　　）
  D. 心跳加快　　　　　　（　　）
  E. 沮丧　　　　　　　　（　　）
  F. 冷静沉着　　　　　　（　　）

11. 突然有人请你在宴会中对所有客人讲几句话，你心里的感觉是：

  A. 心跳加速　　　　　　（　　）
  B. 生气、恼火、不安　　（　　）
  C. 兴奋　　　　　　　　（　　）
  D. 沉着　　　　　　　　（　　）
  E. 手忙脚乱　　　　　　（　　）
  F. 面红耳赤　　　　　　（　　）

12. 交通警察半路把你拦下来，请你出示驾照。警察发觉你有点慌乱，因而开始问话，你会是：

  A. 心平气和地回答　　　（　　）

B. 处于敌视状态 （　　）

C. 手发抖 （　　）

D. 镇定自若 （　　）

E. 感到不安、紧张 （　　）

F. 冒冷汗，很害怕 （　　）

13. 收到去新单位报到的通知，按照指定时间前往，已经等了一个多小时，还是没人前来接待，你的表现是：

A. 产生敌意 （　　）

B. 生气 （　　）

C. 心平气和 （　　）

D. 心跳加快 （　　）

E. 愉快 （　　）

F. 额头冒汗 （　　）

14. 在咖啡屋里把满满的一杯咖啡打翻了，你会是：

A. 愉快 （　　）

B. 手忙脚乱 （　　）

C. 不在乎 （　　）

D. 目瞪口呆 （　　）

E. 自然地笑 （　　）

F. 面红耳赤 （　　）

15. 在麦当劳吃完午餐准备付钱时，发现忘了带钱包，你的表现是：

A. 面红耳赤 （　　）

B. 镇定自若 （　　）

C. 心跳加速 （　　）

D. 很高兴 （　　）

E. 手足无措 （　　）

F. 冒冷汗 （　　）

16. 没有购买车票而坐公交车不幸被抓住，大家都把目光投向你，你的感觉是：

A. 面红耳赤 （　　）

B. 镇定自若 （　　）

C. 手发抖 （　　）

D. 不在乎 （　　）

E. 羞愧不安 （　　）

F. 自然地笑 （　　）

17. 车子半路抛锚了，只好停在路旁，你的心情是：

A. 镇定自若 （　　）

B. 生气 （　　）

C. 冒冷汗 （　　）

D. 心平气和 （　　）

E. 焦躁不安 （ ）
F. 很紧张 （ ）

18. 采购完一周的食品回家,一打开门发现洗衣机里的水溢了出来,家中"水漫金山",你会:

    A. 镇定自若 （ ）
    B. 沮丧不已 （ ）
    C. 手发抖 （ ）
    D. 心平气和 （ ）
    E. 生气 （ ）
    F. 轻松 （ ）

评分结果:

选"是"的得1分,选否得0分,计算出总分,再参照下表,先找出属于你的年龄栏,看看你承受压力的指数。

14—16岁	17—21岁	22—30岁	31岁以上	对压力的抵抗能力
96—107分	98—107分	100—107分	104—107分	非常强
88—95分	90—97分	88—99分	92—103分	强
73—87分	70—89分	66—87分	70—91分	普通(尚可)
47—72分	50—69分	50—65分	50—69分	普通(稍低)
0—46分	0—49分	0—49分	0—49分	很弱

结果说明:

很弱:说明你承受压力的能力很弱。遇到压力往往表现为不知所措,非常慌张,甚至于会六神无主,建议你变得轻松一些,尽量保持冷静。

普通(稍低):说明你承受压力的能力比平均水平稍低。你一旦有精神负担,就会设法维持平静,遭遇挫折或打击时,会出现精神失衡的情形。

普通(尚可):说明你承受压力的能力比平均水平稍好。

强:说明在同龄人群中,你承受压力的能力是比较不错的,不会轻易动摇,信念很坚定,不会轻易失控发脾气。

非常强:说明你承受压力的能力非常强,一般情况下,心慌意乱,手忙脚乱的时候不多,除非事态非常严重时,无法保持镇静。

思 考 题

1. 什么是旅游态度?构成旅游态度的3种成分是什么?如何理解旅游态度是旅游行为的心理准备状态?
2. 旅游态度有哪些特征?
3. 旅游态度的形成受哪些因素的影响?
5. 旅游态度能否改变?为什么?试举例分析。

第五章 旅游者的情绪和情感

通过对本章的学习，要求掌握：
- 情绪与情感的概念；
- 情绪与情感的特点；
- 情绪与情感的作用；
- 激情状态下的意识狭窄。

通过对本章的学习，要求能够：
- 区分情绪与情感；
- 明确情绪与情感对旅游行为的影响；
- 了解情绪和情感的类型；
- 结合实际生活中的情况，了解引起情绪和情感变化的原因有哪些。

人在现实生活中要接触自然界的各种对象和现象，面对不同的社会现象和不同的人物，参与各种不同的社会生活。各种事物的现象，不仅使人产生深浅不同的认识，而且还会伴随着产生不同的心理体验。有的对象和现象使人产生喜欢、愉快、兴奋的心理体验，有的对象和现象使人产生惊奇、赞叹的心理体验，还有的对象和现象会使人产生恐惧、忧愁、痛苦的心理体验，这些心理体验就是人的情绪和情感。

情绪和情感既是人们在接触各种事物、从事各种活动时产生的，又是人们从事各种活动所必需的心理条件，更是人类自身存在和发展所必需的。情绪和情感是人类心理生活中极其重要的因素，它深刻地影响着人们的心理活动，渗透到人类生活的很多方面，影响着人类的全部活动。

旅游是人们在各种社会实践中带有很强情绪、情感性的一种活动，旅游活动的成功虽然取决于各种条件对人们的积极作用，但是，最根本的还是要以能否使人们产生积极愉快的心理体验来衡量。所以，为了搞好旅游活动，应该对旅游情绪、情感进行研究，以便根据情绪情感的规律，创造条件，使旅游活动产生最佳的心理效果。

第一节 情绪和情感概述

情绪和情感是人的心理体验，优美的自然风光、富有情趣的活动使人感到愉快，雄伟壮丽的古代建筑使人由衷地赞叹，旅游的顺利使人感到成功的喜悦，活动中遇到障碍使人焦虑、愉快、赞叹、喜悦、焦虑等，都是情绪和情感的具体表现。

一、情绪、情感的定义

情绪和情感是人的心理体验，它的产生总是和一定客观对象相联系。情绪和情感是人们对客观事物态度体验及相应的行为反应。它包括刺激情景及其解释、主观体验、表情、神经过程及其生理唤醒等内容。人是情绪和情感的主体，客观对象作用于主体，为主体所反映，从而产生一定的情绪和情感。

情绪和情感与认识过程有密切的联系，人在知觉过程、想象和思维过程中都会产生不同的情绪和情感体验。人在知觉过程中会体验到一定的情绪和情感：优美的环境、清香的气味、悦耳的音乐，会使人产生愉快的情绪；脏乱的环境、难闻的气味、嘈杂刺耳的声音，会使人产生不愉快的情绪。知觉过程中情绪和情感的产生与人的习惯、当时的需要及对知觉对象的理解程度有密切的关系。例如，在寒冷的冬天喝一杯热乎乎的香茶会使人感到愉快，而在炎热的夏季就难以体会这种愉快感；有吃辣味习惯的人，吃到辣味菜就会感到愉快，从来不吃辣味的人，吃到辣味菜就不会有愉快之感；同样一个艺术对象，能够理解的人会产生美的感受，而不理解的人就觉得没有意思。

人在回忆往事时，也会体验到不同的情绪和情感。回忆美好的经历，会产生愉快的体验；回忆苦难的遭遇，会产生悲愤的体验。因此，一个旅游者在旅游过程中的各种不同的经历，在以后回忆起来时，也会伴随产生愉快或不愉快的情感体验。这是旅游活动的长远的心理效果。

想象也和一定的情绪、情感相联系，人们在旅游出发前对旅游活动的想象，在参观、欣赏旅游对象时所产生的想象，都伴随着一定的激动心情和愉快情绪。

对于情绪、情感的心理过程的认识，对我们搞好旅游工作具有重要意义，在旅游宣传、导游介绍、饭店服务中，都应很好地加以应用。

二、情绪和情感的区别与联系

情绪和情感是从不同角度来揭示人的心理体验的概念。由于人的心理体验这种心理现象具有复杂性，对情绪和情感做出严格的区分是十分困难的，只能从不同的侧面对它们进行说明。

1. 引起情绪和情感的需要的性质不同

情绪通常是指那种由机体的天然需要是否得到满足而产生的心理体验。天然需要得到满足，就产生积极的、肯定的情绪，否则，就产生消极的、否定的情绪。例如，旅游者在参加了长时间旅游活动后回到饭店，由于饥饿而需要饮食，如果能适时得到美味的食品，满足了他对食物的天然需要，他就会感到满意、愉快，如果迟迟得不到食物，他就会产生反感、不满的情绪。

情感则与人在历史发展中所产生的社会需要相联系，情感的基础是和人与人之间的关系(社会关系)相联系的需要。例如，对社会贡献的需要、道德的需要、尊重的需要、团结的需要等，由满足这些需要而产生的责任感、荣誉感、道德感、集体感、羞耻感等心理体验，就是情感。这些需要和情感都是人们在一定的社会生活条件下形成的，具有社会历史性。情感是为人所特有的一种心理现象。

2. 情绪和情感在稳定性上的差别

情绪和情感的区别表现在：第一，情绪具有较大的情景性、激动性和暂时性，它往往随着情境的改变和需要的满足而减弱或消失。一定的情景出现便引起一定的情绪，情景过去了，情绪也就消失了。例如，人们在桂林乘船游漓江，心情激动而兴奋，这一活动结束了，心情就逐渐平静下来；情感则具有较大的稳定性、深刻性和持久性，是对人对事物稳定态度的一种反映，因而情感是个性结构或道德品质中的重要成分之一。第二，情绪是情感的表现形式，通常具有明显的冲动性和外部表现，如高兴时手舞足蹈、愤怒时暴跳如雷等，情绪一旦产生往往难以控制。情感常以内心体验的形式存在，比较内隐，如深沉的爱、殷切的期望、痛苦的思虑等，往往深深地埋在心底，不轻易外露。人与人之间在旅游活动过程中产生的友好情感，不会因为旅游活动的结束而消失，还会长期存在并可能得到发展，所以，情感是长期的、稳定的。

情绪和情感虽有区别，但在具体人身上它们是很难被严格区分开的。事实上，情绪和情感总是彼此依存、交融一体的。情感离不开情绪，稳定的情感是在情绪的基础上形成起来的，同时又通过情绪反应得以表达，离开情绪的情感是不存在的。情绪也离不开情感，情绪的变化往往反映情感的深度，在情绪发生的过程中，常常深含着情感。因此，情绪和情感又是不可分割的。

此外，情感这一概念多用于情感的内容，情绪多用于情感的表现形式。例如，狂热的欣喜、强烈的愤怒、持续的忧郁等，多用情绪这一类术语来表示，而高尚的情操、深刻的艺术感受之类的心理体验，则用情感这一类术语来表示。但是，这种区别也不是十分严格的，因为人们常常把情绪看作比较激烈、短暂的情感，把情感看作比较缓慢、稳固的情绪，一般情况下，两者作为相同的概念使用。

三、情绪和情感对旅游行为的影响

人的任何活动都需要一定程度的情绪和情感的激发才能顺利进行，而情绪和情感又会引起机体机能的变化，因此，情绪和情感无论对人的行为还是对自身机体，均有重要影响。

1. 情绪影响旅游动机和旅游态度

不同的旅游对象、旅游活动和旅游服务，引起不同的情绪状态，影响人们的旅游态度和旅游动机。喜欢、愉快等情绪可以增强积极的旅游态度和旅游动机，增加做出选择决定的可能，消极的情绪会削弱积极的旅游态度和旅游动机。

2. 情绪和情感影响旅游行为和活动效率

旅游活动及人的一切活动，都需要配合性质上积极、强度上适宜的情绪状态，才能取得最好的活动效率，否则，将会使活动效率降低，或不能正常进行。从情绪的性质来讲，积极的情绪，如热情、愉快，可以激发人的能力，提高活动效率；而消极的情绪，如烦恼、悲哀、惊恐等，则会在一定程度上降低人的活动能力，导致较低的活动效率。从情绪的强度讲，过高或过低的情绪水平都不会产生最佳的活动效率。因为过低的情绪不能有效地激发人的能力，而过高的情绪则会对活动产生情绪干扰。

另外，凡是能引起愉快情绪的对象和活动，一般来说，人的行为反应就趋向它，想拥有它和参加这种活动，而对于那些可能引起不愉快情绪的对象和活动，人们就总想避开它。

在旅游过程中，使游客始终保持愉快的情绪和热情，有利于提高活动的效率。但面对某些游客不适宜参加的活动，通过对他们说明由此可能产生的严重后果，使他们产生惧怕心理，可以使他们为了避免不愉快的后果而放弃参加这种活动。如对患高血压的游客讲明，乘坐翻滚过山车有造成生命危险的可能，就可以使他放弃这项活动。

人在观察、记忆事物和回忆、思考问题时，需要一定的热情和适度的紧张等积极情绪状态，在积极愉快的情绪状态下，才能观察得细致、全面和深刻，记忆才能牢固，创造力和想象力才能够得到较好的发挥而浮想联翩。烦躁不安、过度紧张、激动及悲哀、惊恐等消极情绪，会干扰和抑制心理活动的进行，降低智力活动水平，使观察、记忆、思考的效果受到影响。例如，没有心思去看、去听、去想，或本来能记住的东西也回忆不起来了等。在旅游活动中，每个人都希望能看到更多的内容，能够很好地理解所看到的事物，观察、记忆、思维和想象等心理活动十分活跃，其进行的状况和结果如何，直接决定着旅游活动的质量和效果。因此，使游客在旅游中保持积极愉快的情绪状态，既是旅游的目的，又是使旅游活动正常进行的重要条件。

3. 情绪影响旅游者的意志力

人们对旅游活动的高度热情可以增强持续进行旅游活动的意志力，战胜旅游中的艰辛，克服旅游中遇到的困难，努力完成旅游的计划和实现既定的目标。

4. 情绪影响旅游中的人际关系和心理气氛

人在良好的情绪状态下，会增加对人际关系的需要，对人际交往表现出更大的主动性，并且容易使别人接纳，愿意与之交往。旅游者、旅游接待者都具有良好的情绪，可以增加心理相容度，产生良好的心理气氛。

5. 情绪、情感影响身体健康

情绪活动可以引起机体器官生理机能的变化，人在恼怒、悲哀的情绪状态下不思饮食，在气恼、忧伤、激动的情绪状态下难以入眠，平时有人常说"气得我睡不着觉，气得我头疼"等，就是这种影响的表现。人长期处在消极的情绪状态下，生理机能受到损害而造成健康水平下降的例子，随时都能见到。

人们喜欢并积极参加旅游活动是为了增进身心健康，旅游愉快是人们的愿望。如果不能保持积极愉快的心情，不仅会引起生理机能的下降，使旅游中某些活动的效果受到影响，而且会影响游客的身体健康。例如，在气急的情绪下品尝菜肴，由于感觉、知觉能力下降，消化机能降低，品尝的效果会大大降低。这不仅是游客所特别反对的，也是旅游接待者的职业道德所不容许的。

从情绪、情感的作用上我们看到，诱导游客产生积极情绪，并始终保持积极的情绪，是取得良好的旅游效果的重要心理条件，是使旅游取得成功的重要保证。

四、情绪和情感的特性

(一) 情绪和情感的两极性

1. 肯定性和否定性的两极对立

例如，喜欢、高兴、热爱、满意等是肯定性的情绪和情感，厌恶、悲哀、憎恨、绝望等是否定性的情绪和情感。

2. 积极和消极的对立

积极的(增力的)情绪(如愉快、热情、热爱)能增强人的活动能力，促使人去积极地行动。消极的(减力的)情绪(如烦恼、不满、悲伤、忧愁、惊恐)能降低人的活动能力。在有些情况下，同一情绪可以既有积极的性质又有消极的性质。例如，在危险情境下产生的恐惧情绪，既会抑制人的行动，减弱人的精力，又可以驱使人们动员自己的力量向危险情景作斗争。

3. 紧张和轻松的对立

紧急和轻松一般与人所处的情景、面对的任务、对个人需要的影响相联系。当人所处的情景直接影响到个人重大需要的满足，以及面临重大任务需要完成时，人们的情绪就会紧张起来；相反，则比较轻松。例如，旅游中乘飞机时，飞机发生了故障，严重威胁着旅客的安全需求，这时情绪就会紧张起来；当故障排除，安全需求得到实现，紧张情绪就会消失而产生轻松的情绪。人们面临重大任务时就会产生紧张情绪，激发起自身的力量，以便去完成所面临的任务。一般来说，紧张情绪与人的活动的积极状态相联系，人们进行的任何活动，都需要激发起一定紧张度的情绪。否则，情绪处在很低的水平而松松垮垮，甚至处在半睡眠状态，是无法适应任务和活动的要求的。但过度的紧张情绪也会引起抑制，造成心理活动的干扰和行为的失调。

4. 激动和平静的对立

激动的情绪表现为强烈的、短暂的，然而是爆发式的心理体验，如激愤、狂喜、绝望、激情的产生，往往与人们在生活中占重要地位、起重要作用的事情的出现有关，而且这些事件违反原来的意愿并以出乎意料的形式出现。与激动的情绪相对立的是平静的情绪。人们在大多数情况下是处在平静的情绪状态之中的，在这种状态下，人们能从事持久的智力活动。

5. 强与弱的两极性

许多类别的情绪都有由强到弱的等级变化，如从微弱的不安到强烈的激动，从愉快到狂喜，从微愠到暴怒，从担心到恐惧等。情绪的强度越大，人自身被情绪卷入的程度越大。情绪的强度决定于事件和活动对人的意义的大小，以及人的既定目标和动机是否能够实现。

上述每一对对立的情绪之间，都存在强度不同的中间情绪状态，如非常满意与非常不满意之间有很满意、满意、不满意、很不满意，非常积极和非常消极之间有很积极、积极、消极、很消极。处于两级的情绪也可以在同一事件中同时出现或相继出现。例如，在旅游活动中，虽然感到辛苦但同时感到愉快；登山虽然很辛苦，但登上顶峰后会感到欣喜和自豪。平时讲的"苦尽甘来"、"乐极生悲"就是对立情绪的相继出现，人们常说的"悲喜交加"就是对对立情绪同时存在的概括。

(二) 情绪和情感的扩散性

情绪和情感的扩散性有两种，一种是内扩散，另一种是外扩散。

1. 内扩散

情绪在主体自身的扩散叫内扩散，它表现为主体对某一对象产生的某种情绪体验，影响主体对其他对象也产生同样的情绪体验。例如，一个人对某一件事情产生了愉快的情绪，这种情绪影响这个人在看到其他事情时也感到顺心如意；或在某件事情引起的不愉快情绪的影响下，对其他事情就觉得不那么顺眼，这就是情绪的内扩散。前一种是积极情绪的内扩散，后一种是消极情绪的内扩散。情绪的内扩散如果形成人的比较持久的状态，就是心境。

2. 外扩散

一个人的情绪影响到别人，使别人也产生相同的情绪，这种情况叫做情绪的外扩散，通常也可以称为情绪的感染性。一个人的情绪或心境，在与别人的交往过程中，通过言语、动作、表情影响到别人，引起情绪上的共鸣。例如，旅游中导游讲解时的情绪会影响游客，这就是外扩散的具体表现。

在旅游接待工作中，我们应当防止不良情绪的扩散，利用良好情绪的扩散。我们强调服务要热情、态度要好，要微笑服务，其重要作用之一就是利用情绪的外扩散特性，诱发游客产生积极的情绪，以提高服务效果和旅游效果。为了防止不良情绪的扩散，包括防止主客的相互扩散和客人之间的相互扩散，在旅游接待工作中要及时发现问题，及时解决问题。

五、情绪和情感的作用

情绪、情感是人的精神活动的重要组成部分，在人类的心理生活和社会实践中，有着极为重要的作用。

(一) 动机作用

动机和情绪有着密切的关系。

从情绪和行为的关系来看，情绪对行为有促进作用，也有干扰作用。我们知道，动机是引发并维持个体行为的内在动力，由动机引发、维持的行为是有组织、有目的、有方向的活动。情绪情感是激励人的活动，提高人的活动效率的动力因素之一。适度的情绪兴奋性，可使身心处于活动的最佳状态，进而推动人有效地完成工作任务。研究证明，适当的紧张和焦虑能促使人积极地思考和成功地解决问题。没有一点紧张，或者过度的紧张或焦虑将不利于问题的解决。在战场上，战士为保卫祖国英勇杀敌等，都出于他们对祖国和人民的无限热爱，对旧势力和侵略者的无比憎恨。可见，炽烈的情绪情感可以产生伟大的力量，推动人们为社会做出重要的贡献。

但是情绪和情感有时也有干扰作用。当人的行为受到阻碍而产生消极情绪时，这种情绪会干扰有序的动机性行为，妨碍活动的进程，降低活动的效率。

(二) 适应作用

在现代社会中科学不断进步，文化不断发展，社会不断变革而社会价值、社会规范、社会观念也随之不断变化，这就使个人对环境的适应发生了困难。现代人适应现代社会发展的要求，往往通过调节情绪来对付日趋复杂的工作和人际关系。一种新观念、新情况的出现，人们不可能用以往有效的方式做出适当的反应，因而出现某种情绪的困扰。如果这种情绪困扰长期不能解除，就不能适应正常的学习、生活和工作，这不仅会影响活动效率，而且有损身心健康。医学心理学研究和临床经验证明，情绪因素既是致病因素，又是治病因素。长期情绪困扰会导致焦虑、压抑，引起某些心身性疾病，如偏头痛、高血压、胃溃疡等，以致引起神经症或精神病。因此，对情绪进行自我控制、引导、调节和适当地发泄，既有利于人们适应当今复杂的社会生活，有利于工作，也有利于身心健康。而旅游活动所带来的积极情绪状态，正是有利于身心健康的。

(三) 信号作用

情绪和情感是人们在学习、工作和生活中相互影响的一种重要方式，它在人与人之间具有传递信息、沟通思想的功能。这种功能是通过情绪情感的外部表现——表情来实现的。表情是思想的信号，是人际交往的形式之一。人们在社会生活中，在许多场合下，彼此的思想、愿望、需要、态度或观点，不能言传，只能意会，只能通过表情来传递信息，从而达到沟通思想、相互了解的目的。例如，微笑的表情，常常表示需要得到满足或对他人的行为表示赞赏；痛苦的表情，往往表示个人对某种对象的需求或感觉状态；悲伤多伴随人对所失的惋惜；气愤则表示对某人某事的否定态度等。这些都表明情绪情感的信号作用，它们通过表情动作传递信息，使人对环境事件的认识、态度和观点更具表现力，更易为他人感知和理解，成为人际行为的重要线索。

第二节　情绪和情感的种类

一、情绪的种类

(一) 情绪的基本类别

人类的情绪表现多种多样、千姿百态，谁也难以说出人类究竟有多少种不同的情绪，因此，情绪的分类成为一个十分复杂和困难的问题。多年来，心理学家对情绪的分类进行了许多研究，试图确立人类的基本情绪，但是由于使用的方法不同，结论也是各种各样的。

我国心理学家林传鼎早在1944年，通过查阅《说文解字》，找出9353个正篆，发现其中有354个是描述人的情绪表现的字，按其解释的意思可分为18类，即安静、喜悦、愤怒、哀怜、悲痛、忧愁、焦急、烦闷、恐惧、惊骇、恭敬、抚爱、憎恶、贪欲、嫉妒、傲慢、惭愧、耻辱。20世纪70年代初，美国心理学家伊扎德用因素分析和逻辑分析的方法，提出一个"情绪分类表"，其中包括9种基本情绪，即兴奋、喜悦、惊骇、悲痛、憎恶、愤怒、羞耻、恐惧、傲慢。

下面我们详细谈谈4种基本情绪,即快乐、愤怒、恐惧和悲哀。

1. 快乐

快乐是一个人追求并达到所盼望的目的时产生的情绪体验。快乐的程度取决于愿望实现、目的达到的意外性(料想不到的程度)。一场球赛,甲方实力大大强于乙方,如果甲方一直领先,他们固然感到高兴,如果甲方最后败给了乙方,乙方意外地战胜了甲方,取得了料想不到的胜利,那么乙方队员将表现更大的欢喜。人们在旅游活动中顺利地欣赏到优美的自然风光,参加愉快而富有情趣的旅游活动,就会产生快乐的情绪体验。

快乐有强度上的差异,从满意开始到愉快,再到欢乐,直到狂喜。快乐的情绪常常与新颖别致的结构形象、绚丽协调的色彩、美妙动听的音乐、芬芳的香气等事物的感性特征联系在一起。

2. 愤怒

愤怒是由于他人或他事妨碍目的达到,从而使紧张积累而产生的情绪体验。愤怒的发展和对妨碍物的意识程度有直接关系。一般说来,如果一个人完全不知道是什么人或事在妨碍,干扰他达到既定目的时,愤怒并不明显地表现出来,一旦他清楚地意识到是什么东西妨碍他达到目的,并知道其不合理或属于恶意时,愤怒便会骤然发生,并对引起愤怒的对象常常表现出攻击性的行为。例如,旅游活动过程中不能按计划的时间坐上飞机,不能住进预订的饭店,计划中重要的参观游览项目被接待方单方面取消了,或者是旅游接待人员服务不到位等,都会引起旅游者的愤怒情绪。愤怒依据强度不同,有不同的等级,这在情绪、情感两极性这一问题中已谈到了,在此不再赘述。

3. 恐惧

恐惧是企图摆脱、逃避某种危险情景时产生的情绪体验。引起恐惧的重要原因是缺乏处理可怕情景的能力或缺少对付危险的手段。当一个人不知道用什么办法击退威胁,或者发现自己企图逃脱的路径被堵塞,因而被一种不可抗拒的力量包围时,恐惧就产生了。突然发生的地震引起人们的恐惧就是一例。当人们习惯了危险的情景,或者学会了应付危险情景的办法时,恐惧就不会发生。如果情景发生变化或者掌握的办法已失效,恐惧将重新来临。自然,由于个人的个性、经验不同,相同的危险情景可能引起不同的反应。具有镇静、勇敢、机警等性格的人容易战胜或者摆脱危险,因而表现出无所畏惧的特点。

4. 悲哀

悲哀是在失去自己心爱的对象(人或物)或在自己的理想或愿望破灭时所产生的情绪体验。悲哀的程度取决于所失去的对象的重要性和价值。人们常常因为失去了亲人而悲痛,有时也因为失去贵重的东西而悲伤。悲哀可释放哭泣。悲哀也有强度的差异,从失望到遗憾、难过,再到悲伤,直到哀痛。悲哀并不总是消极的,它在一定的主客观条件下可以转化为力量。

以上4种情绪是人类的基本情绪,在基本情绪的基础上,可以派生出多种复杂的情绪。

这些情绪，有的与感觉刺激有关，如疼痛、厌恶、烦恼、愉快等，有的与自我评价有关，如骄傲、羞耻、内疚、悔恨等；有的与他人有关，如喜欢、接纳、拒绝、同情、冷漠、爱、恨等。

人类的基本情绪的内容反映一定社会的、阶级的、民族的、文化的、道德的特征，因而具有社会性。

(二) 情绪状态

情绪状态是指在某种事件或情景的影响下，在一定时间内所产生的激动不安状态，其中最典型的情绪状态有心境、激情、应激和挫折。

1. 心境

人的心境是指比较平静而持久的情绪状态。心境具有弥漫性，它不是关于某一事物的特定的体验，而是以同样的态度体验对待一切事物。

心境持续时间有很大差别。某种心境可能持续几小时，另一些心境可能持续几周、几个月或更长的时间。一种心境的持续时间依赖于引起心境的客观环境和主体的个性特点。在一般情况下，重大事件引起的心境具有较长的持续时间，如失去亲人往往使人产生较长时间的郁闷心境。同样，一个人取得了重大的成就(如高考被录取、实验获得成功、作品初次问世等)，在一定时期内会使人处于积极、愉快的心境中。个性特征也能影响心境的持续时间，同一件事对有的人的心境影响较小，而对另外一些人则影响较大。前者事过境迁，而后者耿耿于怀，长时间处于某种心境之下，这和人的气质、性格有一定关系。

心境产生的原因是多方面的。生活中的顺境和逆境、工作中的成功与失败、人们之间的关系是否融洽、个人的健康状况、自然环境的变化等，都可能成为引起某种心境的原因。

心境对人的生活、工作、学习、健康有很大的影响。积极向上的乐观心境，可以提高人的活动效率，增强信心，对未来充满希望，有益于健康；消极悲观的心境，会降低人的活动效率，使人丧失信心和希望，经常处于焦虑状态，有损于健康。人的世界观、理想和信念决定心境的基本倾向，对心境有着重要的调节作用。

2. 激情

激情是一种强烈的、暴发性的、为时短促的情绪状态。这种情绪状态通常是由对个人有重大意义的事件引起的。重大的成功之后的狂喜，惨遭失败之后的绝望，亲人突然死亡引起的极度悲伤，突如其来的危险所带来的异常恐惧等，都是激情状态。激情状态往往伴随有生理变化和明显的外部行为表现。例如，盛怒时全身肌肉紧张，双目怒视，怒发冲冠，咬牙切齿，紧握双拳等；狂喜时眉开眼笑、手舞足蹈；极度恐惧、悲痛和愤怒之后，可能导致精神衰竭、晕倒、发呆，甚至出现所谓的激情休克现象，有时表现为过度兴奋、言语紊乱、动作失调。

激情状态下，人往往出现"意识狭窄"现象，即认识活动的范围缩小，理智分析能力受到抑制，自我控制能力减弱，进而使人的行为失去控制，甚至做出一些鲁莽的行为或动作。有人用激情暴发来原谅自己的错误，认为"激情时完全失去理智，自己无法控制"，这种说法是不对的。人能够意识到自己的激情状态，也能够有意识地调节和控制它。因此，任何人对在激情状态下的失控行为所造成的不良后果都是要负责任的。

要善于控制自己的激情,作自己情绪的主人。培养坚强的意志品质、提高自我控制的能力可以达到这个目的。然而,激情并不总是消极的。在我国发射卫星成功时的兴高采烈,我国运动员在国际比赛中取得金牌时的欣喜若狂,这些激情中包含着强烈的爱国主义情感,是激励人上进的强大动力。

3. 应激

应激是指人对某种意外的环境刺激所做出的适应性的反应。例如,人们遇到某种意外危险或面临某种突然事变时,他们必须集中自己的智慧和经验,动员自己的全部力量,迅速做出抉择,采取有效行动,此时人的身心处于高度紧张状态,即为应激状态。

例如,飞机在飞行中,发动机突然发生故障,驾驶员紧急与地面联系着陆;正常行驶的汽车意外地遇到障碍物时,司机紧急刹车;战士排除定时炸弹时的紧张而又小心的行为等。在这些情况下,人们所产生的一种特殊紧张的情绪体验,就是应激状态。

应激状态的产生与人面临的情境及人对自己能力的估计有关。当情境对他提出了过高的要求,而他意识到自己无力应付当前情境的过高要求时,人就会体验到紧张而处于应激状态。

人在应激状态下,会引起机体的一系列生物性反应,如肌肉紧张,血压、心率、呼吸及腺体活动都会发生明显的变化。这些变化有助于适应急剧变化的环境刺激,维护机体功能的完整性。加拿大学者汉斯·塞里把这种变化称为适应综合征,并指出这种适应综合征包括动员、阻抗和衰竭3个阶段。动员阶段是指有机体在受到外界紧张刺激时,会通过自身的生理机能的变化和调节来进行适应性的防御。阻抗阶段是通过心律和呼吸加快、血压升高、血糖增加等变化,充分动员人体的潜能,以对付环境的突变。衰竭阶段是指引起紧张的刺激继续存在,阻抗持续下去,此时必需的适应能力已用尽,机体会被其自身的防御力量所损害,结果导致适应性疾病。可见,"应激是在某些情况下可能导致疾病的机制之一"。

4. 挫折

挫折是在个人行为目的受到阻碍后所引起的情绪状态。挫折是在否定的社会评价和自我评价的情况下发生的。引起挫折的情境可分成主观因素和客观因素。凡是自然界和社会加给个人的困难和限制均属客观因素,如空间、时间的限制,生老病死,天然灾害等,凡是由于个人的条件限制而无法达到目的的情形均属主观因素,如个人的能力低,人格有缺陷,内心存在矛盾、冲突等。

同一挫折情境不一定使所有的人都产生挫折心理。这和每个人对挫折的容忍力有关。所谓对挫折的容忍力是指个人遇到挫折时,行为免于失常的能力,换句话说,挫折的容忍力是指个人抵抗打击或失败的能力。这种能力与个人的意志特征和坚强信念有直接关系。

人受挫折后会引起各种反应。

(1) 攻击性行为。人受挫折后立即产生的反应多是攻击性行为。因此,依据攻击性行为的出现,可以判断挫折的存在。攻击性行为通常表现为两种,一为直接攻击,二为转向攻击。

(2) 冷漠。冷漠包含着愤怒,是愤怒暂时受压抑时,以间接方式表示的反抗。心理学家吉姆布莱等人的研究认为,冷漠将在以下4种情况下出现:①长期遭受挫折;②个人感到无力无望;③情境中包含着心理恐惧和生理痛苦;④个人心理上有攻击与抑制的冲突。

(3) 幻想。有时也叫"白日梦"。它是指个人遭到挫折后，陷入一种想象境界中，以非现实的方式对待挫折或解决问题。即暂时离开现实，在由自己的想象而构成的好似梦境中获得满足。幻想对挫折后的情绪有缓冲作用，可增强对未来的信心，但幻想终究代替不了现实，它不能解决任何实际问题。

人受挫折以后，可能长期被失败的情绪所困扰，久而久之，便会产生一种不安兼恐惧的情绪状态，这种情绪状态不是暂时性的而是心境化的情绪状态，即焦虑。焦虑有助于解决问题，但过度焦虑影响身体健康，严重时可能导致心理变态。

二、情感的种类

情感是同人的社会性需要相联系的主观体验，是人类所特有的心理现象之一。人类高级的社会性情感主要有道德感、理智感和美感。

(一) 道德感

道德感是根据一定的道德标准在评价人的思想意图和行为时所产生的主观体验。道德属于社会历史范畴，不同时代、不同民族、不同阶级有着不同的道德评价标准。社会主义社会的最高道德标准是为实现共产主义而奋斗。如果自己的言行符合这一标准，就会产生幸福感、自豪感和自慰感，如果自己的言行不符合这一标准，就会感到不安、自责、内疚等。同样，当别人的言行符合这些标准时，人们会对他产生爱慕、崇敬、尊重、钦佩等情感，而对那些违背这一标准的思想和行为，人们就会产生厌恶、反感、鄙视、憎恨等体验。例如，舍己救人的张华，坚持真理、宁死不屈的张志新，身患绝症工作到生命终止的赵春娥等，都是具有高尚道德情感的典型人物，是永远值得人们称颂和纪念的。

道德感是在人们的共同生活中产生发展并受社会上占统治地位的道德标准所决定的，不同的社会历史阶段、不同的阶级，具有不同的道德标准，也就有不同的道德感。开展国际旅游，会接待来自不同社会经济、政治、文化背景、道德传统的国家的游客，旅游接待人员应讲究礼貌，尊重他们的传统。但是，游客应该懂得尊重当地人民的感情，避免做出有悖当地道德标准的事情，以保证旅游的顺利、愉快。在这方面，接待人员有责任在必要时给游客以帮助，介绍一些他们应该了解但还不清楚的问题。

(二) 理智感

理智感是在智力活动过程中，在认识和评价事物时所产生的情感体验。例如，人们在探索未知的事件时所表现的求知的欲望，认识的兴趣和好奇心，在解决问题过程中出现的迟疑、惊讶、焦躁及问题解决后的喜悦、快慰，在评价事物时坚持自己见解的热情，为真理献身时感到的幸福与自豪，由于违背和歪曲了事实真相而感到羞愧等，都属于理智感。

理智感对人们学习科学知识、认识和掌握事物发展的客观规律具有动力作用，这种作用的大小同个人已有的知识水平、学习的愿望有关。在能否认识和坚持真理的过程中所产生的苦和乐同人的理想、世界观有关。

(三) 美感

美感是根据一定的审美标准评价事物时所产生的情感体验。人的审美标准既反映事物

的客观属性，又受个人的思想观点和价值观念的影响。因此，在不同文化背景下，不同民族、不同阶级的人对事物美的评价既有共同的方面，也有不同的地方。例如，人们普遍认为仙鹤的形象和颜色是美的，而鳄鱼的形象是丑的，但具体的人由于经验不同，可能对它们做出不同的美的评价。

美感作为情感的一种形式，也是由客观情境引起的，这包括两个方面的内容：一方面是自然景象和人类创造物的特性。前者如昆明的石林、桂林的山水、北京香山的红叶等，后者如北京的故宫、武汉的黄鹤楼、南京长江大桥及一切艺术品。它们精美的造型、奇特的结构、绚丽的色彩、雄伟的气势，真是美不胜收。自然现象和人类创造物的这些美的特性，能引起人们愉快的和肯定的情感体验。但在自然界或人类创造物中也有丑的特性，如不成比例的造型、破烂的结构、不协调的色彩等，则能引起人们不愉快的否定的情感体验。另一方面，人类的社会道德品质和行为特征，也能引起美的体验。那些为人善良、纯朴、诚实、坚强、公正坦率、不徇私情、有自我牺牲精神的品质和行为都是美的。而那些丑恶的品质和行为，如损人利己、虚伪、胆小怕事、两面三刀、狡猾奸诈等，会引起人们的厌恶、憎恨的情感体验。可见，美感是按一定的标准评价自然特性和社会行为特性时所产生的内心体验。

人们参加旅游活动的动机之一就是希望欣赏美的山水风光和各种美的事物，由于审美标准和鉴赏能力的不同，他们的美感体验程度也不同。为了使游客得到更深的美感体验，获得最大的美的享受，导游应当认真进行介绍，以弥补某些游客审美能力的不足。

在日常生活中，人们的穿衣、戴帽，各有所喜，各有所爱，这是由每个人的审美观点所决定的，这主要是形式上的美，对一个人来讲更主要的是思想美、行为美和心灵美，言语作为人们交流思想、传达感情的工具，反映了一个人的思想和修养水平，影响人与人之间相互关系的建立和发展，影响着人与人之间的友谊。旅游作为人与人之间友好交往的形式，应当注意礼节礼貌，语言美是应当注意的问题之一。

旅游活动无论是从休息娱乐的角度，还是从增长知识、陶冶情操的角度，或者从人与人之间的友好交往看，不仅需要积极愉快的情绪，更需要道德感、理智感和美感这些高级的情感。旅游业应当重视人们在旅游中对这些情感的需要，从各方面提供条件，使人们通过旅游活动既能达到休息娱乐的目的，又能满足对知识的追求；既能产生积极愉快的情绪，又能在道德感、理智感和美感这些高级情感方面有新的感受，这是我国旅游业应该具有的内容和功能。

第三节　掌控情绪

一、情绪的表现

人的情绪情感在外界环境的刺激下会发生各种变化，同时伴有相应的外部表现。情绪发生时表现在身体外部的生理变化被称为表情。表情在社会生活中起着很大的作用。它是表达心理、交流心理的重要手段。虽然人们表达心理、交流心理的主要手段是语言，但在某些情况下，表情比语言还重要。因为有些心理状态是无法用语言来表达的。例如，我们有时听人说某某人实在"太那个了"，这就是用语言说不出来的表现。有时人们心口不一，如口是心非现象：心里反对，嘴里赞成。巧言令色对人类而言是一种经常性的行为。察言观色则可以发现人真实的心理状态。语言可以把心理状态掩蔽起来，表情却不容易掩蔽。例如，服务人员嘴里说全心全意为客人服务，但在实际工作中如果流露出不耐烦或不屑一顾的表情，那么客人肯定能觉察出来的。对人类来说，表情和动作的效用是很大的。在一般情况下，一个正常的成年人是能够根据对方的表情、动作来判断他的心理的。

关于表情，进化论的首创者达尔文有过细微的观察。他写过一本书——《人类和动物的表情》。他用进化论的观点来说明表情的效用，他认为表情在动物的进化上，是它们生存竞争与适应环境的手段之一。按照达尔文的观点，无论动植物的形态结构或机能如何，都是有利于它们个体生存和种族延续的。植物的形状、颜色，动物的动作，都有利于它们适应环境。凡是无利的方面，就逐渐被淘汰；而有利的方面则越来越发达。他认为表情也是如此。表情不是一种无关紧要的、偶然的附带现象，它和动物的其他活动一样，有生存竞争的意义。

人类的表情虽然还有动物表情遗留的痕迹，但已不像动物表情那样，对适应环境起直接的作用。人类的表情是复杂而细腻的，它可表达种种心理内容，还可表达语言不能表达或不便表达的心理活动。

我们知道，情绪的变化会引起机体的生理变化及表情动作的变化。因此，可以通过测量机体的生理变化和观察表情变化，间接地去了解别人的情绪。人在发生情绪变化时，会引起呼吸系统、循环系统及生物电的变化。利用现代医学仪器，通过测量呼吸、心跳、血压、脑电图等的变化，可以了解人的情绪变化。

与人的情绪变化有关的表情有以下几种：

1. 面部表情

不同的情绪状态下有不同的面部表情：高兴时眉开眼笑，满面红光；羞怯时面红耳赤，眼光避开；愤怒时脸上青筋暴露，目光灼灼逼人。

面部表情一是看眼睛，二是看面部大肌肉群的运动。仅眼光就有好多种：友好的眼光、温和的眼光、探究的眼光、怀疑的眼光、贪婪的眼光、放肆的眼光等。实验证明，人在看到喜爱的对象时瞳孔放大，眼睛发亮。

2. 身段表情

身体的姿态是表达情绪的一种方式，其中以手、足的动作最明显：高兴时手舞足蹈、拍手鼓掌；懊恼时捶胸顿足；焦急时两手相搓。

值得注意的是，不同民族、不同文化背景的人，在面部表情上大体一致，而在身段表情上存在差别。例如，有的国家摇头表示赞成，点头表示反对。

3. 言语表情

情绪在言语的音调、强度、节奏和速度方面会表现出来，称为言语表情。说话时细声细语，有气无力或嗓门大开，就表现出不同的情绪状态。

高兴时，音调比较高，速度比较快，语音高低差别比较大；悲哀时，音调低、缓慢，语调高低差别比较小；愤怒时，音调比较高，速度特别快。

二、引起情绪情感变化的原因

旅游者的旅游行为是其满足某种需要的社会性活动，旅游者的情绪影响着他的行为，而其行为也受到情绪的影响，二者具有相互制约的互动关系。

旅游者在其旅游活动过程中所接触到的一切，都会引起情绪的变化。具体说来，影响旅游者情绪的因素主要有以下几个方面。

（一）需要是否得到满足

旅游者参加某个线路的旅游活动，或者入住某一个旅游涉外饭店就是为了满足其某种需要。例如，为了身体健康的需要，为了商务活动的需要，为了得到别人尊重的需要等。需要是情绪产生的主观前提。人的需要能否得到满足，决定着情绪的性质。如果饭店能够满足人们的需要，客人就会产生积极肯定的情绪，如高兴、喜欢、满意等。如果客人的需要得不到满足，就会产生否定的、消极的情绪，如不满、失望等。

（二）活动是否顺利

需要是动机的基础，为了满足需要，人们在动机的支配下产生行动，不仅行动的结果产生情绪，而且在行动过程中是否顺利也会引起不同的心理体验。在整个旅游活动的过程中如果一切活动顺利，旅游者就会产生愉快、满意、轻松等情绪体验；如果活动不顺利，出现这样或那样的差错，客人就会产生不愉快、紧张、焦虑等情绪。旅游者在旅游活动过程中的情绪表现，我们应当特别注意。因为旅游者的旅游活动过程本身就是一个很好的激励因素，其中就有情绪的产生，并反过来对旅游者旅游活动的继续产生积极或消极作用。

（三）客观条件

客观条件是一种外在刺激，它会使人产生一定的情绪。旅游者旅游活动中的客观条件包括旅游目的地的景观建设、旅游项目的精彩程度、饭店的服务项目、接待设施、周围环境、交通、通信等状况。此外，地理位置、气候条件等也是影响客人情绪的客观条件。例如，优美的自然景色使人产生美的情感体验，整洁的环境使人赏心悦目；脏乱的环境、刺耳的噪声，使人反感、不愉快。

（四）团体状况和人际关系

旅游者所在的旅游团队的团体状况和团体内部的人际关系，也能对旅游者的情绪产生影响。一个团体中成员之间心理相容，互相信任，团结和谐，就会使人心情舒畅，情绪积极；如果互不信任，互相戒备，则会随时都处在不安全的情绪之中。人与人之间在交往过程中，尊重别人，欢迎别人，同时也受别人尊重和欢迎，会产生亲密感、友谊感，心情必然是愉快的。言语是人际交往的工具，言语状况对情绪有明显的影响，俗话说"良言一句三冬暖，恶语伤人六月寒"，言语刻薄或是言辞不当，都会立即引起不愉快的情绪，甚至导致愤怒情绪的产生。

（五）身体状况

旅游活动需要一定的体力和精力作保证。身体健康、精力旺盛，是产生愉快情绪的原因之一。身体欠佳或过度疲劳，容易产生不良情绪。因此，旅游服务工作者应该注意旅游者的身心状态，使其保持积极愉悦的情绪，以保证旅游活动的正常进行。

了解引起情绪变化的原因，有利于我们创造或消除某些条件，以诱发良好情绪而避免不良情绪，这在旅游中，无论对游客还是对接待服务人员，都具有实际意义。

三、情绪的诱发和控制

分析情绪的目的，在于了解它的作用和产生的条件，以便创造有利条件，诱发游客的良好情绪，产生良好的旅游活动的效果。

(一) 创造有利于产生良好情绪的条件

(1) 创造满足游客需要的条件。旅游中要开展内容丰富多样的活动，满足游客对旅游活动内容的多种需要。安排好住、食、行，满足游客舒适、方便的需要。参观游览时，导游要认真讲解，满足游客求知审美的需要。组织安排好购物活动，满足游客纪念和象征心理的需要。

(2) 严格执行预定的活动计划，保证活动顺利进行，避免产生不愉快情绪。

(3) 旅游活动既要保证内容丰富，又要避免安排太紧张，以使游客保持旺盛的精力，有利于诱发良好的情绪。

(4) 接待服务要态度热情友好，注意礼貌，通过情绪扩散的作用，诱发游客产生良好的情绪。

(5) 随时观察游客的情绪变化，发现不良情绪的苗头，要及时帮助他们解决问题，避免不良情绪的扩散。

对于旅游接待人员来说，为了保持良好的心境，要注意自我修养。自我修养的核心是正确的人生观，有了这个前提，才会心胸博大、乐观进取，经常处在良好的心境中，"心底无私天地宽"，"一点浩然气，千里快哉风"，古今名人的名言，可作为我们自我修养的参考。

(二) 控制不良情绪

人难免产生不良的情绪，在各种不良情绪中尤以发怒对别人的不良影响最大。因此，应该特别注意控制不良激情的产生。控制的最好时机是在激情爆发之前。一旦激情爆发，则可采取以下措施。

(1) 转移注意力。暂时把注意力转向其他事物或问题，想点别的问题或做点别的事情，以抑制不良情绪的产生、扩散和强化。

(2) 减少刺激。消除引起不良情绪的刺激，或者离开引起不良情绪的现场，以使情绪平静下来。

本 章 小 结

1. 情绪和情感是人的心理体验，它的产生总是和一定客观对象相联系。情绪和情感是人们对客观事物态度体验及相应的行为反应。它包括刺激情景及其解释、主观体验、表情、神经过程及其生理唤醒等内容。

2. 情绪情感的特点：两极性和扩散性。

3. 情绪情感的分类：①基本情绪，包括快乐、愤怒、恐惧和悲哀；②情绪状态，心境、激情和应激。

4. 影响旅游者情绪情感的因素主要有：①旅游需要是否得到满足及满足的程度如何；②旅游活动顺利与否；③旅游者的个体因素，包括旅游者的身体状况等；④团体状况、人际关系等其他因素。

 案例分析

在那遥远的地方

我自幼生长在北方的大都市，对西北边陲充满了无限神往之情，后来从一个同学那里知道了以"草原和戈壁滩"闻名于世的新疆。"畅游新疆，激情之旅"的渴望便在我的心中萌发，并随着时间的推移而愈加强烈。

2000年8月，我兴奋地踏上了向往已久的世纪之旅。在新疆的20多天，我领略了天地造化带给新疆的宽广与精致，它的山、岩、湖、滩、寺等成就了其神奇隽永的山水画卷。然而，在我陶醉于她秀丽迷人的景色的同时，难免有些遗憾：当我首次满怀激情地奔向她时，本应纯净的草原上却散落着一些垃圾；当我准备一路畅游时，却有诸多的人为因素阻碍着我的行程。这并非风景本身之过，而是景区管理疏漏所致。建议景区相关部门加强对景点环境卫生的管理，使其水准与整个城市、地区的形象相符，同时，正确评估自身的旅游接待能力也是很有必要的。

分析：本案例说明，实际的旅游过程与游客对旅游的预期出现不利偏差时，游客会出现负向情绪情感。事前的美好期望与事实中的负面印象冲突的结果，无疑会感到"遗憾和失望"。

 心理测试

认识自己的情绪

测试说明：仔细阅读题目后，选择你认为对的答案。

1. 假如让你选择，你更喜欢（ ）。
   A. 同许多人一起工作并亲密接触
   B. 和一些人一起工作
   C. 独自工作

2. 当为解闷而读书时，你喜欢（ ）。
   A. 读史书、秘闻、传记类
   B. 读历史小说、"社会问题"小说
   C. 读幻想小说、荒诞小说

3. 对恐怖电影反应如何？（ ）
   A. 不能忍受
   B. 害怕
   C. 很喜欢

4. 以下哪种情况与你相符？（ ）
   A. 很少关心他人的事

B. 关心熟人的生活

C. 爱听新闻，关心别人的生活细节

5. 到外地时，你会(   )。

   A. 为亲戚们的平安感到高兴

   B. 陶醉于自然风光

   C. 希望去更多的地方

6. 你看电视剧时会哭或觉得要哭吗？(   )

   A. 经常

   B. 有时

   C. 从不

7. 路上遇见朋友时，通常是(   )。

   A. 点头问好

   B. 微笑、握手和问候

   C. 拥抱他们

8. 假如在飞机上有个烦人的陌生人要你听他讲自己的经历，你会(   )。

   A. 显示你颇有同感

   B. 真的很感兴趣

   C. 打断他，做自己的事

9. 你想过给报纸的问题专栏写稿吗？(   )

   A. 绝对没想过

   B. 有可能想过

   C. 想过

10. 当别人问你的个人隐私时，你会(   )。

    A. 感到不快活和气愤，拒绝回答

    B. 平静地说出你认为适当的话

    C. 虽然不快，但还是回答了

11. 在咖啡店里要了杯咖啡，这时发现邻座有一位姑娘在哭泣，你会(   )。

    A. 想说些安慰话，但却羞于启口

    B. 问她是否需要帮助

    C. 换个座位远离她

12. 在朋友家聚餐之后，朋友和其爱人激烈地吵了起来，你会(   )。

    A. 觉得不快，但无能为力

    B. 马上离开

    C. 尽力为他们排解

13. 送礼物给朋友，(   )。

    A. 仅仅在新年和他/她生日

    B. 全凭兴趣

    C. 在觉得有愧或忽视了他们时

14. 一个刚认识的人对你说了些恭维奉承话，你会(   )。

    A. 感到窘迫

B. 谨慎地观察对方

C. 非常喜欢听，并开始喜欢对方

15. 假如你因家事不快，上班时你会( )。

   A. 继续不快，并显露出来

   B. 工作起来，把烦恼丢在一边

   C. 尽量理智，但仍因压不住而发脾气

16. 生活中的一个重要关系破裂了，你会( )。

   A. 感到伤心，但尽可能正常生活

   B. 至少在短暂时间内感到痛心

   C. 无可奈何地摆脱忧伤之情

17. 一只迷路的小狗闯进你家，你会( )。

   A. 收养并照顾它

   B. 扔出去

   C. 想给它找个主人，找不到就让它安乐死

18. 对于信件或纪念品，你会( )。

   A. 刚收到时便无情地扔掉

   B. 保存多年

   C. 两年清理一次

19. 你会因内疚或痛苦而后悔吗？( )

   A. 是的，一直很久

   B. 偶尔后悔

   C. 从不后悔

20. 与一个很羞怯或紧张的人说话时，你会( )。

   A. 因此感到不安

   B. 觉得逗他讲话很有趣

   C. 有点生气

21. 你喜欢什么样的孩子？( )

   A. 很小的时候，而且有点可怜巴巴

   B. 长大了的时候

   C. 能同你谈话的时候，并且形成了自己的个性

22. 爱人抱怨你花在工作上的时间太多了，你会( )。

   A. 解释说这是为了你们两人的共同利益，然后仍像以前那样去做

   B. 试图把时间更多地花在家庭上

   C. 对两方面的要求感到矛盾，并试图使两方面都令人满意

23. 在一场非常精彩的演出结束后，你会( )。

   A. 用力鼓掌

   B. 勉强地鼓掌

   C. 加入鼓掌，但觉得很不自在

24. 当拿到母校出的一份刊物时，你会( )。

   A. 通读一遍后扔掉

B. 仔细阅读，并保存起来

C. 不看就扔进垃圾桶

25. 看到路对面有一个以前的朋友时，你会(　　)。

    A. 走开

    B. 走过去问好

    C. 招手，如对方没反应便走开

26. 知道一位朋友误解了你的行为，并且正在生你的气，你会(　　)。

    A. 尽快联系，做出解释

    B. 等朋友自己清醒过来

    C. 等待一个好时机再联系，但对误解的事不作解释

27. 你怎样对待不喜欢的礼物？(　　)

    A. 立即扔掉

    B. 热情地保存起来

    C. 藏起来，仅在赠者来访时才摆出来

28. 对示威游行、爱国主义行动、宗教仪式的态度如何？(　　)

    A. 冷淡

    B. 感动得流泪

    C. 使你窘迫

29. 你有没有毫无理由地感到过害怕？(　　)

    A. 经常

    B. 偶尔

    C. 从不

30. 你属于下面哪种情形？(　　)

    A. 十分留心自己的感情

    B. 总是凭感情办事

    C. 感情没什么要紧，结局才最重要

评分标准：

题号 \ 得分 \ 答案	A	B	C
1	3	2	1
2	1	2	3
3	1	3	2
4	1	2	3
5	1	3	2
6	3	2	1
7	1	2	3
8	2	3	1
9	1	2	3

续表

答案 得分 题号	A	B	C
10	3	1	2
11	2	3	1
12	2	1	3
13	1	3	2
14	2	1	3
15	3	1	2
16	2	3	1
17	3	1	2
18	1	3	2
19	3	2	1
20	2	3	1
21	3	1	2
22	1	3	2
23	3	1	2
24	2	3	1
25	1	3	2
26	3	1	2
27	1	3	2
28	1	3	2
29	3	2	1
30	2	3	1

说明：

70~90分：你的情绪类型属于冲动型。你很重感情，会意气用事。建议你以后遇事镇定一些。

51~69分：你的情绪类型属于不稳定型。你有时感情用事，有时又十分理性。一般很少与人争吵，爱惜生活，能够在生活中尽量让自己愉快、舒心。

30~50分：你的情绪类型是理智型。你有较强的自制力。你的缺点是对别人的情绪缺少反应，建议你目前放松一下自己。

思 考 题

1. 解释说明情绪与情感的概念。
2. 请解释情绪与情感对旅游行为的有哪些影响影响。
3. 举例说明情绪和情感的类型有哪些。
4. 请结合实际情况，分析引起情绪和情感变化的原因有哪些。

第六章　学习与旅游决策

通过对本章的学习，要求掌握：
- 学习的概念；
- 减少风险知觉的方法；
- 学习的过程；
- 行为学习理论的内容；
- 认知学习理论的内容。

通过对本章的学习，要求能够：
- 了解现代旅游者旅游行为的特点；
- 分析旅游决策风险的类型；
- 举例说明如何减少旅游决策风险。

在人类社会，人类的全部行为都包含着某种形式的学习。一个人在行为上的改变往往是由学习过程而引起的。人在面临障碍及解决问题的过程中所表现出来的行为也都受到学习过程的影响。

在旅游活动中，旅游者既是消费者，又是问题的解决者。一个人如何解决各种各样的旅游问题，如去什么地方旅游，什么时间出发，怎么去，逗留多长时间，选择什么样的饭店住宿，如何安排活动项目等。所有这些问题，会由于经济上、心理上、社会上、文化上，也就是个体因素和环境因素的原因并随着时间发生变化。这种情况会促使人们改变过去的行为来适应这种变化。学习的过程就是适应个体和环境变化的过程，它对人们的旅游行为产生很重要的影响。

现代旅游者正在从不成熟走向成熟，他们对旅游产品的知觉是建立在学习的基础上的，他们不断地学习，通过学习掌握知识、积累经验，为旅游决策做好准备。本章不是教旅游者如何学习，而是通过分析旅游者的学习行为，了解其对旅游决策的影响，使旅游工作者学会如何面对日益"精明"的现代旅游者，不断完善我们的旅游产品，适应激烈竞争的市场和满足现代旅游者日益增长的多方面的需求。

第一节　现代旅游者的特点与发展趋势

现代旅游者已不满足于以往的旅游方式，他们更具有开拓性和个性色彩。除了我们在结论中提及的文化程度高、旅游经验日益丰富、出国旅游者增多等特点外，现代旅游者还具有以下的特点和发展趋势。

1. 从茫然胆怯到经验丰富、信心十足

生活水平的提高使人们更多地参加旅游活动，并从中积累了丰富的经验。在旅游市场上，现代旅游者表现出成熟与自信，这是传统旅游者所不具备的。旅游团给人以安全的保证，旅游者只要交了钱，一切都由旅行社安排，个人风险较小。旅游团这种旅游方式从1841年托马斯·库克第一次组团旅游开始至今已有170多年了，这种形式的旅游方式对发展旅游业做出了重大贡献。然而，随着旅游者知识经验的增多，许多人已不满足于那种固定的、由人安排好的旅游，更倾向于按个人意志去探索外部世界，从事个体式的旅游。

2. 从标准化旅游到个性化旅游

现代旅游者和在其他方面的消费一样，越来越趋于摒弃那种无个性的大众化的"产品"，他们更希望能按照自己的个性决定购买适合自己的旅游产品。多样化与主题化的旅游产品颇受青睐，如"丝绸之旅"、"哈尔滨冰雪之旅"等。

3. 从前往已具知名度的景点到自己去探索发现新的"旅游胜地"

现代旅游者受猎奇心理的驱使，加之知识经验的日益丰富，探索的冲动很容易变成行动。他们更希望能到一般游人罕至的地方进行探险式的旅游。

4. 从"走马观花"式的巡游到"下马观花"式的滞留型旅游

现代旅游者的闲暇时间与旅游机会日益增多，往往会有计划地安排旅游活动。"走马观花"已不能满足其需要，旅游者倾向于每次旅游将在一两个目的地逗留一段时间仔细游览，而不是来去匆匆。

5. 从单纯的"旁观"到主动"参与"

现代旅游者已不再满足于在旅游中做一个旁观者，而是要参与到活动中去。现代化使生产分工越来越细，人们在日常工作中很难独自完成一个产品。旅游为人们提供了学习、展示各种才能的机会。旅游者在旅游中可以参与目的地的一些活动，如潜水、探险、园艺、烹调等，还可以参加当地的一些民俗节日庆典，了解风土人情等，从中可以体会到传统的旁观式旅游所体会不到的乐趣。

6. 从依附于旅游经营者和旅游服务人员到要求具有相对的"自主性"

传统的旅游者由于知识经验的缺乏，对旅游经营者和旅游服务人员具有极大的依赖性，希望他们把一切都安排好。现代旅游者则希望他们管好自己该管的事，不要面面俱到、什么都管，希望留给自己一定的自由度，使个性得以充分发挥。

以上这些现代旅游者的特点和发展趋势向我们提出了一个严峻的课题：现代旅游业如何适应现代旅游者的新要求。旅游从业者如果仍旧抱残守缺，按照传统的做法来经营，肯定会失去相当多的客源。这就要求我们对现代旅游者的特点和发展趋势详加考察，找出导致其发生变化的原因。我们发现，其中重要的原因之一就是现代旅游者的学习。随着其文化水平的提高、旅游经验的增多，旅游者对旅游业的要求必然会发生变化。

第二节　旅游者的学习

　　学习有广义、狭义之分。广义的学习是指人不断获得知识、经验和技能，形成新习惯，从而改变自己行为的一个较长的过程。从火的使用到宇宙飞船的太空航行，都是一系列极复杂的学习过程。狭义的学习是人对客观现实的认识过程，主要指人们有目的、有计划和有系统地掌握知识、技能和行为规范的一系列活动。

　　学习是一种普遍性的活动。学习活动自每个人出生开始一直持续到死亡，因为人的一生总是要把新信息运用到解决现实问题中去。在现实社会中，不仅人们的一切知识、经验和技能都是经过学习得来的，而且构成个性的重要组成部分，人的价值观、态度和信念也是通过学习得来的。由此可见，人在与环境相互作用的过程中，不仅能够保持过去的经验，而且能够运用这些经验改变习惯的行为。这种因经验而导致的行为改变就是学习。

　　学习的过程就是适应自身和环境变化的过程。例如，随着人们年龄的增大，会发现自己的行为也发生了变化。上了年纪的人发现他们再也不能爬山，或者不能忍受游者如云的旅游点拥挤、嘈杂的混乱状态。这些生理上、心理上发生的变化和生活环境的变化，都迫使人们改变自己的行为，以适应环境，这个适应也就是学习。

　　一般来说，学习的起因有以下来源：环境缺乏某种需要的物质或自身面临着欲达到目的所不得不克服的障碍，或者某一有机体缺乏对某一情境做出反应所需要的技能。例如，婴儿缺乏满足自身需要的运动技能，导致产生彼此冲突的反应倾向，表现出好奇和恐惧。

　　对许多人来说，娱乐旅游本身就是一种对现实生活状况的改变，刺激可能是由于长期不断的工作所带来的紧张，而这些人知道旅游可以减少这种紧张的反应。只要这个刺激和反应行为能带来满意的回报，他们将会继续旅游。事实上，由于城市化、工业化，节奏快的紧张生活和工作，他们只要往日历上瞥一眼，就可能会被激发起对旅游的强烈欲望。

　　学习是知识经验的获得及行为变化的过程，旅游者正是通过学习使自己成熟起来。20世纪末的旅游者和20世纪中叶的旅游者相比已发生了根本的变化，这主要是旅游者学习的结果。

一、旅游决策的风险与学习

　　如同其他消费品一样，摆在旅游者面前的旅游产品也是五花八门、多种多样的。如何利用有限的金钱、时间去享受优质的旅游产品已成为旅游者作旅游决策时必须考虑的问题。购买决策是一个选择的过程，其中包含着风险因素和未知因素。因为世界是复杂的、多变的，人们需要不断地学习。虽然已有的经验能帮助人们解决一些问题，但旅游市场和旅游产品是不断变化的，有经验的旅游者也要继续学习。现代旅游者在作决策时仍然面临着风险和不可知因素。一般常见的风险有功能性风险、心理社会性风险及知觉性风险。

　　"在家百般好，出门万般难"，人们对旅游既充满渴望，又充满恐惧。旅游活动可能产生各种各样的风险，更不用说那些冒险性的旅游了。虽然大部分旅游者希望旅游风险越小越好，但对那些疯狂的旅游者来说则恰恰相反，他们希望风险越大越好，往往打破常规，探险，穿越沙漠，海上航行，探索峡谷、洞穴、极地无人地带等，风险越大越能激发他们的旅游热情。有些人甚至可以放弃生活中的一切去进行冒险旅游。所以说,现代旅游者在作决策时仍然面临着风险和很多不可知的因素。

(一) 旅游者的旅游决策风险的种类

1. 安全风险知觉

旅途中的安全风险知觉包括对身体、财产等方面的安全的考虑。旅游者在旅游中比较注意景点、旅游活动是否对身体有危害,食宿是否安全,交通是否保险等。例如,到黄山的老年游客就不会轻易去登天都峰,因为那是对体能的严酷考验。

2. 功能风险知觉

功能风险知觉是指旅游者担心旅游产品和服务是否像其广告上和承诺中那样好。例如,到了旅游目的地后发现并没有广告所说的那么好的景观,食宿也不好,就会产生功能风险知觉。又如,旅行社没有履行其所承诺的服务,旅游宾馆空调失灵、热水供不上、服务质量不佳等都是功能性风险。旅游者遇到功能性问题就如同买了伪劣产品一样令人烦恼。

3. 资金风险知觉

资金风险知觉是指旅游者对花钱能否购买到与之相应的旅游产品与服务的担心,如住宿和游玩的价格是否合理等。

4. 社会风险知觉

社会风险知觉是指对外出旅游能否得到亲友、同事及周围的人理解和赞许的担心。如果不被他人认同,就会感到这次旅游很丢面子。旅游消费也和其他消费一样会涉及自我形象。旅游涉及购买一种旅游产品能否增强个体旅游者的幸福感、自我优越感或地位感等问题。旅游产品具有象征性,人们不仅注重自己在消费旅游产品中的感受,还注重他人对自己所购买旅游产品的评价。如果花费时间和金钱购买一个不符合时尚或在旅游中体会不到地位提高的旅游产品,就会构成一种风险,即社会性风险。

5. 心理风险知觉

当人们感到所购买的旅游产品既不能满足功能目标又不能满足社会心理目标,可能导致时间、金钱的浪费时,就形成了心理风险知觉。旅游者在旅游中的心理需求是多方面的,旅游者的心理风险知觉主要表现在对旅游活动总的印象是否满意上。

(二) 减少风险的方法

人们在作旅游决策时感觉到了旅游风险,但人们并不因为有风险就不去购买旅游产品。传统的旅游服务针对旅游者所感觉到的风险做出了种种安排和承诺(如包价旅游、连锁宾馆等),能在某种程度上减轻人们的风险。然而,现代旅游者已不再仅仅满足于这种标准化的旅游产品,因为它缺少亲切感、自豪感和新鲜感,满足不了旅游者高层次的需要。现代化的传媒和频繁的旅游已使旅游者日益成熟,他们不断地获得直接经验和间接经验。在对待旅游风险上，现代旅游者已逐渐学会如何减轻知觉性风险，较少顾忌地去享受旅游带来的乐趣。减轻知觉性风险的方法主要有以下几种。

1. 对产品和服务寄托较少的期望

期望是指根据个人的经验，判断一定行为能导致某种结果和某种需要的概率。期望在旅游活动中有着特别的作用：一方面，人们对所要去的目的地充满了美好的想像，抱有较大的期望，因为"期望是一种更大的乐趣"；另一方面，人们把目的地和旅游产品理想化，抱有极大期望，但他们可能从未想过，他们要去的旅游目的地的气候可能反常；他们要游览的名胜古迹，也许不得不排长队等上几个小时；如果去异国他乡，他们可能会受到当地居民的冷遇，或者因不习惯那里的环境而生病。因此，旅游者一旦发现现实和所期望的差距太大就会大失所望。一些现代旅游者由于经验丰富，已经学会了如何对待期望，会自觉地将期望值调整到一个合适的位置，做好充分的思想准备，这样在作旅游决策时也减少了知觉性风险。对那些还不太成熟的旅游者，旅游推销服务人员既要鼓励其想象，又要使其有充分的思想准备，这需要懂得不同旅游者的心理，有针对性地开展工作。只有这样，才能避免旅游者乘兴而来，败兴而归。显然，做到这些并非易事。

2. 经常地购买相同的旅游产品

当一个人喜欢某一产品时，会在其需要时再去购买；尤其是在市场秩序尚不规范时，人们为减轻购买风险，常会反复购买某一产品，如对旅行社的选择，个体旅游者在购买一次某旅行社的产品后觉得该旅行社还不错，那么下次旅游他就不愿冒风险再去选择别的旅行社。同样，可以解释个体旅游者为什么会反复光顾某一旅馆，甚至有可能的话还要光顾上次曾住过的那个楼层。例如，一个美国旅游团体的领队第一次到上海旅游住在上海宾馆，以后每次来上海就只光顾这一家宾馆。他这样做并不意味着对上海宾馆完全满意，而是这样的选择至少可以期待得到和上次一样的价格和服务，而没有必要到别的饭店去承担不明内情的风险。当然，这里也有旅游者个性因素的作用，但总的来说旅游者为减轻风险会经常购买同样的产品。一些现代旅游者由于趋于成熟，在这方面则表现得不同于一般传统的旅游者。他们认为，旅游就是求新、求异，每次旅游都要寻找不同的感受，相同的产品会使人觉得单调、枯燥，满足不了其心理需求。

认定一种商标和牌子也是节省时间的一种方法。尤其在旅游市场上，看不见、摸不着的商品五花八门，难以对它进行评价。实际上，大多数的旅游产品就是服务，而服务质量往往取决于旅游企业中的某个从业人员，即订票员、客机乘务员、饭店总服务台、餐厅或客房的服务员、管理员等。服务质量常常会因顾客及时间不同而不同。录音机可以有严格的质量标准，但对于个人的服务质量来说，就往往捉摸不定。大多数与旅游有关的购买活动中，所包含的觉察风险相对来说也都较高。这就使旅游消费者更加信赖商标和牌子，以此来减少觉察风险。

这充分说明旅游业应该注重自身的形象，搞好企业形象设计，要考虑如何树立一个产品质量高、值得信赖的形象，同时设计出一个便于识别的企业标志，创造出一个外在标识、内在质量俱佳的企业形象，便于旅游消费者识别和购买。这样不仅能减少旅游者的风险，也满足了那些成熟型的现代旅游者的需要。

3. 多方获取信息

旅游者的信息来源越可靠，在作购买决策时所感受到的风险就越小。旅游者为减少知觉性风险，常常主动地去

收集、处理信息。获取信息的途径主要有旅游广告、购买过该产品的亲友的宣传等。

个体旅游者在感受到功能性风险，即产品不像预料的那样满意时，将寻找各方面的信息，详细了解交通工具的到离时间、旅游目的地的气候条件和旅游设施的具体情况等，以减轻其功能性风险。

在一个人感觉到大量的心理社会性风险时，就会到朋友、熟人等处去寻找信息，然后做出判断，以减轻心理社会性风险。对现代旅游者中较成熟的一类来说，他们减轻功能性风险的方法是查阅资料，对广告则持审慎的态度；他们更重视科学的真实介绍，在对心理社会性风险方面考虑较少，因为他们更注重自我的感觉而不是别人怎么看。

在旅游消费中，搜集到有关旅游产品的信息越多，不确定性就越少，因而知觉到的风险水平也会越低。一般说来，高风险知觉水平的旅游者要比中、低风险知觉水平的人在搜集信息上花费的时间更长，而且更容易受搜集到的信息的影响。因此，旅游企业的广告和宣传材料对他们减少或消除风险知觉很有好处。

消费者用以减少购买商品和服务时的觉察风险最普遍的方法是获得信息。一般规律是，消费者所持的信息越多、越可靠，在购买时可能伴有的不确定性就越少，因而他所觉察到的风险水平就越低。例如，一个旅游者从自身经验、他人经验及广告中得到了关于南京金陵饭店的信息，使他对金陵饭店新提供的高水准服务深信不疑，因而，选择在金陵饭店投宿将不会感到有什么不确定因素和风险。

4. 购买高价格旅游产品

在不担心花钱的情况下，旅游者更倾向于对旅游安全与服务上的高要求，有些人倾向于用价格高低来衡量旅游产品质量的好坏和旅游服务的水平的高低，用购买高价格旅游产品来降低旅游的风险知觉。

二、实施旅游决策的疑虑与学习

(一) 旅游决策疑虑产生的原因

人们不仅在做出旅游决策时表现出心中无把握、犹豫不决，在实施旅游决策的过程中也会表现出疑虑和不安，这主要是由以下原因引起的。

1. 做旅游决策时的问题

旅游决策是一个选择过程。在实施旅游决策过程中遇到一些不如意的地方，个体旅游者就要想起其他产品的诱人之处，就会产生疑虑甚至后悔，他会想也许选择另一个会更好些。成熟型的现代旅游者对此持有较理智的看法，他们会认为任何事情都不会十全十美，只要满足了其主要的需要就可以了，往往不会对自己的决策表现出疑虑和后悔。这也是其学习的结果，是由建立在其对事物深刻认识基础上产生的健康的心理状态所决定的。在做旅游决策时，往往会遇到以下 4 种问题。

(1) 不确定的购买目标。例如，已决定要去旅游的人，对到什么地方去，以及采取什么旅游方式去等都还没有决定。又如，是到杭州去轻松愉快地游览西湖，还是到西双版纳进行一次激动人心的冒险活动？

(2) 不确定的购买酬报。假定一个人购买的目标已经明确了，但还不能肯定怎样选择才是最为满意的。例如，如果决定进行避暑旅游，但是到承德避暑山庄还是北戴河海滨，哪一处才能收到最好的酬报。

(3) 缺乏购买经验。个人对于购买缺乏经验，因而觉察到风险。当第一次打算去外国旅游时就会出现这种情况。

(4) 积极的和消极的结果。个人会觉察到任何选择都会有积极或消极的后果。例如，乘飞机去旅游虽然是尽快抵达目的地的最好方法，但这样就不能欣赏沿途的风光了。

2. 所做旅游决策没有得到他人的认同

这是和旅游决策时的心理社会性风险相关联的。如果旅游者旅游归来不但没有受到朋友的羡慕，反而得到不高的评价，印证了旅游者作决策时所担心的心理社会性风险，他就会产生不值得和后悔的感觉，认为"我花了时间和金钱，却去了这么个大家都不看重的地方，真不值得"。成熟型的旅游者对别人的评价是不在乎的，他甚至会用他的经历去说服别人，阐述此行值得玩味之处，以证明自己不虚此行，或者对他人的评论置之不理，表现出成熟的心态。

(二) 旅游者减轻决策疑虑的方法

一般旅游者在产生疑虑后也会设法减轻心理阻力，主要采取如下方法。

1. 选择性接触与选择性记忆

旅游者将寻找支持他所做出的购买决策的信息，同时避开他所放弃的其他选择有利的信息，这被称为选择性接触。例如，个体旅游者放弃了去海南旅游而决定去西安，对没去海南体会热带风情感到怅然若失；为消除这种紧张与不安，他就会多搜集有关西安之旅的有利资料，以支持他所做出的决策，对海南的资料则不去关注。

个体旅游者也可通过遗忘所放弃的旅游产品的优点和记住其不利的一面，或对所购买的旅游产品只记住其好的一面而有意遗忘不好的一面，来减轻购买疑虑，这被称为选择性记忆。一位坐火车去深圳的旅游者会忘记乘飞机会节省时间的信息，只记住火车比飞机省钱的信息；同时，他只记住乘火车会观赏沿途风光又省钱，而主动忘却乘火车消耗的时间与体力。

2. 坚信多种选择结果的一致性

减轻疑虑的另一种方法是，坚信自己的选择与其他选择所得的结果都是一样的，选这个与选那个关系不大，都能满足其基本需要，以此为自己开脱，维持内心平衡。当消费者断定如果他即使作别的选择，其结果仍大致相同时，也会减少购买后的疑虑和后悔。例如，选择苏州而未去杭州的旅游者，尽管选择杭州可能会比苏州多游览一天，但如果他认为无

论是在杭州还是在苏州都会玩得很快乐,都会遇到许多有趣的人,都能拍许多风景照及欣赏自然美景。这样,他购买后的疑虑必然会因此而减少。成熟型的现代旅游者不仅能较少产生购买后的疑虑,而且能较好地处理实施旅游决策过程中的疑虑,这同样是与其不断地学习分不开的。

三、旅游业在减少旅游者疑虑方面的作为

我们研究旅游者在做出旅游决策前后的疑虑及学习并不是为了指导旅游者,而是为了使旅游业人员了解旅游者的心理,从而有针对性地改进服务工作,减少旅游者的疑虑。除了上述旅游者自身减轻购买后疑虑的方法外,对于旅游业来说,很重要的一条就是要重视售后服务。所谓售后服务,就是旅游业在销售了旅游产品之后,就要对旅游者负责,不仅要兑现所做的一切承诺,而且还要与旅游者保持经常的直接的联系。旅游业者可采取书信、电话、面谈等形式了解旅游者对旅游产品的意见,同时表示感谢购买本企业所提供的旅游产品,并欢迎再次光临。售后服务还包括对旅游者的投诉进行认真处理,对旅游者不满意的地方积极改进。为消除旅游者的疑虑,旅游业者还应主动提供各种信息,以证实旅游者的选择是正确的;可提供一些宣传小册子及纪念品等,对经常光顾的旅游者建立档案,内容包括其爱好、习惯等,并在价格上实行优惠。这样,不仅能消除旅游者的疑虑,也能满足其借旅游提高地位的需要。要减少以至消除旅游者的疑虑,旅游业者必须在售后服务上下工夫。

第三节 旅游者的学习理论与学习过程

学习的过程是一个获取信息、积累经验、形成习惯的过程。我们研究旅游者如何学习,就是通过研究其以上 3 个过程,更加有力地施加影响,促进旅游销售。

一、相关的学习理论

(一) 行为学习理论

1. 巴甫洛夫及其经典性条件反射理论

俄国生理学家巴甫洛夫(1849—1936 年)是经典性条件反射学说的创始人。他以狗作为研究对象,研究动物对外界刺激的反应,从而提出了著名的条件反射学说。虽然他本人很不愿意别人把他看作心理学家,但他著名的经典性条件反射学说却在心理学界被广泛引用,尤其用于解释人的学习现象。

巴甫洛夫研究发现,铃声本来不会使狗分泌唾液,但是如果在每次给狗喂食以前都先打铃,经过若干次的重复以后,狗一听到铃声就会自动分泌唾液。这种反复以铃声为信号的刺激使狗学会了把铃声和食物联系在一起,狗一听到铃声就联想到食物,这种现象就是条件反射。这一现象的理论概括就是,当一种自身不能引起反应的刺激(非条件刺激)与能够引起反应的一种刺激(条件刺激)同时出现,经过一段时期的强化也就是反复,原来本不能引起反应的刺激因为与后者多次结合在一起而使个体产生了和后者相似的反应。

这一理论揭示了学习的生理基础是条件反射，即大脑对外界刺激进行综合分析而做出反应的结果。这是巴甫洛夫对学习理论也是对心理学的重大贡献。

经典性条件反射理论进一步揭示了以下规律。

(1) 刺激的泛化，即当一个接近于条件刺激的刺激出现时，能够激起同样的反应。

(2) 刺激的辨别，即当与条件刺激相似的刺激并没有一个条件刺激伴随时，反应会逐渐地减弱直至消失。

(3) 反应的消退，即当条件刺激与非条件刺激不再同时出现，条件反射的效应会逐渐减弱甚至消失。

2. 斯金纳及其操作性条件反射理论

斯金纳(1904—1990 年)用其著名的实验装置——斯金纳箱来研究动物(白鼠、鸽子等)学习现象，从而形成其用以解释学习现象的理论——操作性条件反射学说。

斯金纳箱是一个约 0.3 立方米的箱子。斯金纳在箱内装一个小杠杆，与传递食物的机械装置相连。小白鼠被引进小箱子，自由活动，当它压动杠杆时，会有 1 颗食丸掉出；它再次压动杠杆，就会有第 2 颗食丸掉出，反复几次，小白鼠就取得了获得食丸的经验，也就是建立了条件反射。它在箱内持续不断地按压杠杆，取得食物，直到吃饱为止。斯金纳还用鸽子做了类似的实验。

通过进行动物实验，斯金纳对学习现象做出了这样的解释：学习过程是学会一种操作的过程。操作行为就是那种作用于环境从而产生结果的行为。在这个过程中，行为是自然现象，是获得刺激的手段，反射学习是一个 S—R 过程，即一个刺激(Stimulation)引起一个反应(Reaction)；而操作学习却是一个 R—S 过程，即从反应到刺激的过程，因而较能发挥个体的主观能动作用。他把人的大多数行为都看作操作，并指出操作行为更能代表实际生活中人的学习情境。操作性条件反射的规律是，如果一个操作发生后，接着呈现一个强化刺激；那么，这个操作的强度(发生概率)就会增强。所增加的不是刺激-反应的联结，而是使反应发生的一般倾向性，即发生的概率。

斯金纳认为强化很重要。他指出，行为之所以发生变化，是由于强化作用，因而直接控制强化物就是控制行为。在他看来，"教育就是塑造行为，塑造在不久的将来会对个人和别人有利的行为"，"只要我们安排好一种被称为强化的特殊形式的后果，我们的技术就会容许我们几乎随意地塑造一个有机体的行为"。

据此，斯金纳发明了教学机器并创造了程序教学法，对提高一些学科教学效果帮助很大，在教育史上具有重大影响。

(二) 认知学习理论

认知学习理论认为，学习是一种主动思考的过程，人们积极地利用从周围世界得到的信息来适应他们所处的环境。相对于行为学习理论，认知理论强调主体内部思考过程的重要性。认知学习理论的主要代表人物有韦特海默、科勒、考夫卡和班杜拉等。

1. 格式塔学习理论

"格式塔"是德文"Cestalt"的音译，意思是"完形"、"整体"。格式塔学派又称"完形心理学"，于20世纪初产生于德国，是西方现代心理学的主要流派之一。其早期代表人物有韦特海默、科勒、考夫卡等。格式塔学派从研究似动现象的知觉实验开始，逐渐形成了包括学习在内的一系列认知理论。

根据格式塔的解释，有机体与环境之间不断地处在互动之中，为了与环境相适应，机体不断发生对环境的组织和再组织，在头脑中出现一个又一个完形，这种完形作用就是学习，即学习的实质在于组织或完形作用。

该学派认为，动物及人对问题的解绝不是来自盲目地尝试错误，不是出于各个部分的偶然巧合，而是一种智慧行为，是一个"顿悟"过程。它需要有理解、领会与思维等认识活动的参与，并且是一种突现、速变、飞跃的过程。

格式塔学派也提出了学习迁移的理论，认为由顿悟而获得的方法既能长久保持，又有利于适应新情境、解决新问题。这种影响是通过记忆痕迹实现的。他们指出："痕迹对新情况的效应与移转问题有很密切的关系。所谓移转就是痕迹影响同样的历程，所以当一种历程借助其痕迹而影响于不同的程序时，我们便名之为移转或迁移。"格式塔学派更强调的是整体关系的迁移。

格式塔学派的认知理论，虽然有唯心主义的成分，但它看到了人在学习过程中的主观能动性，比行为主义更少机械性，更符合人的有意识学习的特点，因而在心理学史上有重大影响。

2. 观察学习理论

观察学习也称"替代学习"或"模仿学习"，指个体通过观察他人的行为表现及其强化结果而获得该行为反应的学习过程。美国心理学家班杜拉第一次对这种学习模式进行系统的理论研究，并构成了他的社会学习理论体系的有机组成部分之一。

班杜拉从人、环境和行为三元互动作用论的观点出发，认为个体不必靠直接经验，不应过于强调外在强化作用的控制，只要充分发挥个体的认知功能、自我效能、社会互动作用，通过有意识地自动观察学习(或模仿学习)就可建立新的行为或改变旧的行为。他指出：一个完整的观察学习过程主要由注意、保持、形成过程和动机4个子过程组成，其中每个子过程又各自受到多种不同因素的影响或制约。观察学习被认为是现实社会生活中的一种最为普遍而有效的学习模式，具有重要的理论和现实意义。

二、旅游者学习的过程

(一) 获取信息

人们要学习就要寻找信息，现代社会是一个信息社会，每天都有大量的信息出现。旅游者所关心的是旅游方面的信息，这信息主要来自商业环境与个人社会环境。

1. 商业环境

旅游商业环境就是由旅游业向旅游者发出的各种信息所构成的，主要包括传媒的宣传、旅游广告人员推销和营业促销等。这些促销组合发出大量的旅游信息以推销旅游产品。大量的经常出现的旅游信息对旅游者产生深刻的影响，达到"AIDA"效果，即引起旅游者注意(Attention)、产生兴趣(Interest)、激起欲望(Desire)、付诸行动(Action)。旅游者正是从商业环境所提供的信息中对旅游产品产生兴趣,强化其已有的动机,改变态度做出购买决策。对缺乏旅游经验的旅游者来说,详尽的信息可以使其消除疑虑,产生购买的冲动,并付诸行动。

旅游商业环境是旅游业营造的,这个环境对旅游者学习以至做出购买决策影响重大。旅游业要营造并运用好商业环境,必须树立良好的企业形象,给旅游者提供大量的真实可靠的信息,绝不能为吸引客源而夸大其词、欺骗旅游者。信息要包括目的地的景观、气候、食宿、离抵时间、整个旅游费用支出等,使旅游者心中有数,根据自己的情况做出旅游计划和预算,从而做出购买决策。旅游者从旅游商业环境中获得信息,有主动的也有被动的,信息量和出现的时间与频率对旅游者接受信息并引起注意、强化动机直至产生行动关系重大。据测试,一则广告连续播出 24 次才能印入观众脑海。广告以每周 5 次的频率出现,且覆盖面大能使观众记住 3 个月,到第 3 个月印象即将消失,再来一次,加强印象,使观众及时复习。如此数次,才能完成"AIDA"过程。名牌旅游产品客源越多越做广告,这不仅有助于"AIDA"的完成,还能使旅游者形成偏爱,使产品长久地占领市场。

旅游业在提供信息时还应注意信息本身的表现形式,要给人以新的、鲜明的、具有特色的信息,同时还要注意信息的负效应。有些信息在强调产品的某些特色的同时也在不自觉地向旅游者暗示了产品消极的一面。成熟型的现代旅游者对商业信息往往从批判的角度去分析,他因经验丰富而能从信息中找到没有提到的另一面。另外,他们还不满足于被动地接受信息,往往主动去寻找信息,对信息的内容要求精确,不相信含糊其辞的产品广告。

2. 社交环境

社交环境是由旅游者的亲友、同事及其他与之有交往的人所构成的环境,这是旅游者获得信息的主要来源。与商业环境所提供的信息相比,旅游者往往更乐于从个人社交环境获得信息,这主要是由于社交环境提供的信息更具可靠性和沟通性。所谓可靠性,就是社交环境提供的信息没有出于商业利益考虑的掩饰,是比较真实的。旅游者在选择旅游产品时往往受同伴的影响,一方面觉得同伴的亲身经历值得信赖,另一方面也减少了心理社会性风险。个人社交环境提供的信息并不像旅游者想象的那么真实,尽管提供信息者并无意去提供不真实的信息,但由于每个人的需要不同、审美观不同及个体旅游者当时的心境不同,必然使信息带有个人偏见,使信息的可靠性打折扣。成熟型的现代旅游者会意识到这一点,他们只会把来自个人社交环境的信息当做参考,而不会为其所左右。所谓更具沟通性,是指信息提供方和接受方可以相互交流、相互沟通,社交环境允许个体旅游者提出问题,使信息流通的过程快捷、便捷,从而减少风险,消除疑虑。

旅游业者要注意影响旅游者的社交环境主要是靠提供优质旅游产品(包括优美的景观、完善的设施、富有人情味的服务等)使旅游者感到物有所值。在自我感到满意的同时,旅游者还会充当义务宣传员,向他的个人社交环境圈内的人宣传其所购买的旅游产品,促成其他人做出购买决策。

(二) 积累经验

经验是学习的源泉,旅游者从平时积累的经验中学习,一旦需要其做出旅游决策时,

经验往往会起重要作用。个体旅游者以往对类似的情形的处理方式会影响其旅游决策。例如：一个到过几个海滨城市的旅游者会根据以往的经验推知，在任何一个海滨城市都会有类似的经历。这种由于经验形成的判断会对其下一次作旅游决策产生影响。这是通过经验积累的学习，学习的结果又促使经验更进一步得到积累。当然，经验并不都是积极的，有时会以偏概全。例如，某一个体旅游者在购买了某一旅行社的服务后，感到极不愉快，由此会推断所有的旅行社都是骗人的。

旅游业者应注重旅游者经验对旅游决策的影响，树立产品及企业的良好形象，以优质的产品让旅游者乘兴而来、满意而归，并利用这种概括化的作用创出名牌产品和名牌企业，以吸引更多的旅游者。

(三) 形成习惯

行为主义心理学家认为，学习的过程就是习惯形成的过程，旅游消费者通过学习养成知觉、思维和行动的习惯。在习惯的作用下，旅游者又往往会作顺应性学习。这就是有些旅游者反复光顾某个旅行社、旅游目的地或宾馆的原因。旅游者通过学习形成了习惯，一提起旅行社，就会反映出他熟悉的那个旅行社，在行动上如有需要又会习惯地再次光顾。在经常光顾中又了解了该旅行社的类别、条件、经营范围、服务质量等，这就是顺应性学习。如此，又加深了其对该旅行社在知觉、思维和行动上的习惯。一个经常到大陆旅游的台湾旅游者也会在旅游学习中形成习惯，一有旅游的机会就会选择到大陆旅游，因为他在知觉、思维和行动上已形成了到大陆旅游的习惯，认为大陆是中国人的根，可享受到回家的感觉；多次到大陆旅游又加深了对大陆各方面的了解，进行顺应性学习，反过来又强化了其到大陆旅游的习惯。

对旅游从业者来说，在开发旅游产品方面应设法满足旅游者的消费习惯，在景点的规划、设施的设计及服务等方面都要考虑到旅游者的消费习惯。如果事先不对新产品能在多大程度上改变旅游者的习惯进行准确的估计，就不要盲目投产，以免受到旅游者的抵触。

本章小结

1. 旅游者的旅游行为是后天学习的结果。旅游者通过学习，可以获得旅游信息，产生旅游动机，形成和改变对旅游的态度，积累旅游经验，因此学习对旅游者有特别重要的意义。

2. 对于学习现象，许多心理学家从不同角度做出了多种解释，形成了多个派别的学习理论，包括巴甫洛夫的经典性条件反射学说、斯金纳的操作性条件反射理论、格式塔学派的认知理论和班杜拉的社会学习理论等。这些理论有助于从不同角度了解、认识学习现象，从而进一步掌握旅游者的学习规律。

3. 将以上学习理论用于旅游工作，具有重要的指导意义。它启发我们从以下经营观念出发开展相应的工作：旅游行为是学习的结果，要教人们学习旅游；旅游部门要有品牌意识，争取在消费者心目中树立名牌；广告宣传中运用学习规律可以达到良好的宣传效果；及时地强化可以鼓励旅游者的积极性，因此要重视旅游售后服务工作；每一位游客都是一则活广告，因此要重视服务质量。

案例分析

大学里的旅游专家

10年前，某大学的工会干部们想利用暑假组织教师外出旅游，可这些工会干部中没有人曾外出旅游过，对旅游线路和景点缺乏了解，感到不知所措。后来，大家请来了爱好旅游的丁教授。丁教授是有名的旅游爱好者，对全国著名的旅游景点较为熟悉，有着丰富的旅游经验。丁教授从多方面进行考虑，提供了3条可供选择的旅游线路。最后，工会选择了其中的"浙江—上海—南京7日游"线路。这次活动取得了令人满意的效果。过了两年，工会又准备组织教师外出旅游，又想到了请教丁教授。这一次，丁教授建议游九寨沟。九寨沟的美景和沿途的异域风光令教师们赞不绝口。游过之后，大家都一致称赞丁教授的旅游线路选得好。此后，向丁教授请教成为这个大学工会干部组织旅游的一条经验。他们还赋予了丁教授一个"旅游专家"的称号。

分析：这是一个典型的从他人身上学习间接经验的案例。人不可能万事躬行，而为了避免走弯路，人们就逐渐学会了向别人学习经验。这符合认知理论对学习现象的解释，也符合人类学习的实际面貌。

心理测试

对他人的信任程度

说明：请对下面各题做"是否"选择，A代表"是"，B代表"否"。

1. 你经常怀疑朋友在背后议论你的是非吗？（   ）
2. 你认为所有人的生活都是有目的的吗？（   ）
3. 你是否怀疑许多人有轻度的违法行为？（   ）
4. 如果事先知道谎言不会被识破，你怀疑很多人都会欺骗别人吗？（   ）
5. 你很难让自己信任其他人吗？（   ）
6. 你不愿意借钱给别人，因为你怀疑对方不会还吗？（   ）
7. 你会把还未寄出的信放在桌上而不锁起来吗？（   ）
8. 你经常核实银行账单吗？（   ）
9. 结完账后，你总会认真清点一下找回的零钱吗？（   ）
10. 你会随手将皮包放在自己看不到的地方吗？（   ）
11. 你认为别人任何时候都可能骗你吗？（   ）
12. 一时找不到钱包，你会怀疑被偷了吗？（   ）
13. 在不熟悉的地方向人问路，你会多问几个人以后才确定吗？（   ）
14. 如果对方临时取消约会，你会怀疑他的动机吗？（   ）
15. 你认为人基本上是善良、可信的吗？（   ）

评分标准：

题号 \ 得分 \ 答案	A	B
1	0	1

续表

题号	答案 得分	A	B
2		0	1
3		0	1
4		0	1
5		0	1
6		0	1
7		0	1
8		0	1
9		0	1
10		0	1
11		0	1
12		0	1
13		0	1
14		0	1
15		0	1

说明：

4分以下：你很不信任别人，是一个非常多疑的人。

5~9分：你比较信任别人，可是以往的经验告诉你，这个世界太多虚伪，因此你开始用带有怀疑的眼光审视其他人。

10~15分：你非常信任别人。你很相信人，认为人的天性是善良的。

思 考 题

1．现代旅游者的特点及发展趋势是什么？是什么原因使旅游者日趋成熟？

2．旅游者在作决策时会遇到哪些风险？如何减轻风险？旅游业对此应做些什么？

3．旅游者在实施决策时出现疑虑和不安的原因是什么？如何减轻他们的疑虑和不安？旅游业对此应做些什么？

4．为什么旅游业必须在售后服务上下工夫？

5．旅游者是如何学习的？在提供旅游信息方面，旅游业应做些什么？

第七章　个性与旅游倾向

通过对本章的学习，要求掌握：
- 个性的概念；
- 影响个性形成和发展的因素；
- 有关的个性理论。

通过对本章的学习，要求能够：
- 了解个性与旅游行为之间的关系；
- 了解旅游者的类型有哪些；
- 分析不同类型旅游者对旅游活动的偏好。

每个人都有独特的个性，在心理活动和社会活动中经常表现出与他人不同的特点。由于个性不同，每个人在旅游选择和旅游行为方面所表现出的比较稳定的倾向性也不同。因此，对个性与旅游倾向的分析，有助于对不同旅游者旅游选择倾向和旅游行为方式的理解。

个性是心理学中内涵最丰富的概念，难于把握也难于进行操作性应用。心理学家使用个性一词，大多是为了对人的个别差异作总体的、本质的描述。在旅游心理学中，因为有关个性的实证研究的缺乏，而且，我们不可能也没必要对个性问题作全面的讨论。因此，在本章只能对那些已经被证明对旅游行为有明显影响的个性变量进行引证和探讨。旅游业的实践证明，作为旅游从业者，如果能够了解旅游者的个性或某些个性变量，对实际的具体工作是大有帮助的。从某种意义来说，旅游行为是旅游者的个性与客观环境相互作用的结果。人为什么旅游，去什么地方，怎样消费，诸如此类的问题，借助个性概念进行讨论和研究，可以有一个更为全面的认识。

第一节　个性概述

一、个性的概念及其特征

(一) 个性的概念

个性也被称为人格。什么是个性？即使不学习心理学，大多数人也都有自己的观点，但人们对个性的理解和使用是千差万别的。普通人如此，资深的心理学家也不例外。个性有多种含义，但没有一种是众所公认的。阿尔波特在1937年曾综述以往有关个性的心理学和哲学文献，列举了50个重要的个性概念。

个性一词来自拉丁文"Persona (面具)"，本来的含义是演员在舞台上扮演角色化装用的假面具，用以表现剧中人的身份。我国传统戏曲表演中，也往往用具体的脸谱或面具标志特定的角色，如京剧和川剧中的脸谱和变脸就非常典型。把面具引申为个性，实际上有两层含义。其一，一个人在生活舞台上演出的种种行为；其二，一个人真实的自我。也就是说，个性是一个人心理特点的综合，既有外显的行为，也有内隐的特征。

到20世纪80年代，个性的概念越来越多，但在纷繁的外表下面，也在逐渐地达成共识。通过大量的文献分析，我们发现众多的个性概念大致可以归为3种类型。

(1) 把个性假定为一种内在的结构与组织。

(2) 强调个别差异的重要性，个性就是人的特色。

(3) 从生活发展史方面界定个性，强调内外环境、遗传、社会影响等因素的作用。

我国旅游心理学的研究中，使用的个性概念，是对吉尔3种类型个性概念的综合，兼顾了理论性和应用性。我们沿用以往的这一个性概念，把个性界定为"个人在先天素质基础上，在一定的历史条件下和社会实践活动中，形成和发展起来的比较稳定的心理特征的综合"。个性是人与人之间相互区别的典型的心理特征和行为特征。人与人之间有共性，也有差异。个性概念强调的就是个别差异。只有通过对个别差异的认识，才有可能达到对共性的把握。

因此总体上说，个性是指一个人的各种稳定的心理活动特点的总和及习惯性的行为方式。每个人在兴趣、爱好、能力、做事的方式上都具有与他人不同的特点，如有的人长于深思熟虑，做事稳重求实，有坚持性，有的人容易感情冲动，做事虎头蛇尾，有的人安静、性子慢，有的人活泼好动、性子急等。个体由于各种心理活动的特点，在社会实践中便会表现出不同于他人的行为方式。这些心理特点如果是比较稳定的，在行为方式上便会表现出一贯性，个人的这种稳定的心理特点的总和及一贯性的行为方式，便是他的个性。个性不同，导致人与人之间在心理活动和行为方式上不同。

(二) 个性的特征

个性包括个人的个性心理特征和个性倾向性两个相互联系的方面。个性心理特征包括能力、气质、性格，这些心理特征在不同程度上受先天遗传因素的影响，相对比较稳定。个性倾向性包括需要、动机、兴趣、理想、价值观等，主要在后天社会化过程中形成，集中反映了人性独特的一面。因此，个性具有独特性和稳定性两个方面的特征。

1. 个性的独特性

构成人的个性的各种心理特点，是在个人的生理素质的基础上，在各自的生活道路上，经过环境的影响和教育的熏陶而形成的。每个人的先天素质和后天影响不同，因而形成了不同的个性。人与人之间不会有完全相同的个性，因此，每个人的个性都是独特的。例如，有的人办事严谨，有的人比较粗心；有的人活泼，有的人安静。具有同一类个性特点的人，也会有程度上的不同，如有的人办事非常认真，有的人则只是比较认真；有的人非常喜欢安静，而有的人则比较喜欢安静，稍微有些热闹也是可以接受的。因此，每个人的个性都与他人的个性相区别，带有与他人不同的独特的色彩，即个性具有独特性。

2. 个性的稳定性

由于个性是在先天的生理素质基础上和长期的社会影响下形成的，不会因环境条件的一时变化而变化，因此，具有一定的稳定性和一贯性。一个人有办事认真的个性，他会在各种场合、不同的时间都表现出这种特征；一个人有热情开朗、做事敏捷迅速的个性特点，也不会因条件的一时变化而有与以往完全不同的表现。个性在各种环境中都会有一贯的表现，也就是说个性具有稳定性。

二、研究旅游者个性的意义

在既定的多种旅游活动的条件下，个人的旅游倾向主要取决于他的心理因素。个性作为一个人的综合心理特征，对个体的旅游倾向具有重要的影响。通过对旅游者个性的研究，就可以使我们更好地了解不同的旅游者为什么对不同的旅游活动会有不同的态度和选择倾向。

研究旅游者的个性，对旅游者进行归纳分类，可以从中发现各种个性类型的旅游者共同的选择倾向和行为特征，对此进行宏观数量的分析，有助于了解旅游客源的分布情况、发现主要的客源市场。

研究旅游者的个性，还可以帮助我们了解不同个性类型的旅游者所喜欢的旅游活动内容和能适应的旅游活动方式等，作为有针对性地开展旅游活动的依据。

研究旅游者的个性，无论对旅游开发和旅游管理，还是对旅游服务，都具有重要的实际意义。

三、影响个性形成和发展的因素

个性的形成和发展过程，是人的社会化过程。人作为生物性个体，一来到世界上就被置身于复杂的社会环境之中，从幼年到老年，个性在社会化过程中持续地形成与发展。所谓社会化是指在特定的社会与文化环境中，个体形成适应于该社会与文化的个性，掌握该社会所公认的行为方式。通过社会化过程，个体从自然人转化为社会人，形成区别于其他人的综合性心理特征，即个性。

(一) 先天的遗传素质是个性形成和发展的基础

列宁曾指出，人的心理是脑的机能，是外部世界的反映。脱离历经自然选择进化而来的人的独特的生理组织尤其是人的大脑，就谈不到人的心理的问题，而个性这一人的心理的重要组成部分，也就更是无从说起了。心理学实验证明，即使是最接近人类的高级动物(如黑猩猩)，虽然经过严格的学习训练，也无法形成人的心理和行为。应该指出的是，在早期的心理学中，遗传素质对个性形成的基础性作用，曾经被某些心理学家一度认为是决定性的。例如，阿德勒认为个性产生于人的自卑感，而自卑感的最早源泉是个体的器官缺陷、体弱多病、笨手笨脚等身体因素。作为个性重要组成部分的生活方式，就是个体在发展过程中，为了补偿自己的自卑感，逐渐尝试、总结而固定下来的一种对付困境的独特的行为方式。克瑞奇米尔更趋极端，他根据人的体型把个体个性分为肥满型、细长型和筋骨型。这种过分强调遗传素质作用的观点虽然是错误的，但是它和现代生理心理学的研究却有某些相似之处。当然，生理心理学对研究结果的解释，强调遗传素质是个性形成和发展的基础，但同时也重视社会文化和个体社会实践的重要性。

(二) 社会因素是个性形成和发展的重要条件

在所有对个性形成和发展起作用的社会因素中，家庭、学校和社会文化是最直接也是最重要的影响因素。家庭是社会的细胞，社会机体的任何变化，都会在家庭中或多或少地得到反映。在个体人格形成的关键期——儿童期和青年早期，家庭生活的时间约占个体全部生活时间的2/3。个体首先受家庭的影响，随时随地地向家庭中的成人特别是向父母学习生活经验、价值观念、行为方式。因此，各种社会对个人的要求，往往通过父母的过滤，以高度个体化、有选择的形式传递给子女，而父母本身的个性特征，也会通过他们的言传身教强烈影响子女的个性。俗语所谓"有其父必有其子"，这说明不仅仅是像其表面，同时家庭教育也会深深地影响个体个性的内在方面。心理学研究表明，父母的教养方式、榜样作用等，可以在相当程度上决定个体一生个性发展的总体趋向。

与此同时，学校教育是一个系统的对个体施加影响的过程。学校通过有目的、有计划、有组织的教学活动，把文化知识、社会规范、道德准则、价值观念等传授给学生，对未来的社会成员施加规范性的影响，促使学生实现社会化，形成那些适应所处社会环境的个性。在现代社会，个体要适应纷繁复杂的社会生活，家庭教育只是初步的基础，个性的形成和发展更主要的影响因素是学校教育。

另外，社会文化是人类有意识活动所创造的一切。在人类社会生活中，文化的影响无处不在，无时不有。有时它是显而易见的，有时它又是潜在的，但不论怎样，社会文化时时刻刻都在约束着个体的言行，塑造着适应社会文化要求的个体个性。心理学的跨文化研究清楚地表明，社会文化往往与个体个性有高度的一致性。

(三) 社会生活实践是个性形成和发展的主要途径

社会化过程持续人的一生，家庭教育、学校教育、社会文化只是作为一种个体个性的社会要求，为个体个性的形成和发展指出了方向，至于个体究竟形成什么样的个性，主要取决于他们各自的社会生活实践过程。在社会生活实践中，个体扮演特定的社会角色，接受一定的社会任务，承担一定的社会责任，必须适应社会环境才能顺利地生活和发展，这就在一定程度上促使个体形成符合社会要求的态度体系、行为方式、工作与生活能力等，即形成和发展自己的个性。列宁曾经说："伟大的革命斗争会造就伟大人物。"这肯定了革命领袖的个性来自他们不同寻常的社会生活实践。陈仲庚等人认为，个性发展不能严格地与认知、智力发展、技能的成长和适当的成就动机相分离。一个人在社会生活中能否顺利地活动并且充分发挥其功能，以及一个人有关自我价值的看法，都依赖于他应对问题的能力和他对自己成就的评价。而认知、智力、能力、自我评价、成就动机等个性因素，只有在社会生活实践中，才能形成和发展，并最终接受社会的检验，不断地得到修正和完善。

综上所述，个体个性形成和发展的影响因素是多方面的，各个因素之间相互依存，共同决定个体的个性。在此，我们把它们分开论述只是为了更清楚地说明问题的实质，实际生活中它们是不可分割的。早期的心理学研究中曾在讨论个性时，出现过遗传决定论、教育决定论、早期生活决定论等观点，虽然都曾风靡一时，但是都没有经受住时间和事实的检验，纷纷退出了科学心理学的论坛。因此，我们从综合、辩证的原则出发，认为个性的形成和发展以遗传素质为基础，以社会因素为重要条件，以社会生活实践为主要途径。

第二节　相关的个性理论

一、弗洛伊德的个性结构学说

作为精神分析理论的开创者，弗洛伊德为心理学开辟了前所未有的新领域。按照弗洛伊德的理论，人格是一个整体，这个整体包括了3个部分，分别为本我、自我与超我。人格中的3个部分彼此交互影响，在不同时间内，对个体行为产生不同的内在支配作用。

本我是人格结构中最原始的部分，从出生之日起即已存在。构成本我的成分是人类的基本需求，如饥、渴、睡眠等。本我中的原始需求产生时，个体的需求要立即予以满足，因此，支配本我的是快乐原则。例如，婴儿如果感到饥饿，就会立即哭闹着要求喂奶，而绝不会考虑母亲当时有没有困难。

自我是个体出生之后，在现实环境中由本我中分化发展而产生的。由本我而来的各种需求，如果不能在现实中立即获得满足，他就必须迁就于现实的限制，因此，支配自我的是现实原则。此外，自我介于本我与超我之间，对本我的冲动与超我的管制具有缓冲与调节的功能。

超我是人格结构中居于管制地位的最高部分，是由于个体在生活中，接受社会文化道德规范的教养而逐渐形成的。超我中有两个重要部分：一是自我理想，是要求自己的行为符合自己理想的标准；二是良心，是规定自己的行为免于犯错的一些限制。当个体的所作所为符合他的自我理想时，就会感到骄傲；反之，如果其所作所为违反了自己良心与道德的标准，就会感到愧疚。因此，超我是人格结构中的道德部分，支配超我的是完美原则。

弗洛伊德将人格结构分为两个意识境界。居于上层的是意识境界，其中包括自我与超我；居于下层的是潜意识境界，本我就在其中。本我、自我、超我三者，如果能够彼此相互调节，和谐地运作，就会形成一个发展正常、适应良好的个体。如果三者失去平衡，或者彼此长期冲突，就难免会导致个体生活的适应性困难，甚至可能会演变成心理异常。

二、艾森克的个性类型学说

艾森克出生于德国，后来在英国求学和工作，是一位著名的研究人格的心理学家。同时，他还是一名医生，他坚持用科学的方法研究与治疗人的各种心理疾病。

艾森克接受了古希腊、罗马学者关于4种气质的描述和冯特按情绪维度来划分气质的思想，提出了人格结构的层次性质的理论。在这个理论中，艾森克主要分出了人格结构的两个维度：①人格的内倾与外倾。内倾的人容易受到环境的影响，其特点主要表现为焦虑与纳闷，而外倾的人则较少受到环境的影响，其特点主要表现为冲动与抗拒。②人格的稳定与不稳定，有时候也称高神经质与低神经质的维度或情绪性的维度。稳定是指情绪不易激动，而不稳定是指心境被动，易怒、易焦虑、多愁善感等。

他提出个性主要有4种类型，第一是稳定外向型，这类人善于交际、开朗、活泼、健谈、随和、无忧无虑、有领导能力；第二是稳定内向型，这类人谨慎、深思、镇静、被动、性情平和、值得信赖；第三是不稳定外向型，这类人冲动、多变、活跃、敏感、乐观、不安分、经常主动攻击他人；第四是不稳定内向型，这类人悲观、忧郁、刻板、严肃、沉默寡言、不善交际。

三、奥尔波特的个性类型理论

奥尔波特(1897—1967年)是美国著名的社会心理学家和人格心理学家；1937年他出版了《人格：心理结构解释》一书，标志着用科学方法系统研究个性问题的开始。由于他贡献突出，曾获得美国心理学基金会的金质奖、全美心理学会的科学贡献奖。

奥尔波特认为，人格特性是个体反应环境刺激时的一种内在倾向。它受遗传和环境两个方面因素的影响，对个体行为具有动机的作用。奥尔波特把人格特性分成两种，即一般特性和个别特性。一般特性是由人们生活的共同环境(如共同的文化形态、共同的社会生活方式)造成的，反映了社会的习俗与价值，它们是人格的共同部分。一般特性不是个体最基本的特性，不能使一个个体与另一个体相区别，一般特性具有短暂的性质，随社会标准与习俗的改变而改变。个别特性是由个体生活的特定环境造成的，它是使个体互相区别的主要东西，决定着个体的行为方式。

奥尔波特把个别特性又分成首要特性、中心特性和次要特性。首要特性代表一个人最独特的特性，如某人骄傲，另一个人懒惰。这个特性代表了一个人最显著的特征。通过这种特性可以预测他在不同情境下可能的行为方式。中心特性包含几个特征，它们结合在一起代表一个人的特点，如某人刻苦努力、平易近人、诚实可靠等。次要特性也是人格的组成要素，但不决定一个人的人格面貌。

奥尔波特在长期研究基础上，并参考了斯普伦格的观点，根据个体的价值观区分了6种具有不同价值倾向的个性类型。第一是理论型。这类人的主要兴趣在于发现真理，好钻研、求知欲强、能自制，但他们往往忽视生活的其他方面。第二是经济型。这类人重视现实，务实进取，认为一切行动都要从实际的需要出发。第三是艺术型。这类人重视形象美和心灵的和谐，认为美的价值高于一切，用美的标准和艺术的观点评价一切事物。第四是社会型。这类人以爱护他人、关心他人为高尚的职责，为人随和、善良、宽宏大度，乐于在人际交往中帮助他人。第五是政治型。这类人重视权力，追求权力，为人有活力、有信心、自我肯定，律己待人都很严格，原则性强，有时会骄傲自负，轻视他人，利己而专横。第六是宗教型。这类人重视命运和超自然的力量，关怀终极价值，向往彼岸世界，信仰坚定，自愿克服一切低级冲动。

四、卡特尔的人格理论

卡特尔出生于英国，他早年追随英国著名心理学家、统计学家斯皮尔曼学习心理学。1937年，他应美国著名心理学家桑代克的邀请去美国工作。斯皮尔曼用因素分析方法研究了能力的结构，而卡特尔则用同一方法研究了人格的结构，并取得了显著的成绩。

卡特尔理论的核心是他关于人格特性的概念。在他看来，特性是人格的因素，是一个人的相对持久的反应倾向。只有彻底了解一个人的特性，才能预测他在某种情境下将怎样行动。在这个意义上，人格也可以被看成是一组特性。

卡特尔的重要贡献是用因素分析方法把特性区分为表面特性和根源特性。表面特性是由一些互相联系的特性形成的，它表现了若干因素的重叠影响。例如，神经过敏是一种表面特性，它由行为的若干成分(如焦虑、优柔寡断和莫名其妙的恐惧)聚合形成，而不是由单一的成分产生的。表面特性是不那么稳定和持久的，因而对了解人格并不重要。根源特性则不同,它是相当稳定和持久的特性。根据因素分析的结果,根源特性是一些单一的因素,是人格的基本成分。把根源特性联合起来就可以解释某些表面特性。经过多年的艰苦工作,卡特尔提出了人格的 16 种因素或根源特性。这些特性是以成对的形式出现的。例如,因素 A 的一端为自我克制、超然、爱批评、冷淡,另一端为开朗、热心、容易相处。因素 B 的一端为智力较差、思维具体,另一端为智力较好、抽象思维和聪明。

应用这 16 种根源特性,卡特尔制定了 16 种人格因素测验。多年来,他用这种方式测试了许多人群,并且报告了一些有趣的结果。例如,通过比较成功的婚姻与失败的婚姻,结果发现,稳定的配偶比不稳定的配偶呈现了更大的人格相似性。由稳定婚配的人格相似性和不稳定婚配的人格差异,产生了婚姻关系上的 3 种重要的差别:热情对冷淡,忠诚对多疑,自满对过分依赖。卡特尔还测量了不同职业者的人格特点,如飞行员、艺术家和作家等,发现不同职业的人 16 种人格特性的相互关系是不同的。这些研究具有一定的实际意义。

第三节 个性特征和旅游行为

个性特征并没有被普遍接受的严格定义。有的心理学家认为,个性特征就是个性心理特征,由性格、气质和能力构成,其中性格是个性特征的核心,而性格由态度和行为方式构成。有的心理学家认为,个性特征包括个性心理特征和个性倾向性两个方面。我们从应用的立场出发,更乐于接受内涵丰富、使用范围广泛的概念。在此,我们把个性特征定义为个体区别于他人的典型的心理和行为特点,包括个性类型、生活方式、自我意识、兴趣等个人因素。下面我们就逐一讨论各种个性特征和旅游行为之间的关系。

一、内、外倾个性和旅游行为

不同个性类型的个体,他们的心理特点和行为表现必然会有各自不同的地方。荣格根据个体"力比多"的趋向性,把个性分为内倾和外倾两大主要类型。内倾者感到自身具有绝对价值,看待一切事物都以自己的观点为准则,喜欢独处、沉静、畏缩、多疑,对他人存有戒心;外倾者感到身外有绝对价值,用客观标准评价事物,喜欢活动、善于交际、易受情感支配、乐观开朗。

斯坦利·帕洛格 1972 年调查发现,内倾和外倾的旅游者,在旅游行为方面有较大差异。内倾型旅游者喜欢去熟悉的目的地,乐于选择正规的旅游设施和低活动量的旅游项目,喜欢日光浴和家庭式的气氛、熟悉的娱乐活动,并且喜欢自己开车前往旅游点,事先准备好齐全的旅行用品,希望全部旅游日程能事先安排好。这类旅游者表现出了严格的计划性,希望所有活动都在计划之中。外倾型的旅游者乐于去未开发的地区旅游,希望旅游能带来新鲜的经历和新的喜悦;喜欢大活动量的旅游项目和一般的旅游设施,不喜欢专门吸引旅游者的商店。他们喜欢乘飞机去旅游目的地,乐于接触不熟悉的人和事,对陌生的文化有强烈的兴趣,并且对旅游日程和内容只愿意作一般的安排,乐于留有余地,表现出比较大的灵活性。这类旅游者认为,旅游活动应随时接触新鲜的、甚至是难以预计的事物,在陌生而复杂的地方获得丰富多彩的旅游乐趣和旅游享受。此外,外倾型旅游者的行为特征,往往使他们成为新的旅游区的发现者和宣传者,而内倾型旅游者往往是追随外倾型旅游者之后,成为新的旅游区的游客。

实际上，荣格对个性类型的划分从外倾到内倾是一个连续体，除了典型的内倾者和外倾者之外，还有大量中间类型的人。结合荣格的理论和帕洛格的调查，作为旅游从业者应该看到在旅游区开发、旅游设施和具体项目建设、旅游线路设计、旅游服务方式和宣传的内容及方法等方面，应针对不同的个性类型的旅游者，开展一些目的性较强的实际工作。

二、兴趣对旅游行为的影响

兴趣是人对事物和活动的积极态度，是人们从事各种活动的强有力的推动力之一。旅游者的兴趣对他选择的旅游内容、旅游地点和旅游活动方式，会产生很大的影响。

人的旅游兴趣不同，便会注意和选择不同的旅游对象。有的人对旅游可以使自己获得新知识感兴趣，有的人对旅游可以使自己得到休息娱乐有好感，有的人对旅游可以发挥和锻炼个人的能力更喜欢。旅游兴趣的这种差别，将会使他们特别注意和优先选择自己感兴趣和喜欢的旅游活动。在旅游选择的过程中，人们总是选择符合自己兴趣和要求的旅游活动，那些不为人们所感兴趣的旅游活动，往往无人问津。

人们的旅游兴趣有广义、狭义之分和长久与短暂之别。有的人兴趣范围比较窄，只对个别的旅游活动感兴趣，有的人兴趣范围比较广，因此他们在旅游活动选择的范围上会表现出明显的差别。旅游兴趣广的人，每次旅游活动可能会选择不同的旅游对象，也可能在一次旅游活动中选择几个不同的旅游对象。而旅游兴趣窄的人，则会表现为多次重复选择同一类型的旅游对象，或者比较固定地选择同一个旅游目的地。有的人对旅游活动只有暂时的兴趣，经过有限的几次就不再旅游；有的人对旅游有持久的兴趣，会多次参加旅游活动。如果一个人对某种旅游活动有较高的持久兴趣，便会多次选择这种类型的旅游活动。有较高的、持久的旅游兴趣的人，便是旅游的常客或者说回头客，这些旅游者是旅游服务的重点对象。

显然，旅游兴趣对旅游选择的方向、内容也有重要的影响。

首先，旅游兴趣使旅游者为旅游选择进行积极的准备。人们如果对某种旅游活动感兴趣，便会积极地多方面搜集该种旅游活动的详细资料，了解和分析它的情况，为选择该项旅游活动做好充分的准备。

其次，兴趣可以促使个体做出旅游选择。人们在对自己感兴趣的旅游活动搜集信息、增加认识的基础上，可以进一步了解到它的优点，增加对它的兴趣，在兴趣的推动下，便会决定选择这种旅游活动作为自己旅游的对象。

最后，兴趣可以使旅游者对某些旅游活动重复选择。人们参加自己感兴趣的旅游活动，如果能获得愉快、美好的心理体验，则会对它产生更大的兴趣，就会在今后再次选择这种旅游活动。例如，人们普遍对山水甲天下的桂林感兴趣，许多人在领略了它的山水之美后，还希望有机会再去旅游。在很多个海滨旅游度假景区中，有的旅游点人们愿意今后一去再去，就是由于兴趣的增加而进行的重复选择的实例。所以说，兴趣会推动个体重复进行旅游选择。

由于人们都把旅游看作可以得到很大乐趣的有益活动，所以，旅游接待部门应该重视旅游兴趣对旅游选择的影响，并且对旅游活动的内容、方式认真地进行研究，使之能以突出的特点符合并引起人们的兴趣，从一个更为积极的角度去影响人们的旅游选择。

三、气质对旅游行为的影响

气质是指人的高级神经活动类型在人的行为和活动中的表现。它主要体现在情绪体验的快慢与强弱、表现的隐显、动作的灵敏与迟钝及言语的速度和节奏等方面。

根据气质在行为方式上的特点，一般可以分为4种典型的气质类型。

(1) 多血质。活泼好动、敏感；反应迅速；喜欢与人交往，不甘于寂寞，兴趣容易变换，倾向于外部事物，从外界获得印象。

(2) 黏液质。安静、稳重、反应较慢、沉默寡言，情绪不易外露，善于忍耐，有坚持性，较内向。

(3) 胆汁质。直率、热情、精力充沛，情绪容易冲动，变换剧烈，明显外向。

(4) 抑郁质。情绪体验深刻，孤僻，怯懦柔弱，行动迟缓，善于觉察细节，具有明显内倾性。

气质特点不同的人，由于对旅游活动有不同的适应性，而表现为对旅游活动的不同选择倾向。多血质和胆汁质气质类型的人，会较多地选择活动性强、有变化、新鲜奇异以至带有探险性质的旅游活动，对群体型的旅游活动选择倾向大，即使与陌生人一起旅游一般也不会影响他们的选择，他们有时也会单独进行旅游。黏液质和抑郁质气质类型的人，大多会选择安逸的、有知识内容、活动性不太强、与自己的生活环境相差不太大，而且有一定熟悉感的旅游活动。他们喜欢与熟人一起旅游，尤其是抑郁质气质类型的人，常常以是否有比较熟悉、满意而可靠的旅游伙伴作为选择的标准。

四、性格对旅游行为的影响

性格受个人的信念、理想和价值观念的影响，是个性的核心，对旅游活动的选择有较大的影响。

有的人有注重实效的性格特点，他们会较多地选择能够满足自己求知、求乐的需要并且节约费用的旅游活动。有的人比较注重自我形象的表现，会较多地选择能够象征自己的能力、成就和地位的旅游活动，为了增强自我形象，他们甚至不惜金钱，不惜艰辛，选择探险旅游活动。

性格的情绪特征比较强的人，对旅游的趣味性会有比较多的考虑，喜欢具有多样性的活动内容，活动方式和具有欢乐、愉快气氛及浪漫色彩的旅游活动，对度假和一般的观光旅游活动也会较有好感。

性格的理智特征比较强的人，多会选择具有认识和审美意义的社会文化对象和奇特的自然现象作为旅游对象，较少选择娱乐性活动和一般的度假旅游和参观游览活动，尤其单纯的娱乐性的旅游活动不为他们所欢迎。

性格的意志特征比较强的人，对轻而易举的旅游活动不会有多大的兴趣，而对那些需要自己付出艰辛和努力，能够发挥个人能力等具有挑战性的旅游活动，有积极的选择倾向。不同的性格特征，还会影响个人对旅游交通、食宿条件做出不同的选择，其影响涉及旅游过程中的各个方面。

气质和性格对旅游选择的影响，还表现在选择的方式和速度方面。多血质和胆汁质气质类型的人及情绪特征、意志特征较强的人，往往会独立地、果断地作出选择，较少表现出优柔寡断。黏液质气质的人、理智特征较强的人，在选择中表现出更多的谨慎，他们会多方面搜集资料，细心进行评估，独立地做出决断，在认为还没有对所有问题具有充分把握之前，不会贸然地下决心。抑郁质气质类型的人和有被动性格特征的人，在旅游选择中往往表现出犹豫不决、举棋不定，难以很快地下决心，所以常常观望别人，受别人选择的影响。

气质和性格对旅游选择的影响是复杂的，具有某种气质和性格特征的人，虽然在选择上经常会表现出某种倾向性，但在某种情况下也会表现出与通常所不同的倾向性，这就需要进行具体分析，以发现起作用的其他因素。大多数情况下，气质和性格对旅游活动选择的影响，并不排斥上述某些特殊情况。由于旅游选择受多种因素的影响，我们应当对特殊情况进行分析，做到具体问题具体分析，这将会使我们对旅游者的认识更丰富、更全面、更准确。

第四节 旅游者的类型

人们对旅游活动的不同选择，表现了他们的不同心理特点。而选择相同旅游活动的旅游者，则会具有共同的心理特点。对旅游者进行类型划分，可进一步了解他们的特征。

一、根据对旅游内容的选择进行分类

旅游有各种不同的活动内容，主要有休息疗养、娱乐旅游、体育健身、观光游览、文化旅游、探险猎奇旅游等。根据对旅游内容的不同选择，旅游者可以分为以下几种类型。

1. 休息疗养型旅游者

这种类型的旅游者，多是比较注意自己身体保健的人，他们之中多数人具有内倾的个性特征。这类旅游者对外部活动不是太关心，对自己的健康比较重视。因此，会比较多地选择具有保健作用的旅游活动和旅游目的地，如选择一些环境安静、气候适宜的海滨度假和温泉疗养地，选择轻松、愉快的旅游活动。他们对旅游中的安全因素有比较多的考虑，如对人身安全、饮食安全、住宿的卫生条件等，均有比较高的要求。这种类型的旅游者经常会选择自己比较熟悉的旅游目的地景区作为游览的首选。

2. 娱乐型旅游者

这类旅游者多是那些具有活泼好动、外向等个性特点的人。这类旅游者以娱乐为主要目的，他们的选择多以观光游览为基础，注重各种娱乐性的旅游活动内容。他们虽然对观赏自然风光、名胜古迹和了解民情风俗有兴趣，但却不喜欢单纯的观赏活动，而是希望活动内容和活动节奏有变化，希望参加各种娱乐性活动，如参加游乐场的活动、观看文艺演出和体育表演，对狩猎活动也会表现出极大的兴趣。

3. 体育健身型旅游者

这是一些具有活泼好动、意志坚强、精力充沛等个性特征的旅游者。他们对登山、游泳、冲浪、滑雪等体育活动具有较高的积极性，希望在旅游中能发挥自己精力充沛的优势，锻炼和增强自己的意志，并达到锻炼和增进身体健康的目的。我国近年来举行的泰山登山比赛、攀登珠穆朗玛峰、长途汽车拉力赛、北戴河海滩国际排球比赛等活动，比较适合这类旅游者的特点。

4. 观光型旅游者

具有情绪特征和理智特征的人多数为这一类型的旅游者。他们旅游观光的内容相当广泛，秀丽的风光、稀有的动植物、奇异的山水等自然现象，人类的历史古迹，不同地区、不同民族的风土民情，都是观光旅游的内容。凡是没有为他们观赏和见识过的事物，都可能成为他们观光旅游的目标。例如，有的人从未见过大海，那么他就会首先选择到海滨旅游，有的人未见过冰雪，他会选择冰雪风光秀丽的地方去旅游。由于观光旅游既有知识的内容，又有审美的成分，且具有娱乐的性质，因此，观光旅游者在各类旅游者中占有相当大的比例。

5. 求知型旅游者

求知型的旅游者多是理智型特征比较强，同时具有意志性特征的人。这类旅游者对各种新鲜奇异的自然现象，不同民族的文化、历史、现代生活方式和生活特点都比较感兴趣，他们参加旅游活动也多有考查研究的成分。其中，有些人对旅途中的交通、食宿条件等有较高的要求(如某些有一定研究成就和一定社会地位的学者或专家)，多数人对旅途条件不太讲究(如青年或学生)，但当必须付出一定的艰辛才能达到目的时，他们也都会不辞辛苦，直到顺利完成旅游活动项目。随着社会经济和文化发展对人的个性心理素质的影响，这类旅游者有较快增长的趋势。

6. 探险猎奇型旅游者

这类旅游者主要是一些个性明显外向、意志特征和理智特征较强的人。他们关心外部世界，喜欢新奇，同时又由于有较强的意志力，因而对探险猎奇的旅游活动比较倾心。稀奇古怪的旅游地，人迹罕至的旅游地，有异国情调的旅游活动，仿古旅游活动，探险旅游活动等，均在他们的选择之列。

二、根据旅游距离分类

1. 近距离旅游者

这类旅游者多是个性较内向的人。他们由于个性内向，对生疏的环境有比较大的不安全感，喜欢在熟悉的环境中从事旅游活动。近距离的旅游点，在生活习惯、文化传统等方面与他们的生活环境、习惯、文化传统没有多大差别，因而比较能够适应。

2. 远距离的国内旅游者

这类旅游者多是活泼好动、对新环境有一定的适应能力、较外向的人。他们比较喜欢接触新鲜事物，远离家居进行远距离的国内旅游，可以满足他们的这种心理。

3. 出国旅游者

有的人有较强的好奇心理，出国旅游是他们向往的活动。出国旅游者一般个性较外向，理智特征和意志特征都比较强，有较强的适应能力，兴趣比较广泛，对异国他乡比较闻名的

自然风光、历史古迹、文化艺术、生活方式、风俗和传统，都有比较大的兴趣。他们之中有些人也会有比较强的象征性心理，通过出国旅游希望改善自己在人们心目中的地位和形象。

三、根据生活方式进行分类

生活方式是指社会生活的形式，其数量特征表现为生活水平包括人们的收入水平、消费水平、社会福利状况等。其质量特征表现为人际关系、生活习惯、价值取向、行为规范、社会态度及利用闲暇时间的方式等。生活方式作为一种综合性的个性特征，与人的日常生活中的各种行为关系密切。在同一个社会中的生活方式有很多种，这些并存的社会生活方式既有鲜明的时代特色，也包含很多历久常新的历史文化传统。威廉·威尔斯认为，研究生活方式非常有助于理解旅游行为。伊莱思·K.伯奈研究发现，活跃开放者和恋家者在旅游方式上大多有显著的差异。根据旅游者的生活方式与旅游行为之间的关系，大致可以作3种类型的典型概括。

1. 喜欢安静生活的旅游者

这种类型的旅游者重视家庭，关心孩子，维护传统，渴望井然有序的生活。他们重视清洁和健身，希望旅游活动能够充分休息、娱乐而且安全。一般情况下，他们乐于选择安宁幽静的旅游目的地，喜欢清新的空气、明媚的阳光、野营、狩猎、钓鱼，以及其他户外的活动。那些户外活动条件较好的适宜于全家度假的幽静的湖滨、海岛、山庄等旅游景区，对这类旅游者的吸引力非常大。针对这类旅游者，在旅游区开发建设、服务方式和宣传促销时，应注意用幽静的户外活动、可以全家一起度假、有利于孩子的教育、能充分休息和健身等，去吸引他们做出旅游决策。

2. 活跃开放的旅游者

这种类型的旅游者外向、活跃、自信，乐于主动和他人交往，影响别人的心理和行为，总是希望能以某种方式更多地介入社会生活，从而改变或影响他们所生活的社会。他们敢于尝试新的事物，对任何新鲜的经历都有很大的兴趣，喜欢遥远陌生的旅游目的地，最好能周游世界。他们认为假期不能只是休息、疗养，而应该摆脱刻板单调的日常生活，去从事全新的活动，体验更加丰富多彩的人生经验。20世纪90年代以来，在北京、上海、广州等地兴起的东南亚旅游的参加者，大多数就属于这类旅游者。他们通常有较高的经济收入和文化水平，良好的职业和一定的冒险精神。这类旅游者往往被不同国家、不同文化背景的美术馆、博物馆、音乐会、传统戏剧和民俗风情所吸引，喜欢乘坐飞机、租赁汽车，乐于参加秋冬季节的旅游活动。针对这种类型的旅游者，旅游商品和宣传都必须围绕一个"新"字做文章。

3. 喜欢历史的旅游者

法国的历史学家弥基勒特曾经说过，我从世界的边缘走过，我以历史为生活，我始终是更多地生活于过去，而不是生活于现在。事实上，在普通人当中也有相当一部分人对历史怀有很大的兴趣，他们的旅游动机之一就是登临古迹、缅怀过去。历史人物遗迹，古代文化旧址和历史事件的遗址等对这类旅游者有很大的吸引力。西安之所以成为游客云集的旅游区，就是因为它和中华民族的历史有千丝万缕的联系，"看2000年历史去西安"就是旅游者对西安的评价和兴趣所在。所罗门和乔治在一项有关美国独立 200 周年纪念的旅游研究中发现,对历史感兴趣的旅游者,虽然不一定都有较高的文化水平,但他们都普遍认为,假期应该过得有教育意义,应该能够增长知识,通过对历史文化的了解,加强对现实社会生活的理解。因此,这种类型的旅游者降低了对休息娱乐的需要,把假期变成了一堂历史课。此外,这类旅游者重视旅游活动的教育作用和他们对孩子和家庭的强烈责任感有关系。他们认为,假期应该是为孩子安排的,能全家一起度假是家庭的幸福。古人说:"以史为鉴,可以知兴亡。"旅游可以使人更直接地了解历史,体验一个国家的沧桑变化。例如,我们每个人都读过"落后就要挨打"的历史总结,但不一定有太多的体验和感慨;如果站在圆明园的废墟上,感觉就完全不一样了。那种切肤之痛,让每一个爱国者都会为历史而悲愤,为现实而自豪。旅游的教育意义正是体现在这一方面。要想吸引这一类旅游者,在宣传上应该突出旅游能提供受教育、长知识的机会,并强调全家能在一起旅游度假。

四、根据对旅游组织方式的选择进行分类

不同个性的人对不同的旅游方式有不同的适应性,因此,对旅游方式的选择倾向也能表现出旅游者不同的个性特点。根据对旅游组织方式的选择,可以对旅游者作如下分类。

1. 团体型

有些人在旅游时乐意选择团体旅游,他们或者选择自己平时所属团体组织的集体旅游,或者选择由旅行社组织的、有预定计划和陪同的包价团体旅游。这种类型的旅游者大多是个性比较内向、反应比较慢、适应能力比较差的人,团体旅游可以降低不安全感。出国旅游者为了减少旅途的麻烦,也会较多地选择团队旅游。

2. 自主团体型

这类旅游者也参加团体旅游,但不希望旅行社对他的旅游活动做出具体安排,也就是现在较为流行的自助游旅游者。他们要求旅行社只安排最基本的项目,如安排旅途的交通和旅馆住宿,到了每个旅游地如何进行活动则完全由自己做主和安排,或者可以由旅行社对重要的、大众化的旅游活动做出安排,其他旅游活动则留给自己安排,以便自己能够有较大的自主性。这种旅游者多是性格外向的人,他们有一定的适应能力和独立思考能力,并具有主动型的个性特征。

3. 自主型

这种类型的旅游者喜欢不受约束地支配自己的旅游时间,安排自己的旅游活动,因此,不喜欢参加有组织的团体旅游,是属于真正酷爱旅游的"发烧友",也就是那些常常在网络上发表旅游感想的"背包一族"。他们也可以与其他少数人自由结合共同旅游,但必须以双方有共同的旅游兴趣,以相投的个性和友谊为基础。他们乐于独立自主地安排自己的旅游活动,喜欢与旅游地的人来往。他们之中有的人事先并没有明确的旅游目标和固定不变的旅游日程表,而只有大体的旅游线路,旅游中多是游一程算一程,走到哪里算哪里,甚至可以在心爱的旅游景点住上一阵。总的目的是追新猎奇,即时选择旅游活动内容。他们有时也会在旅游目的地从事一些有报酬的活动,以补充继续旅游的资费。这类旅游者多是那

些个性明显外向、兴趣广泛、追新猎奇、独立性和适应能力较强的人，它们中的许多人都会对云南的大理、丽江、西藏、新疆等地方情有独钟。

对不同类型的旅游者分析和认识，是进行旅游开发建设和组织旅游活动的重要依据。根据旅游者的不同类型，可以有针对性地开发各种内容的旅游线路，组织不同的旅游活动方式，使旅游业得到全面而有效的发展。

本 章 小 结

1．人的个性倾向性是个性中的动力结构，是个性结构中最活跃的因素，受需要、动机、兴趣等多种因素的影响。

2．影响个性形成和发展的因素主要是先天遗传因素、环境因素和社会生活实践。

3．不同的个性理论对个性的描述也各有差异。

4．旅游者的个性心理特征主要表现在气质和性格上，个性特征不同产生的旅游行为也不同。

5．旅游者不同的个性类型，反映出不同的个性特征，产生不同的旅游行为。

案例分析

美 国 客 人

某天晚上八点左右，有一位美国客人到某酒店餐厅吃饭。这位客人坐下以后，不断地和服务员交谈，让服务员给他介绍有什么好吃的。他对周围的一切都非常好奇，不是看花瓶、餐具，就是研究筷子架，还让服务员教他如何使用筷子。最后，他点了一个中式牛柳、一个例汤和一碟青菜。很快，菜就上齐了。他首先把牛柳摆在面前，迫不及待地吃了起来。只见他将一块牛柳放进嘴里咬了几下，就把牛柳吐在骨碟上，接连试了几块，都是如此。这时，他无可奈何地擦了擦嘴，招手示意服务员过去。当服务员走到他面前时，他非常幽默地说：“小伙子，你们这里的牛一定比我的爷爷还老，你看看我的嘴对此非常不高兴，它对我说能否来一点它感兴趣的牛柳呢？”说完他就笑眯眯地望着服务员，等候他的回答。服务员说了声：“对不起，请稍等。”便马上去找主管。主管来了以后对这位客人说："此菜是本店奉送的，免费。"这位客人结账时对服务员说："看来今晚要麻烦送餐部了。"

分析：上述案例中，这位美国人一进餐厅就不断地和服务员交谈，对餐厅的一切都很好奇，问这问那。牛柳一端上来就迫不及待地吃起来，当牛柳咬不动时他并没有生气，而是说了一句非常幽默风趣的话："小伙子，你们这里的牛一定比我爷爷还老。"他结账时还说了句风趣的话："看来今晚要麻烦送餐部了。"由此可以看出，这位美国人爱交际，好奇心比较强，性情急躁，性格开朗，幽默、风趣，属于气质类型中多血质的人。

心理测试

个性倾向测试

测试说明：下面有 50 道题，请根据自己的实际情况做出回答。符合自己情况的在该问题后面记上"＋"；难以回答的，则用"？"作记号；不符合的，则以"－"作记号。

1. 与观点不同的人也能友好往来。
2. 你读书较慢，力求完全看懂。
3. 你做事较快，但比较粗糙。
4. 你经常分析自己、研究自己。
5. 生气时，你总不加抑制地把怒气发泄出来。
6. 在人多的场合你总是力求不引人注意。
7. 你不喜欢写日记。
8. 你待人总是很小心。
9. 你是个不拘小节的人。
10. 你不敢在众人面前发表演说。
11. 你能够做好领导团体的工作。
12. 你常会猜疑别人。
13. 受到表扬后你会工作得更努力。
14. 你希望过平静、轻松的生活。
15. 你从不考虑自己几年后的事情。
16. 你常会一个人想入非非。
17. 你喜欢经常变换工作。
18. 你常常回忆自己过去的生活。
19. 你很喜欢参加集体娱乐活动。
20. 你总是三思而后行。
21. 使用金钱时你从不精打细算。
22. 你讨厌在工作时有人在旁边观看。
23. 你始终以乐观的态度对待人生。
24. 你总是独立思考回答问题。
25. 你不怕应付麻烦的事情。
26. 对陌生人你从不轻易相信。
27. 你几乎从不主动制订学习或工作计划。
28. 你不善于结交朋友。
29. 你的意见和观点常会发生变化。
30. 你很注意交通安全。
31. 你肚里有话藏不住，总想对人说出来。
32. 你常有自卑感。
33. 你不大注意自己的服装是否整洁。
34. 你很关心别人会对你有什么看法。
35. 和别人在一起时，你的话总比别人多。
36. 你喜欢独自一个人在房内休息。
37. 你的情绪很容易波动。
38. 看到房间里杂乱无章，你就静不下心来。
39. 遇到不懂的问题你就去问别人。

40. 旁边若有说话声或广播声，你总无法静下心来学习。
41. 你的口头表达能力还不错。
42. 你是个沉默寡言的人。
43. 在一个新的环境里你很快就能熟悉起来。
44. 要你同陌生人打交道，常感到为难。
45. 常会过高地估计自己的能力。
46. 遭到失败后你总是忘却不了。
47. 你感到脚踏实地地干事比探索理论原理更重要。
48. 你很注意同伴们的工作或学习成绩。
49. 比起读小说和看电影来，你更喜欢郊游和跳舞。
50. 买东西时，你常常犹豫不决。

计分与说明：

题号为奇数的题目(1、3、5、7、9等)，每有一个"＋"计2分，每有一个"？"计1分，每有一个"－"计0分；题号为偶数的题目(2、4、6、8、10等)，每有一个"－"计2分，每有一个"？"计1分，每有一个"＋"的计0分。

最后，将所有题目的分数相加，其和即为你的性向指数。性向指数为0～100。由性向指数的数值就可以了解一个人内倾或外倾的程度。

总　　分	性格倾向性
0～19分	内向
20～39分	偏内向
40～59分	中间型(混合型)
60～79分	偏外向
80～100分	外向

思 考 题

1. 什么是个性？个性有什么特性？
2. 研究旅游者的个性有什么意义？
3. 个性特点与旅游倾向有什么关系？请谈谈你的认识和体会。
4. 对旅游者可以进行哪些分类？这些分类为我们提供了哪些旅游者？了解这些类型对开展旅游活动有什么意义？

第八章　个体的旅游审美心理

> 通过对本章的学习，要求掌握：
> - 旅游审美对象的内容；
> - 旅游审美的心理特点；
> - 提高旅游审美效果的具体措施。
>
> 通过对本章的学习，要求能够：
> - 了解研究旅游审美的意义所在；
> - 明确作为旅游接待服务人员应该采取哪些手段提高旅游者的审美效果。

第一节　个体的旅游审美

一、研究旅游美学的意义

人们在旅游活动中，通过对各种对象的观赏，产生美的感受。审美活动是旅游活动的重要因素，是旅游动机的主要内容之一，因此，旅游审美是影响旅游活动效果的重要因素。

人们的旅游动机与目的是多种多样的，即使是同一个人每次旅游的动机和目的也不相同，然而，无论是何种旅游，都少不了审美活动，都离不开对美感的追求。知识旅游，如研修旅游等，大多数人的主要目的在于获得美学知识，其余的人也会在自己所关心的知识领域中获得美的享受。学习各种艺术、语言、建筑、民俗、历史等，首先会醉心于其中的艺术美或社会美。度假旅游、康乐旅游、避暑、新婚蜜月旅游、疗养旅游等，人们必以优美、清静的环境为选择目的地的先决条件，唯有如此才能精神愉快，得到很好的休息和身心的康复。猎奇探险旅游，如探险、漂流旅游等，经常要深入人迹罕至的荒蛮之地，美又何在？其实，不论是茫茫的沙漠戈壁、连绵的崇山密林，还是滔滔的江河，它们原始、粗犷，置身其间充满艰辛、危险，但是自有一种壮美，并且也不乏优美，因此人们才甘愿冒风险，乐此不疲。至于说观光旅游与公务旅游闲暇时的观光活动，其主要目的就是寻求美。可以这样说：在一切旅游活动中，无不包含着对美的追求。旅游属于人生的高层次需求，追求的是精神享受，其核心即是美的享受。

旅游资源是旅游业的基础，旅游者是因旅游资源的吸引而来到旅游景区的。凡是被选作旅游资源的地方必然是其所蕴涵的美的类型多而奇，美感突出而强烈，具有精神感召力的因素。旅游资源评价的重要标准之一便是其美学意义。对旅游资源的合理利用，包括观赏，不仅能达到增长知识、休息娱乐的目的，更可以陶冶性情，培养意志，树立理想，提高生活的境界和情趣，美学家称这种过程为"净化"。这是一种非常形象、生动、自然而不

生硬的美学教育，比说教和灌输更容易为人接受，是寓教于情，情动而理达，因此也更沁人肺腑，影响巨大。对此，俄国教育家乌申斯基写道："我深信美丽的风景，在青年气质的发展上所具有的那种巨大的教育影响，对于教师的影响来说，是很难和它竞争的。"这里他仅阐述了自然美的作用，而人文景观、文学艺术等由于倾注了创造者的理想和情感，更能够激起观赏者的共鸣，因此美育效果更为强烈。

对于旅游从业者及有关部门的工作者来说，努力的目标在于获得旅游的社会效益(包括社会经济效益与社会精神文化效益)和环境效益，为此就必须尽可能将已被利用的旅游资源所蕴涵的美充分体现出来，使游人能够察觉，能够享受，并且有责任发现美、提高美、创造美，以开拓新的旅游资源。仅仅着眼于一时接待游人数量的多少是远远不够的。美学效果的高低才是长期发挥作用的因素，也是衡量旅游资源开发利用程度及旅游活动组织安排成效的主要标准之一。

显然，无论是旅游者还是旅游从业者，都需要提高美学修养，学习和研究旅游审美规律，其焦点则落在对旅游资源的开发与观赏问题上。

二、旅游审美对象的内容

旅游者在旅游活动过程中，置身于旅游环境之中，观察各种对象，接触各种事物，进行各种人际交往活动，都会引起他们的审美活动，产生美的感受。在旅游中，观赏各种具有审美价值的对象，是各类旅游者的共同意向和心愿。各种自然风光、名胜古迹，可以给人以美的感受；旅游地区的文化艺术、社会生活现象、民族风情及人的行为，均具有审美的意义。旅游中具有审美价值的所有事物，都可以成为旅游者的审美对象。因此，旅游审美对象具有广泛的内容，根据不同的特征，旅游审美对象可以分为自然景观美、人文景观美、景区色彩美、景区声音美、社会生活美、艺术美、工艺美、旅游设施美等。

(一) 自然景观美

各种优美、险峻、奇特的山水，幽深的峡谷，开阔的草原，茂密的森林，夏季阳光照耀下的海滨，冬季银装素裹的雪原，美丽奇异的花草，各种珍禽异兽等，都有审美的价值，都可成为旅游的审美对象。我国有各种类型的自然旅游资源，景观内容十分丰富，如山水风景甲天下的桂林，以雄伟著称的泰山，被誉为"天下秀"的峨眉山，以山景奇特闻名的黄山和山势险峻的华山，张家界国家森林公园，四川的九寨沟，卧龙自然保护区，湖北的神农架自然保护区，贵州的黄果树瀑布，东北冬季的雪原"树挂"景色等，都是具有典型审美价值的自然景观。人们在旅游中通过对各种自然景观的观赏，获得美的感受。自然风景区是为多数旅游者选择的旅游对象，因此，是旅游中具有普遍意义的审美对象。

(二) 人文景观美

作为旅游对象的另一部分主要内容是各种人文景观。人们通过对各种人文景观的观赏，同样也会获得美的感受，因而也是旅游审美对象的重要内容。人文景观包括历史古迹、历史文物、各种园林、民族风情等内容。例如，万里长城之雄伟，北京故宫的宏伟壮阔，北京颐和园、承德避暑山庄、苏州网师园、杭州西湖等各具风格的园林建筑，各种都市风光、乡村田园风光、各地区、各民族的民情风俗，都是具有重要审美价值的人文景观对象。人

们通过对各种人文景观的观赏，从中获得美的感受。我国具有悠久的历史，人文景观相当丰富并独具特色，是旅游审美的主要对象。

(三) 景区色彩美

色彩是事物的基本属性之一，凡是事物有其形也必有其色。当人们看到物的形象时，同时也就感知了它的颜色。与形象相比，色彩对人的感官更有刺激性。姹紫嫣红的花草树木，斑驳绚丽的鸟兽鱼虫，光彩夺目的朝晖夕阳，晶莹光洁的冰雪雾凇，流光溢彩的江河湖海，光泽艳丽的矿物结晶，红黑褐黄的土壤岩石，七彩纯正的霓虹佛光，幻化迷离的极光海市及色彩缤纷的建筑、绘画、雕塑、服饰等，无不以其特有的色彩引人注目。

色彩在构景中起着非常重要的作用，有时超过了事物的形象效果，甚至在一定程度上改变了事物的形象，赋予它特有的神韵。北京人深秋最喜欢看香山红叶，实际上黄栌树的叶子形状算不上多么美，人们所欣赏的是那满山一片火红的整体景象，从中感受到了勃勃生机。人们对四川九寨沟那成串的湖泊印象最深的不是湖水的清澈，而是缤纷的色彩，故称之为五彩池。新疆火焰山那褐红色的岩石和蒸腾的云气，远望如烈焰熊熊，具有一种动态美，并以此而区别于其他山峰。云雾呈灰白色，似乎显得单调无力，然而它虚幻缥缈，是造成朦胧景观的重要因素，增加了景色的纵深感，丰富了层次，也使静止的物体产生了运动感，给人留下了驰骋想象的余地。昏暗本来不利于欣赏景观，但是它掩饰了客观世界的某些不足，在天幕的衬托下突出地显现出轮廓景，尤其是夜幕降临后，更显示出万家灯火，星辉月洁。如果有水面倒影，水中、陆上、天空浑然一体，景观内容便会大大充实，所以香港夜景成为世界著名夜景之一，山城重庆也以夜景美丽而出名。盛大节日很多都安排有夜间活动，其原因之一便是利用夜幕将火炬、篝火、建筑物所装饰的轮廓灯、燃放的焰火等突现出来，制造一种奇妙的环境。

我国古典园林建筑历来很注意对色彩的运用，用以产生特殊的意境，最典型的例子是江苏扬州的竹园。进门之后，经过火巷，首先映入眼帘的是许多株翠竹，竹间点缀石笋，这种新绿与石笋，使人联想起雨后春笋，所以取名为春山；再往前走到一处假山，这座假山主要由白色太湖石组成，下洞上台，以天空为背景，形状好像夏天云彩。水池中种满荷花，山旁边有浓荫乔木，所以称之为夏山；再往前为秋山，以黄石组成，配以秋色叶树种；最后为冬山，上白下暗，使人联想到积雪，用腊梅做点缀，呈现一派冬天的景象。如此这样一番装饰，在小小的一园之中，同时兼备四季景象，构思堪称巧妙，这种效果更多的是依赖于色彩的变化。

另外，心理学家和医学家指出，各种颜色可以在人们的心理上唤起某种特定的情感，也会引起生理上的变化。蓝色使人感到宁静和满足，血压平稳；绿色使人放松，利于养目；黄色代表时尚和进取心，使人振作；红色则使人兴奋，脉搏加快，血压上升，联想到权力；绿色和红色配合更使人充满力量。按不同颜色对人的感官和心理、生理的影响，颜色常被划分为冷色、中间色和暖色。

在社会生活中，某些颜色被赋予了特殊意义，它们又与颜色的心理和生理影响有着联系，如红色代表热情、革命；绿色代表和平、安全；黑色代表悲伤、死亡；黄色代表珍贵，象征着君权和神权。不同颜色的感官效果和社会意义，在景区建设、建筑、服饰和艺术上都很受重视，并得到了充分的体现。

(四) 景区声音美

泉水叮咚，溪流潺潺，莺燕婉转，雨打蕉荷、铁马风动、林海松涛、波浪澎湃、空谷足音、人声天籁等，各有其情。清浊徐疾，自有节奏。声音效果有时会成为某些旅游景点的特色。杭州九溪十八涧的美，正如清代学者俞樾在《题杭州九溪十八涧》诗中所指出的："重重叠叠山，曲曲环环路，咚咚叮叮泉，高高下下树。"山、路、树主要是形、色之美，泉水之美主要是声之美。浙江普陀山有潮音洞，海潮奔腾入洞，拍击崖壁，声若雷吼，因此而得名"潮音洞"。峨眉山万年寺旁有一个水池，其中有弹琴蛙，其鸣声奇特，可发"1、3、5"三个音阶，而且一唱众和，很有秩序，人们常常对此引以为奇。北京天坛的回音壁、山西永济普救寺舍利塔、汉阳白马寺东齐云塔等都是有回声效果的景点。另外，河南登封有一座"鸡鸣巷"，这条小巷的外观没有什么特异的地方，然而击掌时回音明显，声如鸡鸣，屡试不爽，因此游人经常去光顾。

耳朵和眼睛一样，也是重要的感觉器官。声音悦于耳，也是一种美的享受，正如色彩悦于目。声音的节奏很容易为人所接受而引起情感上的共鸣。柔美的声音，徐缓的节奏，使人沉静、松弛，有助于思维；激越的声音，跳跃的节奏，令人欢快激动，受到了鼓舞，有助于运动。这都是乐音，是旅游审美的一部分。

值得特别提出的有两点：一是有时短暂的寂静更能衬托出声音的美，即"此时无声胜有声"。或者相反，适当的声音却有助于造成幽静的气氛，也就是我们所说的"鸟鸣山更幽"。这是审美的对比法则的作用。二是原本并无声音，却感到了有声音在响，借用鲁迅先生的诗句——"于无声处听惊雷"。例如，当旭日东升、霞光万道时，在文学家的笔下曾出现了这样的描写：仿佛千万只金黄色的喇叭在一齐鸣奏。白居易在观画竹诗中也写道："举头忽看不似画，低耳静听疑有声。"这是因为在长期的生活中，人们总是耳目并用，同时去感知世界，感官之间产生了联系，思维之中形成了联想。因此，在某些情况下，虽然是无声也仿佛有声了。

(五) 社会生活美

现实的社会生活、社会事物，也是旅游审美对象的构成内容。社会表现为人与人之间的联系，旅游中对社会生活的审美主要是通过对人的行为和品格的评价而进行的。人的美包括内在的心灵美和外在的形式美。心灵美是美的最为本质、最为核心的内容，包括生活态度、思想情感、道德情操和聪明才智。一个人对生活具有积极、严肃的态度，富有责任感，富有高尚的道德情操，并在社会生活和人与人的关系中自觉遵守道德规范，具有聪明才智并在实践中为社会发挥积极的作用，这样的人，使人们感到他的心灵之美。人的美还表现在外在的形式美，如行为美、语言美、自然形体美。一个人对社会、对他人做出的积极有益的活动，表现了他的行为之美。人的举止、姿态，风度、礼仪表现他的文明修养程度，是人的行为美的构成内容。语言是人们交流思想、沟通情感的工具，"言为心声"，语言是人的思想、志趣、情感的外在表现，所以，语言的内容、形式是人的美的重要内容。人的外在美还包括人的自然形体美，如人的身材和相貌。人的外在美是由内在的心灵美所决定的，只有内在心灵是美的，才能有外在的形式美。外在的形式美有利于表现内在的心灵美。如果仅有内在心灵美，而不讲究外在的形式美，便无法使人产生美的感受。只注意外在的形式美，亦不可能有人的真正美。旅游中，人们通过对人的外在形式美的欣赏而体验其内在的心灵美，通过对人的美的欣赏对社会进行审美评价。

在旅游中对社会美的感知对象中，既有旅游接待人员也有旅游地的群众，旅游者从他们的行为表现等外部特征对他们产生审美心理活动，并通过他们对旅游地社会进行审美评价。在这里，首先是旅游接待人员，他们对旅游者对社会美的评价有特殊的影响。

旅游中社会美的对象还包括旅游者自身，他们的行为同样也是心灵美丑的表现。旅游者自觉遵守应有的行为规范，尊重其他旅游者和旅游地的人民并与他们友好相处，就会使其他旅游者得到美的印象，做出美的评价。一个旅游者如果在所到之处乱扔废物、攀折花木、乱刻乱画，不遵守公众秩序，这些行为不会使其他旅游者有美的感受，当然也就不能对他的心灵做出美的评价。

(六) 艺术美

各种艺术品本来就是社会的审美对象，旅游者在进行旅游选择时，把欣赏不同国家和地区的艺术作为旅游的对象，因此，也就成为旅游审美对象的内容之一。一个国家和地区的艺术作品和艺术活动，既受其文化传统的影响，又是当代现实生活和文化形态的反映，因此，具有历史性、现实性和典型性。旅游所在国和所在地区的艺术，都具有明显的地区特色和民族特色，是旅游者所希望欣赏到的艺术活动，比如中国的戏剧艺术表演等。旅游中作为审美对象的艺术形式，主要是绘画、雕塑等造型艺术和音乐、舞蹈、戏剧、曲艺、杂技等表演艺术，旅游者通过对这些艺术作品和艺术表演的观赏，获得艺术审美享受。

(七) 工艺美

工艺美可以包含于艺术美之中，由于工艺品既有审美价值又可以有一定的实用价值，而且是每个旅游者都会接触到的，在旅游中更具普遍性，因此，把它单列为一类审美对象。

工艺品作为旅游审美的对象包括两个类别，一个类别是专供审美观赏的对象，如景泰蓝制品、玉雕制品；另一类别是既有观赏价值又有实用价值的对象，如各种刺绣品，艺术地毯等。两种类型的工艺品都可以通过观赏进行审美，故而被旅游者选作购买对象，作为陈列品供长期观赏。

各个地区均有自己独特的传统工艺品，因此，工艺品的种类繁多，内容丰富，作为旅游审美的对象，其作用是不应该被轻视的。

(八) 旅游设施美

旅游设施作为开展旅游活动的物质条件，主要是具有实用的功能。但是，随着旅游事业的发展，人们也开始注意使它具有审美的功能，以满足发展变化着的旅游活动的需要。旅游设施的审美主要在于设施的选址、造型及内部结构和陈设设计上。有的饭店选择建立在有利于观赏风景的地方，饭店造型的设计讲究建筑艺术风格和民族特色，内部结构注意增加庭院绿化设计，并注意进行艺术性装饰和陈设，这些都使旅游设施具有审美意义，成为既有实用价值又有审美价值的对象。比较有代表性的是北京的香山饭店，还有东三环的中旅大厦等。

旅游审美的对象内容丰富，种类繁多，分布广泛。旅游中处处有美的事物，处处有审美对象，时时都有审美活动。

第二节 旅游审美的心理特点

旅游审美同日常审美相似,都是由审美对象引起的一系列心理活动,在这个意义上它们具有共同性。但是,人们在旅游中是亲自接触现实的审美对象,因此,与日常生活中的审美相比,就具有明显的心理特点。

一、直接面对现实的对象,具有强烈的真切感

旅游中人们对山水风光、社会事物的审美都是直接的,他们面对的是真山真水、真人真事,比通过艺术形式间接欣赏更具生动性,因此,具有很强的真实感、真切感。

二、在移动中进行,审美感知的形象更丰富

人们在旅游中的审美活动,是边游边观赏,可以远眺、近赏、横观、侧望、仰看、俯视,进行多侧面、多角度和不同距离的观赏,感知的形象会更丰富、更完美。例如,张家界森林公园的"望郎峰"、"夫妻岩",随着旅游行进中观赏角度的不同,就会看到少女、少妇、老妪的不同形象;峨眉山海拔3000多公尺,山上山下温差为15摄氏度,会出现不同的季节特色,游览时随着高度的变化,景随步移,就可以看到不同的景色,获得更丰富、更完美的审美形象。

三、能够获取动态美的形象

旅游中许多景观对象都处在流动变幻中,表现出美的生动与活力,使旅游者欣赏到动态美的形象。滔滔奔流的大河,晶莹明澈的溪涧流水,微波涟漪的湖面,"飞流直下三千尺,疑是银河落九天"的瀑布等水流动的不同形象和声音;飞云走雾与"早观日出晚观霞"的日出日落的不同景象;风吹松涛峡谷的鸣响、天空振翼飞翔的鸟类、地上奔跑的动物、光照变化给景色造成的不同情调,都是生动的动态美的形象。旅游者可以在审美中获得多种多样的动态美的形象,这是旅游审美的突出心理特点之一。

四、不受约束,联想丰富

旅游中,人们对审美对象的选择观察有较大的灵活性和自由度,审美欣赏和审美评价受固有审美观念的影响较少,因此,思路开阔,联想丰富,想象力十分活跃。尤其是对自然景观的审美,没有而且也不可能有固定的框架。因此,审美欣赏和审美评价就给予旅游者更多的空间和较大的自由,使他们能够在更为广阔的思维空间发挥审美感知的能动性,发挥审美联想。人们置身于旅游环境之中,观察到各种对象,听到有关的讲解,都会产生审美想象。例如,在张家界看到金鞭岩,听到有关它的传说的介绍,就会在想象中把它缩小并想象形成金鞭岩的情景;观看桂林芦笛岩的钟乳石,就会想象出它像某种动物或植物的果穗;观赏长城就会想象现代的建筑技术及古代劳动人民的智慧和伟大。总之,旅游审美中的想象较之日常生活中的审美想象要活跃得多。

五、审美范围广阔

人们在轻松、闲适、愉快的情绪状态下,对外界事物的感知会产生两种情形:一是降

低知觉栅栏，对外界信息的接受数量大幅增加。二是给知觉对象涂上积极的情绪色彩。由于这两种作用，平时不易观察到的事物也成了知觉的对象，引起人们的注意和观察，平时不觉得美的事物看上去也似乎变得美了。

人们在旅游中由于处于良好的情绪状态之下，对审美对象的观察范围比日常广阔得多，因此，更容易发现审美对象，更能够深入地领略审美对象的美，与美的事物发生情感上的共鸣，产生"登山而情满于山，观海则意溢于海"这种情景交融的审美心理境界，获得深刻的审美体验。

六、审美情趣和鉴赏能力各有差异

旅游者的人员构成相当复杂，他们各有自己的审美趣味。"人言横江好，侬道横江恶"，不同的人会对不同的对象发生审美兴趣，对同一审美对象也会各自观赏不同的方面，因而，人们的审美感受的内容和深度就不会相同。

审美需要鉴赏能力，即欣赏能力。对某种审美对象缺乏欣赏能力，便不会有审美感受。

现代旅游的特征之一是广泛的群众性。旅游已不再是社会上层的特权了，广大民众加入了旅游者的行列，许多历史上只允许达官贵人涉足的地方也已向民众开放。因此，旅游审美对象必须适应广大旅游者的需要，使他们能够理解，得到他们的认可。无须讳言，旅游者中相当多的人因文化水平、生活阅历、兴趣爱好等原因，审美能力比较低，即使一些人在某些方面有丰富的实践经验，其美学理论水平也难以与专家学者同日而语，这就妨碍了他们对旅游资源的鉴赏。一位老年农民平生第一次游览颐和园，当问及他的感受时，回答竟然是："也没什么好看的！"旅游美学研究应更多地做些普及工作，提高人们的鉴赏水平，探讨美的类比规律，以促进人们由日常习见的事物所体现的美推及美学的基本法则。导游在这方面肩负着重大任务，应首先提高自己，并进而采取通俗易懂的形式向旅游者讲解。有些导游在游览颐和园、故宫等世界著名古建筑时，津津乐道的是封建帝王的私生活、野史传闻，而对中国古典园林艺术的高度造诣、对中国宫廷建筑的设计思想等却轻描淡写，这便是舍本逐末了，即使有的听众报以掌声，也是不足为训的。关于岩溶溶洞，导游词中总离不开"这是仙女"，"那是孙悟空"，洞洞雷同，而且限制了旅游者的审美联想，远不如诱导旅游者从形象、色彩、声音、质感等方面，从观赏的角度、距离等因素，自己去体验各种美感。

七、审美过程直接却短暂

旅游者亲临现场直接鉴赏审美对象，因而可获得直观印象和切身感受。一般来说，人们对首次接触到的事物，具有新奇感，容易触发感情的冲动。对于未接触到的事物、异地的情况，一般缺少考虑，故而印象庞杂，其理解缺乏系统性。

旅游者受休假时间和支付能力的限制，外出机会不多，因此一般都希望在有限的时间内尽量游历更多的地方，团体旅游尤其要受到日程安排的制约，故常常是来去匆匆，影响观察与思考。游客一地重复旅游的机会极少，所忽略者难以弥补，肤浅者难以加深。

旅游者为弥补自己的不足，平时应涉猎一些美学常识，每次旅游之前应阅读一些预定目的地的资料，做到心中有数。各旅游地宣传资料的撰写工作，最好邀请美学工作者参加，将他们的研究成果融汇其中，以指导旅游者进行观赏。

第三节 提高旅游审美效果的措施

在旅游中获得丰富而深刻的审美感受，不仅是旅游者的目标，也是旅游经营者的心愿，双方都会考虑如何提高旅游审美效果的问题。根据旅游审美对象和旅游审美心理的特点，采取以下措施会取得较好的效果。

一、提高文化素质，培养审美能力

观察一下审美效果，便可发现情况相当复杂，面对同一审美对象，有的人感受颇深，以致刻骨铭心，而有的人却不知美之所在，无动于衷；有的人怡然陶然，而有的人却悄然怆然；有的人赞不绝口，而有的人却连连摇头……为什么会有如此截然不同的感受呢？

人文景观体现着创造者的意图，具有审美导向性，好似客观效果一般不应有太大的矛盾，主要应表现为感受程度的差别。其实不然，人是有阶级、阶层之分的，各有其审美标准，自然条件、社会历史、文化传统、民族和信仰的差别，都形成了审美观点的差别。最简单的例子，如中国建筑，柱子主体部分多呈直线形，方向以坐北朝南为正；而埃及建筑，柱子多呈现瓶肚形，朝向相反，这差别中便体现着自然、历史及因此而形成的审美意识的不同。中国的气候条件决定着建筑物的方向，坐北朝南利于冬季防寒、采光，夏季通风。有史以来，中国建筑多用土木结构，以木为柱，木为直线。而埃及气候炎热，建筑物坐南朝北有利防暑。原始社会时期，埃及是以芦苇作筋，敷泥为柱，因湿泥自然下坠，晒干之后自然形成每隔一定距、离柱径便向内收束、收束部位以上向外微凸的瓶肚形，长此以往，埃及人便以此为美。后来尽管建筑材料改变了，他们仍常采用此种柱形。所以，只有具备了一定的相关知识，才能领略相应的人文景观的美。

自然景观本身无所谓意图，因而对其欣赏具有随意性，或称为欣赏者的主观性。故同样身处良辰美景，既可以产生"春江花月夜"式的柔情，也可发出"良辰美景奈何天"式的感叹；在百花争妍的时节，既可生"姹紫嫣红总是春"的赞美，亦可有"感时花溅泪，恨别鸟惊心"的悲鸣，更不必说林黛玉《葬花词》的凄楚断肠之情了。这些都是与个人的身世、处境、性格、志向等紧密相关的。

审美需要知识。文化素养越高的人收获越大，而审美过程又是提高文化修养的过程。

文化使人形成不同的审美观，从而影响旅游行为。不同时期、不同地域、不同民族的文化，各自形成所在群体不同的审美标准，从而赋予人不同的行为特点。例如，中国封建社会曾一度以妇女小脚为美，并冠以"金莲"之称，在此观念下，每日费时费力并忍受剧痛把脚紧紧裹住便成了妇女日常生活的头等大事。在西方一些崇尚健康的国家，认为棕红色的皮肤是健康的标志，因此一些人就以到海边长时期暴晒为乐。求新求异是人类的基本心理需要之一，因此在人的审美观中有一种"以新奇为美"的潜在意识。凡是自身文化体系中不具备的东西，往往被赋予一定的美感。这就使不同文化群体成员在旅游偏好上形成差异。例如，大都市的人看惯了钢筋水泥和车水马龙，因而繁华的闹市对其不具备旅游吸引力；而偏僻山区的居民则视崎岖山道和古树幽泉为稀松平常。以上两种人都乐意选择对方所在的区域为旅游地，认为那里才对自己充满奇趣和美感。此外，旅游者自身的文化知识水平、知识结构也影响到对旅游景区景点美的认知和判断。例如，五岳至尊的泰山，因

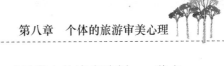

其自然美景和文化内涵而被评为世界自然和文化双重遗产。对于泰山的诸多碑刻，一些文学造诣较深、对书法擅长或感兴趣的旅游者，往往是兴趣浓厚、流连忘返，而一些文化层次较低的游客则对此视而不见。

旅游是增长知识的好机会。古人云："读万卷书，行万里路"。把通过广泛旅行以接触社会现实与以书为师视为两种学习知识的途径。而为了"行万里路"，至少应当先"读数卷书"。为此，平时最好能广泛浏览一些旅游资料，现代各种书籍、报刊、声像资料极其丰富，使用极为方便，要了解旅游地的各种情况也比较容易。这样，有了一定的知识作为基础，才可能根据自己的兴趣爱好、经济条件、健康状况、时间，特别是专业和心理需要来选定旅游路线与旅游方式。旅游路线一经选定，更需要对即将前往的地区和将要参观的项目有较充分的了解，才可能有重点、有目的地对旅游资源对象进行观赏、核实，扩充、深化已有的认识，获得最佳效果，而不至于在纷纭的事物面前眼花缭乱，而与最有意义的事物失之交臂。现在散客旅游者，探险旅游者的比重上升，对于这部分游客来说，充分的知识准备更显得重要，旅游地的语言、风俗、治安、卫生、交通、气候、地貌乃至法律等方面的情况，都需要很好地了解，特别是语言，至少应能达到与当地居民简单对话的程度，旅游的顺利和安全才较有保障。所以，旅游前的准备工作，除了经济、物质方面之外，更重要的是知识的准备。

二、认识审美规律，掌握审美法则

美是客观存在、不以人们的意志为转移的，它影响、教育着人们。审美活动不是被动的、消极的，要认识美，体验美感，离不开人的主观的、能动的努力，所以需要人们在心理上有所准备。因此，在旅游活动的过程中，人们不应抱漠然的态度，而是应该抱着强烈的寻求美的愿望，去追求美、拥抱美。所以，观览性质的活动可以获得美感，而参与性质的活动则能够获得更充分的美感享受。正因如此，近年来参与性质的旅游项目得以迅速发展，也日益受到欢迎。例如，邀请旅游者参加民族民俗活动，游人与旅游地居民一起生活和劳动等。即使在旅游参观点，旅游经营者也应当注意其周围的环境气氛，使附近的景观与主体项目相协调，以对旅游者的心理形成暗示，使他们产生相应的心理、情绪准备，更好地领略旅游点的审美内容。陵寝区的大片松柏林、寺庙前长长的台阶和重重的山门等，都起着这种作用。所以，那种将汽车一直开到"宝城"或大雄宝殿前的做法，虽然方便了游人，却破坏了建筑的意境，削弱了游人的美感享受。

审美的研究中还有距离说，或称间离效果，主要是指在审美活动过程中，审美主体(包括旅游者)必须暂时超脱现实的功利目的，克服私欲和利害的考虑，才能比较好地欣赏美。美与功利需要是有联系的，正是因为如此，不同阶级、阶层的人才有不同的审美标准。鲁迅先生曾经指出："《红楼梦》中的焦大是绝对不会爱上林妹妹的。"但是，美又不等同于功利。如果只从功利出发，商人不会发现矿石的美，只会看到矿石的货币价值，木匠会觉得扭曲的树木无用，农民会觉得石林贫瘠不毛，挑山工只会恨山峰的险峻。而这些都是很有审美价值的事物。功利是出于物质生活的需要，而美感则是精神的满足。如果忽视这其中的差别，功利的考虑往往会破坏审美感受。旅游者和旅游从业者都应对此有所认识。当旅游者登上渴望已久的长城并正为它的伟大而折服时，如果导游讲起了孟姜女哭倒长城的故事，效果会怎样呢？结果是可想而知的。虽然这一传说反映了修筑长城的艰辛和普通百姓

为此而付出的沉重代价,是符合历史实际的,但却不如留到返回城里时,在汽车上再讲为好。在明十三陵定陵宏丽的地宫前,赫然悬挂着一块说明牌,上面除了写明此陵修建的经过之外,又特别指出了为建设此陵消耗了白银上千万两,倘若买成粮食的话,可以供上千万人食用若干年,而当时正有上千万人死于饥馑,与此同时,牌子上还配了插图。其实不如将这一内容放到地上的展览室内介绍为好。智育、德育和美育都很重要,而且互有联系,应该使它们相互促进,同时防止彼此抵消。

除这种心理距离之外,位置的距离、媒介的不同,也会产生间离效果。古代女诗人郭六芳《舟还长沙》诗曰:"侬家家住两湖东,十二珠帘夕照红,今日忽从江上望,始知家在画图中。"说的就是因为长期居住在其中,反而未能发现它的美,如今隔江相望,与现实保持了一定的距离,才发现它很美。正是由于这种距离关系,再加上初到一地的新鲜感,才容易使人发现美之所在。所以,好的游记往往是外地人写得比较多而且比较贴切。

三、把握观赏的具体要求,获得最佳的审美效果

(一) 把握观赏时机

在旅游活动中,许多景观并不会随着时间的变化而变化,但有些景观的出现却要受到时间因素的限制,它们只在特定的时间、特定的季节才能出现,越是如此就越发显得可贵。对于这类景观的欣赏,要求旅游者必须准确地把握观赏的时机,才能实现预期的审美目的。

有的自然景观一个月、一年甚至数年才出现一次有特定规律者,如与日月运行有关的"嵩门待月"、"钱塘观潮",与动物活动有关的云南大理的"蝴蝶会",与植物生长有关的北京香山红叶等,只能在特别的时间才能欣赏到。有的则取决于当地的各种因素,如泰山玉皇顶的日出奇象、峨嵋佛光、庐山云瀑、杭州"断桥残雪"等,虽然旅游者满怀期望而去,然而却难以保证一定会有所收获。有些景象则只可巧遇,不能奢求,如海市蜃楼、数日并出(空中同时出现几个太阳)等。人文景观中也有类似现象,北京的庙会、山东潍坊市的风筝节等人文景观,均有一定的时间性,另外节庆活动也一般都有定期。"曹溪印月"则只在甲子年的中秋之夜才最见奇妙。南京文德桥为南北方向,正在子午线上,所以农历11月15日夜里12时便出现了桥两侧水中各有半个月亮的奇观。墨西哥飞蛇神金字塔只有在每年春分、秋分日,太阳西斜时始见飞龙徐徐下游景象。如果限于条件而不能准时前往则事属无奈,但是若是因为事前缺乏了解而错过了最佳的观赏时机,便实属可惜了。

另外,如果是对于那些没有特殊时机要求的景观,其实它们在不同条件下的美感也是不同的,阴晴、晨昏、昼夜都有变化,人们应该根据自己所能见到的景象去发现它们的美,而不必拘泥于形式。游西湖遇雨,苏轼并未因雨而扫兴,却看到了它的另一种美,正如他在《饮湖上初晴后雨》中写的:"水光潋滟晴方好,山色空蒙雨亦奇。"天高气爽游漓江,山水如画,然而云遮雾绕更能体会出"雾中仙子"之美。

(二) 选好观赏位置

旅游景观有高低大小的不同,不同的角度和不同的距离可以观赏到不同的形象,为了取得较好的审美效果,应当注意选择较好的观赏角度和观赏距离进行审美观察。对自然山水远观可以见其全景,领略它的整体美;近赏可以细察,进行深入具体的审美;远观近赏才能获得完整而丰富的审美形象,产生深刻的审美感受。

不同的观赏位置所产生的美感是不同的,正如苏轼在《题西林壁》诗中所云:"横看成岭侧成峰,远近高低各不同。"这是由于距离、角度、俯仰的变化,造成了视野范围、透视关系、纵深层次的差别。宋代郭熙在《林泉高致》中亦称:"自山下仰望山巅,谓之高远;自山前而窥山后,谓之深远;自近山而望远山,谓之平远。"又说:"山近看如此,远数里看又如此,远十数里又如此,每远每异,所谓山形步步移也。山正面如此,侧面又如此,背面又如此,每看每异,所谓山形面面看也。如此是一山而兼数百山之形状,可得不悉乎?"对于山水风景,人们又有"远观势,近观质"之说。这些都告诉人们:全景须远观,俯仰则视对象而定,仰视足以显示其雄伟、高峻,平视足以展现其开阔、辽远,俯视最见其纵深、层次。观赏角度不同,形象就会有很大的差异。秦皇岛老岭风景区在一小范围内散布着6棵树,如果变换观察角度,有的树便被前面的树遮挡重合,仿佛只有5、4或3棵树了。又如,游览张家界,观"望郎峰"和"夫妻岩"必须选择不同的观赏角度,才能欣赏到不同的造型形象,游泰山必须登上玉皇顶才能欣赏迷人的旭日东升奇观。

观赏位置的重要性尤其表现在对造型地貌和古典园林的观赏中。某种地貌的酷似造型一般是只能在特定的观赏点才能观赏到的,否则便不那么逼真,或形象竟至改变。黄山飞来峰上有飞来石,又称仙桃峰;雁荡山之灵峰有合掌峰、夫妻峰、双乳峰、雄鹰峰等不同名称,都是由于从不同观赏点观赏所得形象不同的缘故(灵峰的多种变形与观赏时间也有关,"夫妻"、"双乳"形象必须是夜间看轮廓景才像。昆明西山被称为"睡美人",因其高而大,属于大尺度的造型,在较大范围内都能得到这种印象,但是最佳观赏点却在昆明南郊。在那里望西山,额、鼻、口、颔、颈、胸与拖曳入池的长发皆惟妙惟肖,活脱脱是一个睡美人的剪影。云南路南石林的"阿诗玛"、"凤凰梳翅"、"双鸟哺食"、"母子偕游"等景观,都是从特定的角度去看某些岩石才能产生的形象。安徽九华山有一棵松树名为"凤凰松",只有从两侧看才能显现出高探的一枝如头颈,斜展的两枝如双翼,若由前后看,则不知其何以命名为凤凰松了。构筑园林讲究借景、对景、框景、夹景、障景等,其中无不含对观赏点的要求。当然,若是从空中鸟瞰园林,则上述手法的艺术效果便难以见到了。扬州瘦西湖钓鱼台亭子四面各有一圆洞门,由亭内向外望,一洞含莲性寺白塔,一洞含五亭桥,若是在特定的位置,则可以同时兼收两景。

(三) 安排好观赏节奏

在一定的时间内,人的感觉对外界信息有一定的承受限度,缺少足够的刺激便不能引起兴趣和激动,而刺激过强又会使人疲劳和麻木。人的体力消耗也有一个限度,应有张有弛,劳逸结合。因此,在安排旅游活动时,应当根据旅游者的心理需要和体力情况来选择项目和确定时间。与旅游者日常生活比较接近、一目了然的项目,简单浏览就可以了,时间安排可以比较紧凑。而内容丰富、含意深邃并且与旅游者现实生活距离比较远(包括时代与文化渊源)的项目,则应该留有较多的思考、品味的时间,使游客有时间、有机会慢慢欣赏、体会和消化。

从心理学角度看,同样的几个旅游项目,如果按由浅入深、由一般到奇特、由较为满意到非常满意的顺序来安排,效果就会比较好。如果将顺序颠倒过来,尽管项目完全一样,也会使人感到不满和失望。

因此,在全部旅游过程中,对于旅游路线、参观项目、活动方式、观赏速度等各个方面,以及接待设施的规格,都要进行全面考虑,使其形成一定的节奏,表现出序幕、发展、高潮、结束的韵律。文章要求虎头、熊腰、豹尾,旅游活动计划也应该以较好的开端、漂亮的结尾来安排,中间穿插多样化的项目,才能给人留下良好的印象。这对于旅游者与旅游经营者都是重要的。

(四)留意特殊的观赏姿态的要求

绝大多数旅游对象在观赏姿态方面并没有什么要求,然而有时采用特殊的观赏姿态可以收到非同一般的美感效果,如画家常常眯起眼睛来审视自然风光,是为了增加透视感。前面已经提到的雁荡山灵峰又称雄鹰峰,正看仅是形似鹰,而如果仰面向后看,则有一种振翅欲飞的神态,格外生动。日本有俗语云:"倒看天桥,为人间奇景。"说的是京都府附近的天桥风景区,若是弯下腰身由胯下倒看,则山丘上的小树、海上的小舟,好似从天而降,别有情趣。如今在天桥风景区,仍然可以看见许多旅游者采取这种特殊的姿态来观赏景色的场面。这种姿态看起来不雅,但是旅游者却为这种只有如此才能看到的奇景而兴高采烈。

四、保持良好的情绪状态

旅游审美是一种积极的精神活动,它能诱导旅游者产生良好的情绪,而旅游者的良好情绪又可以对旅游审美活动发生积极的影响。人在愉快的情绪下,会降低知觉栅栏,发现更多美的事物,审美形象更明显,审美感受更深刻。为了取得良好的审美效果,在旅游审美活动中一定要注意保持良好的情绪状态。

五、请导游讲解

旅游审美效果受旅游者审美能力的制约,只有为旅游者所理解的对象,才能引起他们的审美活动,进行审美鉴赏,否则,就不会产生审美感受。旅游者虽然在旅游前做了充分的审美的精神准备,了解到旅游景观的一些情况,但与导游相比,仍然会有比较大的差距。通过导游的讲解,可以更多地了解景观的重点、特色、历史、各种传说和不同的评价,还可以了解最佳的旅游观赏线路、最佳的观赏距离和方位,了解观赏的最佳时机和最佳游览方式等,他们对景观的具体讲解,可以使旅游者增加对景观的理解和观赏兴趣,从而加深审美观察和审美感受。因此,请导游讲解,对深化审美感受和提高审美效果有重要的积极作用。

六、避免过多安排相同类型的景观

旅游审美也需要对相同类型的景观进行比较,以更好地发现景观美的特点,加深审美印象,因此,在一次旅游活动中适当地安排相同类型的景观内容,可以产生积极的作用。但是,应当避免和防止相同类型景观的过多重复,否则会在观赏中产生单调感,降低审美的兴趣和审美的效果。例如,在一次旅游中参观好几个古建筑景点或寺庙,不仅会产生单调感,而且会产生情绪上的反感,使开始观赏时所产生的审美感受也被削弱。所以,为了提高旅游审美的效果,应当穿插安排不同类型的景观,使审美情绪得到调节,始终保持新鲜感。

本 章 小 结

1. 研究旅游美学对于搞好旅游接待服务的重大意义。
2. 旅游审美对象的内容包罗万象，具体可以归纳为自然景观美、人文景观美、景区色彩美、社会生活美和艺术美等。
3. 旅游者在游览过程中，随时随地进行旅游审美，旅游审美的心理特点各有不同。
4. 在旅游活动的过程中采取适当的手段可以极大地提高旅游审美效果。

案例分析

武当金顶众人谈

丁女士(30岁，某大学教师)与张太太(52岁，家庭主妇，无工作)、周老师(35岁，某市中学历史教师)、李小姐(19岁，某单位职工)一起作为某单位的家属随团赴神农架旅游。得知大家去年曾经随该单位游过武当山，从未去过武当山的丁女士很想对武当山多一些了解，就主动挑起了关于武当山的话题。大家的发言主动而热烈，各自的感受却大相径庭。

丁女士："武当山这么有名，我却没去过，到底怎么样呢？"

李小姐："怎么样？不怎么样！没什么好玩的，就山上那个金顶还有点看头，金光闪闪的。"

周老师："武当山的建筑很有特色，是道教官观建筑的典范。尤其是武当金顶，那可是我们国家建筑史上的杰作……"

丁女士："我特别想亲眼看看那个金顶……"

张太太："什么金顶？我怎么不知道？"

丁女士："那你去武当山游的什么？"

张太太："游什么，去拜祖师爷嘛。"

早就听说武当山是善男信女烧香许愿的绝佳去处，丁女士接着问张太太："武当山供奉的是哪位'祖师爷'？"

"反正是祖师爷，我也不知道叫啥名字。"张太太回答。

"游客的感受与书上的记载可不完全是一回事。"丁女士暗自感慨。

分析：对于同样的旅游景观，游客会产生不同的认识和评价。这与游客自身的受教育程度、审美观、宗教信仰等文化因素密切联系。

心理测试

内在涵养测试

测试说明：请在备选的3个答案中找出你认为最符合你个人想法的答案。

1. 你的山地车的车铃不知被哪个缺德的人摘走了。趁人没见，摘别人一个装上，反正我也没占便宜。

    A. 你总是这样认为
    B. 你从不这样想
    C. 偶尔这样

2. 你看到有人面临危险时，尽管不认识，你也能挺身相救。
   A. 是的
   B. 不一定
   C. 不

3. 在机场排队买票时，你总想插队，因为对你来说，时间就是金钱。
   A. 是的
   B. 不一定
   C. 否

4. 你做一件好事，别人误会了你，但你仍能坚持做到底。
   A. 是的
   B. 不一定
   C. 不

5. 你在公共场合非常注意衣着整洁大方。
   A. 是的
   B. 不确定
   C. 否

6. 你认为（　　）是对的。
   A. 制定一些准则，对社会中人们的行为加以控制是必要的
   B. 人必须有规可循，因为人需要被控制
   C. 对人加以限制是暴虐，而且是残酷的

7. 要是你信仰宗教，（　　）。
   A. 你认为你的信仰是唯一正确的
   B. 各种信仰都有一定的道理
   C. 不信教的人是愚昧的人，罪恶的人

8. 你会与一个不同种族或民族的人结婚吗？（　　）
   A. 会的
   B. 不会
   C. 没有仔细考虑某些具体问题之前，是不会的

9. 假如你暂住在与你的家庭生活习惯完全不同的另一家，（　　）。
   A. 你很高兴地去适应
   B. 你会感到恼火和无法忍受
   C. 你觉得在短时间内还可以忍受，但时间一长就难以维持了

10. 你最同意下面哪个说法？（　　）
    A. 我们不应当对别人的行为妄加评论，因为没有人能够完全理解别人的行为动机
    B. 我们可以对别人的行为做些评论
    C. 我们必须对别人的行为做出评价

11. 在公园或其他场合，遇到认识的人，（　　）。
    A. 我总是热情打招呼

B. 有时打招呼，有时则不

C. 从来不打招呼

12. 当你的朋友做出你非常反对的事时，（   ）。

    A. 你与他断绝来往

    B. 你会把你的感受告诉他，但仍然与他保持友谊

    C. 你告诫自己，此事与自己无关，同他的关系依然如故

13. 倘若别人严重伤害了你，（   ）。

    A. 你把此事牢牢记在心里，永不原谅他

    B. 你原谅了他

    C. 原谅了他，但不会忘记此事

14. 你乘坐地铁时，只要有座位，（   ）。

    A. 你就抢占，无论有没有老弱病残

    B. 根据情绪好坏来定

    C. 总是让别人坐

15. 你对待商店、饭店、咖啡店的售货员、服务员总跟对待朋友那样有礼貌。

    A. 是的

    B. 偶尔这样

    C. 从来不

16. 你买东西回家以后，发现售货员多找了5元，你马上去退还。

    A. 是的

    B. 不一定

    C. 不退还

17. 在客厅玩耍的孩子使你不能集中精力工作时，（   ）。

    A. 你会因孩子玩得快乐而高兴

    B. 对他们发脾气

    C. 感到心烦

18. 你在别人面前常常批评性地议论你的朋友吗？（   ）

    A. 经常

    B. 很少，几乎没有

    C. 有时

19. 如果你不喜欢的人交了好运，（   ）。

    A. 你忌妒

    B. 不太在乎，但觉得这好运交到自己身上该多好

    C. 你认为此事对他确实是件好事

20. 下列哪种情形与你相符？（   ）

    A. 尽量使别人按你的观点看待或对待事物

    B. 对事物提出自己的观点和意见，不会为此与别人争论或尽量去说服他人

    C. 别人不直接问你，你不会主动说出自己的观点

评分标准：

题号 \ 答案 得分	A	B	C
1	3	1	2
2	1	2	3
3	3	2	1
4	1	2	3
5	1	2	3
6	1	2	3
7	2	1	3
8	1	3	2
9	1	3	2
10	1	2	3
11	1	2	3
12	3	1	2
13	3	1	2
14	3	2	1
15	1	2	3
16	1	2	3
17	1	3	2
18	3	1	2
19	3	2	1
20	3	1	2

测试结果：

46~60分：你是一个教养较差的人。有时你很霸道，固执己见，而且经常冒犯别人。因此，你以后要注意自己的言谈举止。

31~45分：你是一个有教养的人。可是你的处世哲学决定了你与朋友的友谊不会保持很长时间。你会在许多无关紧要的小事上，浪费许多感情与精力。建议你把自己的经验、生活范围再扩大一些，心胸再开阔一点。

20~30分：你是一个非常有教养的人。你心胸开阔，受人尊敬，能够理解别人的难处，意识到他人面临的困难。你是一个严于律己、很有社会公德和职业道德的人，相信你会成为受欢迎的人。

思 考 题

1．什么是旅游美学？它有何特点？
2．举例说明旅游资源美的主要类型。
3．在旅游审美活动中应注意哪些问题？
4．结合你的旅游实践谈谈自己的美感收获。

第九章　社会群体对旅游行为的影响

> 通过对本章的学习，要求掌握：
> - 群体的概念；
> - 参照群体的概念；
> - 社会文化的特点；
> - 家庭旅游决策的步骤。
>
> 通过对本章的学习，要求能够：
> - 了解群体与个体的相互关系；
> - 了解文化观念对旅游行为的影响；
> - 了解旅游团体的划分方式；
> - 了解不同社会阶层的人的旅游行为有哪些差异；
> - 了解家庭生活周期的变化。

个人属于不同的社会群体，其观念、态度和行为都要受到群体的影响。个体不仅不能脱离社会群体而独立生存，而且社会群体对人的行为有着明显的影响。个体的旅游行为除了受到知觉、学习、动机、个性及态度等个体心理因素影响之外，还要受到社会群体的影响。社会群体对个体的旅游行为有什么影响？不同的旅游组织形式对旅游者有什么意义？对这些问题的研究，将有助于进一步了解旅游者的行为规律，明确组织旅游团体的原则。

第一节　群体与个体

一、群体

(一) 群体的概念

群体是指各种不同范围的人群集合体，它既包括一般的社会团体，也包括更大范围的民族及不同形态的社会的人群。每一个人都生活、活动在一定的社会群体之中，他们的观念和行为都会受到群体的文化观念和习俗等社会规范的影响。个体的旅游行为同样会受到群体的影响。社会群体有不同的范围和层次，对个体具有不同的意义，因而会产生不同的影响。

群体的概念目前还没有统一的认识，各种提法有上百种之多。一般而言，群体可理解为由心理上有一定联系，并相互影响的成员构成的一种组织形式。群体各成员之间具有一定的结构和感情交往，有共同的目的和利益。群体的带头人能带领大家去实现群体的共同目的与利益，以满足成员的共同需要。

(二) 群体的分类

群体可以按照不同的标准来划分。

按照规模的大小可以分为小型群体和大型群体。小与大的概念是相对的，从社会心理学的角度来说，小型群体中成员之间有直接的、个人间的、面对面的接触和联系。而大型群体中的成员只能以间接的方式联系。相对来说，在小型群体中的成员之间心理因素的作用要大于在大型群体中的作用。

大型群体还可分为两种类型：一类是偶然、自发产生的，存在时间相当短，如一群人、观众、听众等；另一类是名副其实的社会群体，即在社会历史发展进程中形成、在每一具体社会类型的社会关系中占有一定地位，故在相当长的存在时期内颇为稳定的群体，如社会阶级、种族群体(其主要类型为民族)、职业性群体、按年龄划分的群体等。

根据群体是否存在可把群体分为假设群体和实际群体。假设群体实际上并不存在，只是为了研究和分析的需要划分出来的。假设群体又称统计群体。例如，按人口统计学背景而划分的群体就属于假设群体或统计群体。实际群体是实际存在的群体，群体成员之间有着实际的直接联系。

根据群体构成的原则和方式可把群体分为正式群体和非正式群体。正式群体是指有明文规定，通过组织章程建立起来的群体。非正式群体没有正式规定，而以其成员相互关系中明显的情绪色彩，如好感、喜爱或志趣相投为基础构成的。

此外，根据群体发展的水平和群体成员之间联系的密切程度可分为松散型群体、联合型群体、合作型群体等。

(三) 群体的作用

无论什么群体都对个人施加压力，使他遵从群体的信念、价值观和标准。所谓遵从，是指群体成员所采取的态度和行为与群体的规范相一致。研究表明，在信念和价值观方面的压力不是强制的，在标准方面压力却趋于强制的倾向。这是因为在一般情形下，个人的信念和价值观与所属的群体相似。而且，群体的成员相互交往，具有相同的经验，也就有加强坚持群体的信念和价值观的倾向。假如个人与群体的信念和价值观不一致，他就可以离开这个群体。一方面，群体中所有成员的行为准则和模式的标准都是来自信念和价值观，因而有强制的倾向。群体的成员如果不遵从群体的标准将会受到各种处罚，如嘲讽、窃笑、说闲话等，或者受到法律上的制裁。另一方面，当一个人和自己的同伴疏远，行为上与众不同时，他往往会感到不安。

在消费者行为中，如果不遵从消费者所属群体的标准，就会受到心理上的处罚。

此外，一个群体只有对自己的成员起着重要的、甚至是必不可少的作用，才能长时期维持下去。例如，一个配有导游陪同的旅游团至少可以为其旅游团的成员提供 5 个方面的基本利益。

(1) 事先安排好旅游计划，解决在有限的时间内游览何处的问题。这样对那些缺乏经验的旅游者与初游者来说具有特别的吸引力。

(2) 使旅游者事先知道将要去什么地方，将在什么饭店住宿，给旅游者以心理上的安全感。

(3) 在经济上为旅游者提供便利和安全，使旅游团的团员们预先知道整个旅程的花费，不必为额外开支而担心。

(4) 可以最大限度地减少旅游者在异国他乡所遇到的社会问题，导游还可以在团员与国外社会环境之间担任缓冲者。

(5) 导游还可以协调团员之间的关系，缩小团员之间的潜在摩擦，促成旅游团内的团结气氛。

由于导游对旅游者起着重要的作用，所以，配备导游的旅游团的组织形式自它出现以后，一直存在和不断发展着。

二、参照群体

参照群体是从行为科学中引进的概念，它的含义也在不断地改变。

一般我们可以把参照群体理解为，在一个人形成的一般的或特殊的价值态度和行为的过程中所充当一个比较物或参照物的一种群体。这个群体可以是有形的，也可以是无形的。

影响个人一般的价值或行为的参照群体被称为规范的参照群体。例如，儿童的规范参照群体就是他当前的家庭，家庭在塑造儿童的一般的消费价值和行为上起着重要的作用，如什么食物具有良好的营养价值，在特殊场合下适当的衣着方式、钱该怎样用等。

以个人特殊的、具体的态度和行为作为基点的参照群体称作比较参照群体。比较参照群体可以是一个邻居的家庭，这个家庭的生活风格看上去是令人羡慕和值得仿效的。如这个家庭操持家务的方式、对家具的挑选、度假形式等。

规范和比较的参照群体都是很重要的，规范参照群体能够影响基本的行为准则的发展，而比较参照群体能够影响特殊的态度和行为的表达。比较参照群体对一个人的特殊影响在某种程度上依赖于他早期的由规范参照群体的影响而建立起来的基本的价值和行为。

一个人在评价他自己的一般的或特殊的态度和行为中可能使用的参照物是变化着的，从个人到小群体，从家庭到亲属、朋友及某个社会阶层、职业、种族集团、社会甚至是一个国家。从消费者行为学的角度来说，影响个人消费行为的主要社会群体依次为他的家庭、朋友、所属社会阶层和他的文化。

一个被认为是可信的、有吸引力的或有权威的参照群体能够导致消费者态度和行为的改变。例如，当一个消费者想得到关于某一商品或服务质量的准确消息时，他可能被那些他认为是可信赖的和有知识的人所说服。不同的参照群体在不同的时间内或不同的情境下影响个人的信念、态度和行为。例如，一个年轻的饭店女服务员的衣着习惯随她所在的场合和角色的不同而变化着。她在工作时穿定制的服装，与她的同事的服装样式保持一致；而她在下班后可能穿更为新式的服装，与同龄人的时装标准一致。

三、群体的范围及层次

群体是一个内容广泛的社会范畴，大到不同文化形态的社会，小到社会单元细胞的家庭，凡是人的活动所涉及的人群集合体，均属于群体的范围。

根据范围的大小，群体划分为不同的层次。

最大的群体单位是受同一文化形态影响的社会，一般以国家的范围和形式相互区分。每一个国家都有自己特有的文化传统，由于人们受传统文化的长期影响，便会具有与其他

国家的人不同的价值观念、道德标准，从而在行为上表现出差别。

民族、地区和社会阶层是小于国家范围的群体。各民族都有自己传统的文化、观念和习俗，民族的成员在行为上受民族传统的规范和约束。由于民族的迁徙或同一民族在地域上处于不同国家的接壤地区，同一民族会处于不同的国家群体之中，他们的文化、观念、习俗会受到各自所在国社会文化的影响。处于同一国家群体中的不同民族，由于受社会上占主导地位的大文化系统的影响，他们在观念和习俗方面会有共同之处。有的国家只有单一的民族，这个民族的所有成员在基本观念和习俗等方面会相互一致。一个国家内的不同地区，由于地理条件不同，经济文化发展程度的差别，也会形成观念、社会习俗、行为规范等方面的地区差异。例如，沿海地区和内陆地区，经济文化发达地区和落后地区之间，就存在这方面的差别，消费观念、消费方式的不同就是相互差别较明显的表现之一。同一社会的成员之间，由于职业地位、经济地位、文化教育程度等因素的不同，形成了不同的社会阶层，一般分为上层、中层和下层3个群体层次。不同阶层的人的价值观念不同，受价值观念的影响，不同阶层的人在行为方式上也会表现出差异。

群体的再一个层次就是一般的社会团体，如某一个工作单位，同一工作单位中的不同部门，各种专业学术团体、文化娱乐团体、体育爱好团体、宗教信仰团体等。各种团体都有成文或不成文的行为规范，影响成员的观念和行为方式。

最基本的社会群体单元是家庭。在个人的发展过程中，随着年龄阶段的变化，个体处在不同的家庭结构中，受家庭结构和家庭状况的影响，对事物和活动的态度及行为方式就会发生变化。处在不同家庭结构和家庭状况的人，在观念和行为方式上表现出相互之间的差别。

四、群体对个体的意义

个体从始至终生活、活动于群体之中。因此，群体对个体具有重要的意义，其意义可以概括为以下3个方面。

1. 群体是个体生活、活动的依附体

一个人自出生就要依附于自己的家庭，依附于父母，到学龄阶段就进而依附于学校，成年后更要依附于社会，从事各种社会活动。群体是个体存在、成长、发展和开展事业的社会依附体，个体任何时候也离不开群体。

2. 群体是个体发展、成熟的条件

一个人从小就受家庭的影响，这实际上也是通过家庭间接地接受社会的影响；稍大一些就进入学校接受教育和训练，并逐渐参与各种社会活动，直接接受社会文化的影响。在家庭、学校、社会的教育和影响下，个体逐渐形成自己的态度、价值观念、习惯和行为方式，从而发展成熟起来。

3. 群体为个体规定应有的行为规范

群体为了保证成员间的协调一致，提出强制性的要求，或以约定俗成的传统习惯方式，规定个体的行为规范，制约个体的行为。

五、群体与个体的关系

个体与群体不是一种单方面要求和适应的关系,而是处于相互要求、相互适应的关系之中,这种双向的关系主要表现在以下 3 个方面。

(一) 个体对群体的要求

个体要求群体能够满足自己成长、发展和活动的需要。个体希望家庭满足自己情感、教育的需要,希望社会提供职业、发展所需要的条件,并保障个人安全和合理的利益不受侵犯。对一般社会团体,主要要求能够满足自己的安全感、自尊心、自信心、社会交往等需要。

(二) 群体对个体的要求

群体对个体的要求有两个基本内容。

1. 要求个体对群体承担义务

各种不同层次的群体都要求其成员承担种种义务,以维持群体的存在,增强群体的团结,保证群体成员的和谐统一,促进群体的发展。例如,要求个体在群体中扮演需要的角色,承担一定的工作,做出应有的贡献等。不同的群体对个体有不同的义务要求,如社会群体要求成员承担社会义务,社会团体要求成员承担团体义务,家庭则要求成员承担家庭义务。群体要求成员承担义务的意义主要在于维护群体的利益,保证群体的存在和发展。

2. 群体对个体提出行为规范要求

为了群体的存在和发展,保证群体内的统一与和谐,群体对个体提出行为规范的要求,要求他们遵守共同的行为规范。群体要求个体遵守的行为规范有两类基本内容。第一,以规章、制度、纪律、法律等强制的形式规范个体的行为。第二,以道德、习俗、文化观念等非强制的形式约束个体的行为。个体的行为是否符合群体规范的要求,则会受到两个方面的制约,一是群体根据强制性的规范对个体实行奖惩,二是群体根据非强制性的规范对个体实行舆论的褒贬。社会舆论是指群体中多数人的意见,如果舆论对事实的认识是正确的,它可以为个体指出正确的行为方向,加强正当行为的力量,纠正不正确的观念和行为,增强群体的团结。倘若舆论对事实的认识是错误的,则会起到压制少数人的正确观念和行为,维护旧风俗、旧习惯等消极作用。

(三) 个体对群体的顺应

个体与群体处于双向要求之中,当群体能够满足个体的需求时,个体便会自觉自愿地顺应群体的要求,服从群体普遍的行为规范,采取符合群体规范的行为方式,如对社会、团体所希望的角色行为的顺应,对社会风气、民族习惯和传统的顺应,对社会文化观念及生活方式的顺应,以及对家庭的顺应等。同一群体的成员,接受群体的影响受各种复杂因素的制约,因而在态度和价值观念上都有自己的特点,因此,即使他们对群体都处于良好的顺应状态之中,也会在行为方式上表现出个别的差异性。处于同一文化形态和传统的人,同一民族、同一阶层、同一团体的成员,在各种活动的选择中所表现的差异,就是他们各自特点的反映。

第二节　社会文化观念对旅游行为的影响

个体的行为受他所属团体的影响,这种影响同样表现于个体的旅游行为中。群体对个体旅游行为的影响首先表现在社会文化观念对旅游行为的影响上。

一、文化概述

一个人生活于其中的文化,可以看做一个巨大的、非个人的参照群体。文化的范围是极其广泛的,从某种意义上来看,文化是一个社会的"个性特征"。从消费者行为学的角度,可以把文化定义为"用来调节某一特定社会消费行为、习得的信念、价值和习惯的总和"。

我们通常将文化分为东方文化与西方文化,或者按民族来论文化,如中国文化、法国文化、美国文化等。在同一文化背景下的人,有着共同的信念、价值观、态度、习惯、风格、传统,以及共同的行为方式、生活方式。文化对一个人的生活情趣与他所扮演的角色、交往方式、理解事物的方法及他的消费行为等有极大影响。

文化具有以下特征。

1. 文化的影响是无形的

尽管文化的影响极其自然和不易被觉察,但文化对人类行为的影响却是根深蒂固的。文化影响着人们日常生活的各个方面,从人们的思想、思维方式,以至于人们日常的行为方式。

2. 文化满足需要

客观存在的文化能满足社会生活中个体的需要。文化通过提供"实践经验",为人们在解决问题的各个阶段确定了顺序和方向。例如,关于什么时候就餐,什么食物适合于早餐、中餐、晚餐及怎样接待参加宴会的宾客等,文化都提供了规范和准绳。

只要文化中的信念、价值和习惯能满足人们的需要,那么它就将延续下去。但是当某一特定的规范不能再充分地满足社会成员的需要,那么它将得到修正或被取代,以便使最终的规范更符合现代社会的需要和愿望。这样,文化就逐步地、但却是间断地向前深化,以适应全社会的需要。

3. 文化是习得的

人类并非天生就带有文化的意识,它不同于人的生理特征,如性别、体态、肤色等。但是,人们在幼年时期就开始从社会环境中获得构成社会的一系列信念、价值和习惯。所以文化是习得的,是人们不断掌握社会经验、不断适应社会生活方式的一种表现,是社会实际经验的一部分。

4. 文化是共有的

所谓共有，是指一种特定的信念、价值或习惯，并不是少数人的"私有财产"，相反，它必须为社会上大多数人所共同享有。同样，文化通常被认为是一个大群体的习惯，它和群体成员有着密切的关系。因此，共同的语言、相似的思维方式是文化的组成部分，它使得人们有可能享有共同的价值、感受和习惯。

5. 文化是动态的

文化在满足需要的作用时，为了最符合社会的利益，同时为了继续发挥作用，它就必须有所变化，必须适应社会前进的步伐，而不能永远停留在原来的水平上。

文化修养对个体行为的影响往往不为人们所注意。例如，我们常常按照鲜明的个性或生理上的差别形成的行为来看待男女。男人们比较敢作敢为，责任心比较强，往往被认为比女人更有权利欲望，更有支配性。而我们通常认为女人比较被动，比较容易动感情。事实上，具有不同文化修养的性别角色差异也比较大，这表明男性与女性行为之间的许多差异是由人们生活的社会文化环境训练成的角色差异所造成的。例如，大多数妇女对如打猎和钓鱼之类的活动不积极，这并不是真正由于生理和情感上的因素所致，而是由于大多数文化一向教导妇女要温柔贤惠，这些活动不是女人应该从事的活动，而是男人们的活动。文化还把恰当的旅游角色教给男人和女人，如男人开车、选择旅游目的地、登记饭店；而妇女照看孩子、准备途中膳食、负责整理旅途中各种必备物品等。

对于儿童、少年、青年或老年人等不同年龄群体所具有的不同行为模式，人们认为这些差异都是自然的差异，它是由不同年龄的人所具有的独特的生物特征所引起的。事实上，与年龄有关的行为模式并不总是由生物因素所致，确切地说，这些差异主要是由社会与文化传统所造成的。

一般来说，个人的旅游行为是受特定文化规范与传统支配的，一般很难改变。

二、社会文化观念对旅游行为的影响

社会文化观念普遍渗透于社会群体每个成员的意识之中，左右着他们对社会事物和社会活动的态度。这种影响在个体的旅游行为中也有明显的表现。例如，有的国家的文化传统赋予旅游活动以重要的意义，把它视为人的地位和荣誉的一种象征；而另外有一些国家的文化传统，则把旅游视为一种不应该有的奢侈行为；还有一些国家、地区或民族，对男子外出或旅游采取赞许或较宽容的态度，而对妇女外出和旅游则多有限制和反对，甚至对妇女参加群众性的社会活动严加禁忌。受文化观念的影响，有的人把闲暇时间用于旅游活动，有的人则把利用闲暇时间忙于家庭事务视为本分和乐趣。文化观念对旅游行为的影响是相当普遍的。例如，影响人们对运动的态度，从而影响对旅游活动的选择；对体育运动的喜爱促使人们去选择有条件进行体育活动的旅游目的地；对文化习俗、社会知识看得比较重要的人，则会注重选择富有文化色彩的旅游活动。文化观念的变化，将使个体转变对旅游活动的态度，由不重视旅游转而认为它是有积极意义的社会活动而引起重视。社会经济、文化条件的改善，会引起人们观念的变化，如由最开始的认为旅游是浪费时间和金钱传统观念，转而认为旅游是有社会价值、象征意义和纪念意义的一项有趣味的社会活动，甚至把它作为良好的奖励方式和馈赠品，用以代替物质的奖励和馈赠等。

第三节 旅游团体与旅游行为

团体对个体旅游行为的影响主要与旅游团体的构成和成员之间的相互影响有关。

一、旅游团体的构成

旅游团体根据其成员构成情况及有无配备导游可分成以下 4 种类型。

1. 相似团体

相似团体是由具有相似或相同因素的旅游者组成的旅游团体。这种类型的旅游团体，由于旅游者具有多方面的相似或相同因素而有多种形式，如由年龄相近、性别相同、职业地位相似、文化教育程度相同、宗教信仰相同、兴趣爱好相同等分别组成的旅游团体。这种类型的旅游团体，由于较多相似和相同因素的作用，个体之间亲和性比较强，心理相容性和协同性也比较高，旅游活动过程中很容易保持一致的行为，也比较容易做到意见的协调一致，容易产生心理上的相互呼应，形成良好的心理气氛，相互关系融洽，容易诱导良好的情绪，使个体在旅游中产生良好的心理体验，旅游活动内容较好安排，更能取得良好的旅游效果。

2. 混合团体

混合旅游团体是由各种不同的旅游者组成的旅游团体。这类旅游团体中可能包含着各种不同的人所组成的较小的组群，类似我们所说的非正式群体，而这些较小的组群具有相似团体的特点。因此，它是由较小的相似团体组成的复合团体。由于组成这种团体的旅游者缺乏一致性因素，因而是一种比较松散的团体。团体成员的要求虽然有一些可能是相互契合的，但非一致性甚至相互冲突的因素比较多，旅游活动内容不好安排，各种成员的要求难以一一得到满足。

3. 配备导游的团体

有导游带队的旅游团体，多数是由旅游者居住地的旅游部门组织并安排专门的领队全程跟随，由旅游目的地的旅游部门派人接待并安排导游讲解。这种团体可以使旅游者获得心理上的安全感。由于导游的组织安排和对景点的讲解，可以使旅游者观赏到旅游地最主要、最有代表性的景观，能够有更深刻的观察、体验和理解，旅游者可以不用顾虑交通与食宿等问题，专心于旅游活动，以轻松的心情进行游览观赏，增加旅游的愉快感。

4. 不配备导游的团体

没有导游带队的旅游团体，多是由相互熟悉的人，或由同一学习、工作单位的人组成的，由同一个大的组织系统中不同单位的人组成的旅游团体或者是家庭旅游团体，亦属此类型。这类团体有的有自己正式的带队人，有的是由成员临时推选或因有的成员承担较多的事务而事实上发挥领队的作用，就像团队中的潜在领导者，这个成员要负责安排许多琐碎的事情。这类旅游团体的成员，在旅游活动的安排上有较大的自由度和随意性，可以临时延长和减少活动的时间，增加和减少活动的项目，甚至说是改变旅游活动的线路。他们在旅游中要自行安排交通和食宿，因此，会增加心理负担，耗费一定时间，并缺少安全感，但有的人会从中得到积极的心理感受。这种旅游团体，如果到了与自己语言不通、风俗不同、文化差异较大的地区旅游，也可能会遇到一些麻烦。

二、团体对旅游行为的影响

个体的旅游行为受团体的影响，主要是受团体中其他成员的旅游态度和旅游行为的影响。属于同一团体的个体，会有对团体的共同归属感，他们之间既有情感的联系，又有对态度和行为的比较，因此，某些成员的态度和行为会影响其他成员。例如，有些成员对旅游有良好的态度，并且有参加旅游活动的经历，便会引起其他成员的注意，由于他们与其他成员在经历、地位上的差别，受到羡慕而且会增强其他成员的旅游动机，引起其他成员的仿效而参加旅游活动。由于旅游本身是一种积极的、有益的、引人入胜的社会活动，某一团体的部分成员参加了旅游活动，其他成员为了取得经历和地位上的一致，一般对旅游活动也会随之采取积极的态度。团体成员之间旅游行为的相互影响，还会表现在旅游活动过程中的各个方面。例如，同一个旅游团体中的成员，要求与其他成员住同等级别的旅游饭店和客房，受同等规格的接待；有的人在旅游中购买了某种旅游商品，会吸引其他成员也去购买。团体成员的旅游态度和旅游行为对其他成员的影响，既有情绪感染的作用，也有地位与经历差别的作用，前者引起模仿行为，后者引起从众行为，都是为了在自我意识中取得心理地位的平衡而产生的。这些现象也要引起旅游业研究者的注意。

三、典型群体的旅游行为特点

对旅游群体的划分可以从多个角度进行，现在我们从年龄的角度对旅游者进行分类，从而进一步认识不同旅游者群体的行为特征。根据年龄不同，可将旅游者划分为以下3个群体，即少年儿童群体、中青年群体和老年(主要是城市离退休人员)群体。此外，由于农民的旅游行为特征有一定的独特性，故将农民旅游者划归一个群体。以上几种旅游群体的行为特点如表9-1所示。

1. 少年儿童群体的旅游行为特点

少年儿童是指0～14岁年龄段的人。据最新人口普查结果显示，我国该年龄阶段的人口占总人口的22.89%。该年龄段最突出的基本心理特征是以成长的需要为中心，具体表现为具有较强的求知欲和探索心理；对旅游活动兴趣浓厚，注重参与性，对活动内容和服务无特殊要求；由于自身身心发育不成熟，故安全意识差，自我保护能力差，一般需要家长的陪同监护和组织部门的特别关照。

2. 中青年群体的旅游行为特点

中青年是指女性55岁以下、男性60岁以下的成年人(年龄在18岁以上)。这一年龄段最突出的基本心理特征是成员担当着较多的社会角色，需要和动机呈现出复杂性的特点。一般来讲，青年旅游者具有较强的求知、求新心理，注重旅游活动的时尚性、参与性、文化性，对食、住、行、游、购、娱各环节最注重的是游和娱。中年人的情况较为复杂，有时可能与职业有关。例如，教师比较注重旅游景观的知识性，工人可能最注重参与性，公司职员可能出于商务活动的需要而对旅游的社交功能尤为重视。因此，这一年龄段的旅游者兴趣多样、动机复杂，相应地对服务的要求也是多样化全方位的。如今新兴的所谓"另类"旅游，就是针对这一年龄阶段中的一些人对一些新颖奇特旅游项目的热衷而开辟的。

3. 老年群体的旅游行为特点

老年旅游者群体主要由城市离退休人员构成。随着人民生活水平的不断提高，目前我国的老年人普遍表现出平和、轻松、满足的心态，他们注重舒适和愉快，以怡情养性为主要动机，视旅游为一种有益的身心调节，是休闲旅游的积极参与者。他们对旅游中的食、住、行、游、购、娱都非常在意，尤其注重旅游活动的安全性，对旅游服务要求较高。老年人一般对怀旧性的、信仰性的旅游项目兴趣较浓厚，异域的、具有新异性的观光项目也对他们富有吸引力。

4. 农民群体的旅游行为特点

受生活水平相对低下和传统风俗习惯的影响，农民的需求结构较为单调，对旅游没有太大的兴趣和过高的要求。赶庙会是农民最喜闻乐见的旅游方式。除此之外，农民的旅游活动多局限于走亲串友，或在外界因素的影响下(如子女的盛情安排)偶然出游。出游过程中，他们对景点和服务没有什么特殊要求。农民对展示民风民俗的旅游项目及具有宗教信仰性特点的旅游内容较感兴趣。

表 9-1 旅游群体的行为特点

群体特征	年龄构成	主要心理特征	主要出行目的	感兴趣的旅游项目	对旅游服务的要求
少年儿童	0~14 岁	好奇、冲动、自制力差	满足好奇心、求知	知识性、参与性、娱乐性	更多的安全保障
中青年	18 岁以上，60 岁以下	需求层次复杂、社会角色多样	求知、度假、购物、探亲、商务及其他	观赏性、娱乐性、知识性、文化性、参与性、探险性	要求较为周到的服务
老年	60 岁以上	寂寞、怀旧、安度晚年	愉悦心情、增进健康	观赏性、娱乐性、纪念性	要求各方面的接待符合老年人的习惯
农民	所有年龄阶段	传统、保守	探亲、观光、游览	娱乐性、观赏性	要求价格实惠

第四节 社会阶层对旅游行为的影响

社会是由从事不同职业、扮演不同角色的人组成的，人们对不同的职业和角色给予不同的评价，因此，不同的职业和角色在人们心目中便有不同的地位和声望。人们也都意识到社会对自己所从事的职业和扮演的角色的评价，从而形成自己的价值观念、生活方式和行为模式。具有相同职业地位和角色地位的人，就构成同一个社会阶层。

一、社会阶层的概念

每个社会的成员都在担当着某个角色，人们对不同的角色估价是不同的。不是所有的人都拥有相同的权力、相同的财产或相同的价值，也不是所有的职业都具有同等的声望。在社会等级方面，有的人地位较高，有的人地位较低。

一个社会阶层是由一大批社会地位大致等同的人构成的。例如，像美国那样的西方社会可以划分为 6 个不同的社会阶层，从上上阶层直至下下阶层依次排列如表 9-2 所示。

表 9-2　美国的社会阶层

社 会 阶 层	成员的构成	人 口 比 例
上上层	当地名门望族，连续三、四代富户，贵族、商人、金融家或高级职员，继承财富者	1.5%
上下层	新现身于上等阶层者，暴发户，尚未被上上层阶层接纳者，高级官员，大企业创建人，医生和律师	1.5%
中上层	中等成就的职员，中型企业主，中级经纪人员，有地位意识的人，以孩子和家庭为中心的人	10.1%
中下层	普通人中的后上者，非管理人身份的职员，小企业主，以及蓝领工人家庭。正在努力并受到尊敬的人，保守者	33.5%
下上层	一般劳动阶层，半熟练工人，收入水平往往同中上和中下两个阶层一样高的人，对生活满意的人，过着温饱生活的人	38.0%
下下层	非熟练工人，失业者，以及未经同化的种族集团，持宿命论的人，冷漠者	15.4%
总计		100%

该表还对美国社会中被划入每个阶层的人数所占比例作了估计。

社会阶层理论认为，任何个人或家庭所属的社会阶层，主要取决于教育和职业两个因素。除了上上阶层与下下阶层的人之外，财富与收入对一个人的社会阶层地位作用不大。这是因为相同的收入并不必然导致相同的行为。每个社会阶层都表现出具有鲜明特色的生活作风，反映它在与其他任何阶层都不同的价值观、人生观及自我概念之中。这些区别使同一社会阶层的成员具有相似的行为方式，而各社会阶层之间的行为有时则截然不同。

二、社会阶层与旅游行为

社会阶层的这种划分形式，主要可以理解为上层、中层和下层 3 个层次。同一阶层的人，由于价值观念、生活方式的相似，他们在行为方式上便表现出共同的倾向性，并与其他阶层的人相区别。不同阶层人的态度和行为方式也会影响他们的旅游行为，表现出不同的旅游倾向。

上层阶层的人，比较重视旅游，他们把旅游作为生活的基本内容之一。他们比较强调旅游的知识性，要求旅游活动具有文化和审美的内容及高级文化娱乐和体育活动，注重旅游活动和旅游交通、食宿，服务要符合自己的身份地位，旅游中乐于购买艺术品、古玩等商品。他们之中会有较多的人参加远距离旅游和出国旅游。

中等阶层的人，由于比下层阶层的人地位较优越，因而比他们思想开放，更有自信，也更重视旅游的积极意义和教育意义。他们由于受更高的社会地位的吸引，则更爱冒险和承担风险，因而对旅游的兴趣比下层阶层的人大而且广泛。他们是各种旅游活动的参加者，在所有旅游者中是数量最多的一种人。

下层阶层的人，由于受文化教育水平的限制，大部分人的视野不如上层阶层的人和中层阶层的人开阔，他们会把时间、金钱和精力投入自己的家庭。他们也参加旅游活动，但由于对外部世界有较大的风险感觉，对去遥远的旅游地不感兴趣，他们把国内短途旅游观光或到某个旅游点短期度假，作为自己理想的旅游方式。他们在旅游购物时比较注重实用性。

三、中国城镇居民的阶层划分及其旅游行为表现

（一）张树夫对中国城镇居民的阶层划分

张树夫在《旅游心理学》一书中介绍了我国一些经济学家关于城镇居民的阶层划分，现作一简介。该划分以家庭年收入为主要标准，将城镇居民划分为富有、富裕、小康、温饱、贫困5个阶层。

(1) 富有阶层。家庭年收入10万元以上，户均金融资产为28万元，主要有民营企业家、合资企业老板、著名演员和体育明星、名画家和名作家、部分股份制企业负责人、部分承包租赁者、包工头、证券交易获高利者等。其主要消费行为特点表现为奢侈享受型消费，即购买各种高档用品；炫耀显示型消费，即玩高尔夫球、住星级饭店、出国旅游等；投资储蓄型消费，即购买房地产、珠宝、古董等。

(2) 富裕阶层。家庭年收入3万～10万元，户平均金融资产8.7万元，主要有外资企业和合资企业的中方高级管理人员、高级专家、律师、部分涉外导游、部分企事业单位领导人、个体企业主、出租汽车司机、美容师、高级厨师等。其消费行为主要表现为以下特点：象征标志型消费，即注重商品的名牌，喜欢到著名风景名胜区旅游度假等；高雅舒适型消费，即对吃、穿、住较为讲究；简便快捷型消费，即偏爱科技含量高的商品，如智能洗衣机等，喜欢方便、快捷的购物方式。

(3) 小康阶层。年收入1万～3万元，户均金融资产2.8万元，主要是公司的中高级职员、一般外企雇员、企业中层以上的管理人员和技术人员、公务员、部分效益较好的单位(如银行、电信局、民航等)职工、部分收入较高的教师等。其消费行为主要表现为以下特点：注重生活质量，追求品牌型、个性化消费；有强烈的攀比和从众心理，喜欢追求时尚；在旅游方面注重保健活动和娱乐休闲，是我国旅游活动的主体和生力军。

(4) 温饱阶层，即普通工薪阶层，家庭年收入在5 000～10 000元，户均金融资产为9 000元，主要由企事业单位的普通职工构成，包括一般技术工人、职员、服务人员、营业员等。其消费特点主要表现为经济实惠型消费，主要收入用于购买生活必需品；对价格很敏感，追求物美价廉、经久耐用、购物时精挑细选；对质量稳定的老牌子、老厂家忠诚感强，不盲目追求时尚或名牌。一般对旅游不太重视，只是在节假日、家人生日等特别的日子里才到公园及周边地区作短暂游览。

(5) 贫困阶层。家庭年收入在5 000元以下，户均金融资产仅3 000元，主要是经营状况不好的企业职工、非技术型工人、临时工人、部分退休职工、失业人员等。其消费行为

特点是勉强度日型消费，主要购买日常生活必需品，留心廉价低档商品，如折价处理品、换季甩卖品等。

以上划分，比较符合我国城镇居民的情况，旅游部门可根据不同阶层居民的消费特点开展旅游营销、服务、产品开发等工作。其不足之处在于未给出各阶层家庭或个人所占总数的比例，在具体参考中不好把握。

(二) 我国关于社会阶层的最新划分

"当代中国社会阶层研究"作为中国社会科学院重大课题，经过数十位社会学学者历时3年调查研究，于2001年12月12日成书出版。专家们通过大量翔实的调查分析，对当代中国社会划分出10个阶层，并对其地位、特征做出界定，简述如下。

(1) 国家和社会管理者阶层，指在政府、事业和社会团体机关单位中行使实际的行政管理职权的领导干部，在整个社会阶层结构中约占2.1%。这一阶层是当前社会经济发展及市场化改革的主要推动者和组织者。

(2) 经理人员阶层，指大中型企业中非业主身份的高中层管理人员，所占比例约为1.5%。这一阶层是市场化改革最积极的推动者和制度创新者。

(3) 私营企业主阶层，指拥有一定数量私人资本或固定资产并进行投资以获取利润的人，约占0.6%。这一阶层的政治地位无法与其经济地位相匹配，但他们是先进生产力的代表者之一，是社会主义市场经济的主要实践者和重要组织者。

(4) 专业技术人员阶层 指在各种经济成分的机构中专门从事各种专业性工作和科学技术工作的人员，约占5.1%。这一阶层是先进生产力和先进文化的代表者之一，还是社会主导价值体系及意识形态的创新者和传播者，是维护社会稳定和激励社会进步的重要力量。

(5) 办事人员阶层，指协助部门负责人处理日常行政事务的专职办公人员，所占比例约为4.8%。这一阶层是社会中间层的重要组成部分，未来十几年仍会增加。

(6) 个体工商户阶层，指拥有较少量私人资本并投入经营活动或金融债券市场而且以此为生的人，所占比例为4.2%。该阶层的实际人数比登记人数多。这一阶层是市场经济中的活跃力量。

(7) 商业服务业员工阶层，指在商业和服务行业中从事非专业性的、非体力的和体力的工作人员，所占比例约为12%。这一阶层和城市化的关系最为密切。

(8) 产业工人阶层，指在第二产业中从事体力、半体力劳动的生产工人、建筑工人及相关人员，约占22.6%，其中农民工占产业工人的30%左右。经济改革以来，该阶层的社会经济地位明显下降，其人员构成发生了根本性的变化。

(9) 农业劳动者阶层。这是目前中国规模最大的一个阶层，是指承包集体所有的耕地，以农(林、牧、渔)业为唯一或主要职业及收入来源的农民，所占比例约为44%。这一阶层几乎不拥有组织资源，在整个社会阶层机构中的地位比较低。

(10) 城乡无业、失业、半失业者阶层。这是特殊历史过渡阶段的产物，是指无固定职业的劳动年龄人群(排除在校学生)，所占比例约为3.1%。目前，这一阶层的数量还在继续增加。

在对社会阶层做出以上划分的同时，课题组对社会阶层进行了以下论述：改革开放30多年来，中国社会发生了深刻变化，其中阶层的变化是中国社会转型和经济转型的最核心

内容。这一变化包括农民不断向其他社会阶层流动,农业劳动者阶层正在逐步缩小;商业服务业员工的数量有所上升;产业工人随着农村工业化有明显上升;社会中间阶层的扩张迅速,使得中国社会阶层结构由原先的金字塔型逐渐向橄榄型转变;掌握和运作经济资源的阶层正在兴起和壮大。与发达国家相比,现代化社会阶层结构的基本构成部分在中国已经具备。今后,中国社会阶层结构在构成成分上不会有大的变化,可能变化的主要是各个阶层的规模,其中专业技术人员阶层、商业服务人员阶层、经理阶层和私营企业主阶层会大大扩张。

以上的划分及观点能否得到广泛认可,还有待时日,但它无疑为认识我国居民的消费行为及旅游行为提供了一个新的视角。

第五节 家庭对旅游行为的影响

一、家庭生活周期

家庭生活周期与家庭及其成员的态度和行为如何随着时间而改变有关。由于家庭规模、家庭成员的成熟程度和经历的改变及他们的需要、价值观、兴趣的改变,引起了家庭成员所承担的角色的改变,而角色的改变导致了家庭及其成员的态度和行为的改变。

家庭是社会群体中最基本的单元,由于家庭成员感情的密切联系、利益的深刻相关及家庭结构的变化,对个体的旅游行为具有最直接、最重要的影响。家庭随着成员年龄、情感和结构的变化,对成员的旅游行为产生不同的影响。家庭结构的变化可以划分为3个基本阶段,即一个生活周期由3个主要阶段构成,即青年阶段、中年阶段和老年阶段。

(一)青年阶段

这一年龄阶段一般为 35 岁以下。传统生活周期阶段包括已婚但是还没有子女的青年人。按照传统,这个"蜜月"阶段比较短暂,一般不到两年子女就出世了。但由于当前参加工作的妻子增多,为了经济和事业,生儿育女的观念也起了变化,在一定程度上生育得到了控制。因此,这个阶段可以延续几年,这就使得年轻夫妻拥有了一定的经济基础。

而现阶段有的年轻夫妇拥有一种更为时尚的理念,即所谓的"丁克"家族。这一概念源自于英文原句"double income, no kids"的首位字母的发音。这一时尚观念在许多年轻人中间很流行,这使得拥有这一观念的夫妻的青年阶段又可以延续很久,直至想法改变。

"蜜月"阶段的夫妻除了花大量的钱购置家具、家用电器及其他经久耐用的生活用品外,度假旅游是一项重要的消费活动。因为,他们意识到一有了子女,自由支配的时间和收入就会减少。因此,年轻夫妇可能会积极步入旅游市场。近年来,这个生活周期阶段延续的时间已变得较短,因为一般家庭子女较少,而且子女们的年龄间隔不是很大。

过了"蜜月"阶段,夫妻的生活就沿着3个方向中的一个方向发展。传统的生活周期,年轻夫妻要生儿育女,子女的出生通常会改变家庭的生活方式与经济状况。这样的家庭除了添置一些新家具外,还必须花较多的收入用于孩子身上。处于这个阶段的家庭对旅游的兴趣受到子女出生的强烈影响,家庭旅游往往放在全家都能享用的假期上,包括专为加强对子女全面教育而进行的旅游上。

在西方社会中，离婚已变得极为普遍。据统计，在美国 3 对已婚者中就有 1 对离婚。年轻的离婚者除了高薪职业者外，有时会遇到严重的经济问题，就暂时限制了他们把大笔金钱用于旅游上。

现代家庭生活周期早期部分的另一个可能的阶段，是青年离婚有子女的阶段。不论子女多少与年龄大小，离婚必然引起生活方式与经济状况的巨大改变。在这种情况下，一般是不会花费大笔钱去旅游的。

(二) 中年阶段

现代家庭生活周期的中年阶段可能包含 6 种不同的阶段。在任何一个阶段中，成为一家之主的那些人，年龄为 35～64 岁。中年已婚无子女夫妻也属于这个阶段。对健康状况良好、有经济保障的无子女夫妻来说，这个生活周期是个无忧无虑的阶段，而且中年人在事业上已取得了一定的成就，会把大笔金钱花费在旅游上。

大多数传统的中年阶段，是由有子女的青年已婚者构成的。这种家庭的生活方式或多或少地是以孩子为中心的方式。在这类家庭里，全家旅游可能占有相当的比例，而且更有可能把钱花在昂贵的旅游项目上。

中年家庭生活周期中，有两个阶段被称为空巢阶段，即保持婚姻关系和离了婚后，不再有未自立子女需要抚养的两个阶段。子女自立离开后，父母就有了更大的经济自由，可以选择新的昂贵的旅游方式。处于这个阶段的人光顾旅游市场的时间较长，即使并不富裕的家庭，这个阶段漫长的时间也可使夫妻积蓄起金钱，到更遥远的旅游地去度假旅游。

(三) 老年阶段

当一家之长退休的时候，家庭生活周期的老年阶段就开始了。对大多数人来说，退休意味着生活方式和经济状况的改变。年纪大的退休者承担义务的时间很少，但可能会降低自己的生活标准。但那些有大量积蓄或退休金和身体健康的老年人能够享受积极的退休生活。对其中多数人来说，就意味着经常地旅游。

不同家庭生活周期阶段的群体，他们的旅游方式也是不同的。例如，有年幼子女的家庭喜欢迅速抵达一个特定的旅游地，并在那里参加各种各样的度假活动。因为 5～10 岁的儿童对慢悠悠地朝着一个目的地行进特别不能容忍，即使是年龄大些的儿童也不愿消极地坐在车里消耗过多的时间。老年生活周期阶段的群体则喜欢朝一个特定的旅游目的地沿途悠闲地游玩。在他们看来，旅行本身与旅游目的地本身具有同等的重要性，两者都有吸引力。处于年轻已婚无子女的生活周期的群体喜欢快速旅游，目的是参观尽可能多的名胜地，每个地方都同等重要。

家庭的旅游除了与家庭生活周期有关外，还与他们所属社会阶层，文化等社会因素及个性、动机等心理因素有密切关系。

二、家庭旅游决策

(一) 家庭旅游决策类型

各种类型的家庭在需要进行旅游时，有 4 种主要的决策类型：丈夫起主导作用；妻子起主导作用；双方商量，一方决定；双方商量，共同决定。有的研究认为，对度假地点和住宿条件的选择，丈夫起主导作用；对旅游度假日期、时间的长短、活动内容、交通工具的选择，以及是否带孩子旅游，是夫妻商量一方决定；对是否度假及旅游花多少钱，是夫妻商量共同决定。这对了解家庭旅游提供了一条线索。家庭旅游，一般需要夫妻双方都持肯定态度，同时还会受社会习俗、双方的个性特点及情感因素的影响。

考虑家庭对旅游行为的影响，不仅要考虑到家庭结构因素，还要考虑经济因素和社会文化因素的影响。处在不同经济发展水平的社会中，受不同文化观念的影响，即使家庭结构相同的人，也会在旅游态度和旅游行为方面表现出相当大的差别。

（二）家庭旅游决策的一般规律

家庭如果要决定度假旅游要综合丈夫、妻子和子女的意愿，并通过不同的来源和媒介寻觅信息，然后做出旅游决策。

家庭度假旅游活动可分为 5 个步骤，如图 9.1 所示。

一般决策 —— 寻求信息 —— 共同决策 —— 度假旅游活动进行 —— 满足或者抱怨

图 9.1　家庭度假旅游的活动步骤

对 5 个步骤产生不同程度影响的社会因素和个体因素如图 9.1 所示。可以设想一个家庭成员的个性特征及整个家庭的特征对不同结构的相互作用过程，如谈判、说服和决策等，会产生特有的影响。这些相互作用过程的结果对度假旅游的不同阶段，尤其是共同决策阶段有着明显的影响。

1. 一般决策阶段

一般决策阶段是决定是否度假旅游的第一个阶段。人们往往对度假旅游持一种既认为重要和必须，又不十分热衷的态度。在经济拮据、收入减少的情况下，老年人和处于社会较低阶层的人往往容易放弃度假计划，而青年人和中等阶层的人则倾向于寻找一种不太昂贵的度假旅游，如以国内旅游代替出国旅游。

在大多数情况下，一般决策涉及丈夫、妻子，有时甚至包括子女的共同群体决策。而对家庭中每一个成员来说，度假意味着不同的价值。因此，为了做出一个共同决策，可能要使用各种不同的策略，如谈判、讨价还价和妥协。父母中一方和子女结盟或者同事式的讨论。这种普遍的方法是不需要学习的常规和程序。从更广泛的意义上讲，度假旅游决策的意义可能包括同家庭之外其他同等地位的人所进行的社会比较，也就是通过一个特殊的度假旅游方式，增进与同等地位的人的联系。同时，度假的准备和回忆也常常成为与熟人交谈的重要话题。

2. 寻求信息阶段

在度假旅游活动的不同阶段，信息的作用也是不同的。信息量的大小和正确与否，直接影响到决策的质量，准确而积极的信息可以起到以下作用。

（1）激发度假旅游的念头，引起人们特殊的期望并产生"幻想"。

(2) 促使全家人或不甚乐意去旅游的伴侣一同去参加特殊的度假旅游活动。

(3) 有关地理、历史和文化背景知识的信息,有助于旅游目的地的选择,并提高对旅游目的地的鉴赏能力。

(4) 使做出的度假旅游决策更加正确和合理。

消极的信息可以起到拒绝选择某一度假旅游目的地的作用,甚至在度假旅游活动开始之后,消极的信息还可以用来减轻潜在的购买后认知失调。

一般来讲,不同的家庭花在寻找有关做出决策的信息上的时间和精力上是不同的。这一行为差异和个性特征有关。文化教养较高的人总是尽力收集更多的信息,想方设法阅读有关介绍他们打算去度假旅游的国家或地区的书籍、资料、广告、小册子等,甚至开始学习或者重温他们度假旅游国家或地区的语言和地理知识。

信息主要来源于商业环境和社会环境,并贯穿于整个度假旅游活动之中。度假旅游的家庭对来源于社会环境的信息极为重视,这些信息包括朋友、亲戚等的观点和合理化建议等。而来自旅游消费组织(如旅行社)的旅游书籍、广告、旅游指南等,在家庭度假旅游决策中作用甚微。

信息的来源和媒介以不同的方式联系着,度假旅游者大多倾向于相信通过个人媒介所获得的信息,而个人媒介中又以家庭成员为首,第二位是亲属,朋友是第三位,个人咨询则排在第四位,而旅游组织提供信息往往排在最后一位。社会阶层较高的家庭往往倾向寻找大众媒介,如杂志、电视节目和广告等。选择媒介的方式对于度假旅游行为有重大的影响。例如,接触较低层次媒介的家庭,倾向于去离家不远和不大受到社会标准(新潮流)所影响的目的地作短期度假旅游。但生活方式对家庭度假旅游行为的影响又远远大于选择媒介方式的影响。

3. 共同决策阶段

家庭度假旅游决策,一般是由家庭成员共同参加的决策过程,而寻找信息一般则是单独进行的。

在家庭决策中,丈夫、妻子和子女所具有的影响是不同的。一般来说,丈夫在决定收集与度假旅游有关的信息、决定度假旅游时间的长短及花多少钱等方面起主导作用;对是否带小孩一起度假旅游,妻子则起主要作用;而对交通工具的选择、活动的种类、住宿的选择和度假旅游目的地的选择等方面则是共同决策。

孩子对度假旅游活动的种类、时间(一般在学校的假期期间)及目的地的选择等方面影响极大。有时,孩子的影响部分地压倒了妻子的影响。此外,孩子的影响还体现在夫妻双方对子女所负有的责任方面,即要求度假旅游要达到有利于教育孩子的目的。因此,度假旅游目的地的类型和活动的种类,往往是和孩子的兴趣需要及对孩子的教育意义有关。将一对没有孩子的夫妻和有孩子的家庭比较就可看出,一对夫妻比有孩子的家庭容易取得一致的意见。但当丈夫和妻子意见有严重分歧时,孩子对决策的结果起不到多大影响。

4. 度假旅游活动进行阶段

根据家庭的度假旅游的动机,可把家庭度假旅游活动区分为7种类型。

(1) 冒险型,别开生面,寻找新发现,不强调舒适。

(2) 经验型，浪漫的新经历，但不冒险。

(3) 一致型，类似于平时活动，和在家里区别不大。

(4) 教育型，兴趣在于度假旅游地区的文化、建筑、历史、语言等。

(5) 健康型，休息和舒适，从繁忙的日常生活中解脱出来。

(6) 社交型，同其他人接触的群体活动。

(7) 地位型，注重声望，与同等的或高于自己社会地位的人接触。

人们在度假旅游活动中总是试图寻求更有意义的活动内容，因此体育活动和有认识力的活动项目的增加势在必行。而身体的休息和恢复是次要的，甚至有人主张，在度假中一旦满足了休息和恢复的基本需要之后，应该以高层次的社交、新的经历和自我实现的需要占支配地位。

5. 满足或者抱怨阶段

人们对旅游活动满足或抱怨，是旅游者对旅游活动的效果比期望的好或坏的认识和对购买公正或不公正的认识，所产生的肯定或否定的情感体验。满足和抱怨阶段实质上就是信息的反馈阶段。

从社会心理学角度来看，"公平理论"是处理在以买和卖形式出现的个体之间关系的变化。按照这一理论，当所有的参加者觉察到他们的买卖比率等于所有参加者各自的比率时就是公平的关系；当觉察到在参加者之间买和卖的比率不平等时，那么这种关系就被说成是不公平。对度假旅游者来说，如果花了钱而同时又不能获得利益的话，就出现不公平的关系，因此对卫生、膳食、舒适和交通工具等条件的不足引起一系列抱怨。

不平等是导致不满意或抱怨的一个重要因素。度假旅游者往往把他们的不满归结于外界因素，如旅行社、饭店、交通运输公司等。经济地位和文化教养水平较低的人，以及年事较高的人，他们的期望和要求也较低，而且他们认为假期旅游本身就是奢侈的，因此度假后往往能获得较大的满足。一般来说，决定度假旅游者满足或抱怨的因素是暂时的或社会的因素，是个体的早期经验及与其他人的经验相比较的结果。不满足的旅行者会采取一系列可能的行为来发泄其不满，归纳起来，这些行为大致有以下几点。

(1) 不采取任何行动。

(2) 采取一些公开行动。

① 直接向旅游代理人索赔。

② 采取法律上的行动求得赔偿。

③ 对旅游代理人或政府机构抱怨。

(3) 采取某种形式的私下活动。

① 决定再也不和旅行社、交通运输公司或者旅游涉外饭店打交道了。

② 告诫朋友们不要和上述组织打交道。

本 章 小 结

1. 社会环境中的各种因素都会对旅游行为产生不同角度、不同程度的影响。其中，起主要影响作用的环境因素包括社会制度因素、社会文化因素及社会分工因素。

2. 社会分工使每个人处在不同的社会阶层，拥有不同的社会地位，扮演不同的角色，从而对旅游消费观念、消费水平、消费方式等产生影响。

3. 家庭旅游模式正在渐渐兴起，对于家庭旅游行为模式的研究也是很有必要的。

案例分析

"黄金周"激活假日经济

自 1999 年 9 月起，国务院改革出台了新的法定休假制度，即延长了国庆节和国际劳动节的休假时间，使得在每年的 5 月和 10 月初，国民可以有实际上连续 7 天的休假时间。此举一出，大大刺激了全国人民旅游的热情。人们用"井喷"、"火爆"、"始料不及"来形容当时的旅游热潮。此后，"五一"、"国庆"及春节期间，被冠之以"旅游黄金周"的美名。自 1999 年"国庆"开始，掀起了一浪高过一浪的旅游热潮。旅游消费日益成为我国经济生活的新亮点，假日经济成了人们津津乐道的新话题。

据有关部门统计，1999 年"国庆"第一个"黄金周"，全国旅游人数 7 天内一举达到创纪录的 2800 万人次，旅游综合收入实现 141 亿元。2000 年"五一"黄金周，全国国内旅游人数达 4600 万人次，旅游收入 181 亿元；"十一"黄金周，旅游人数则高达 5980 万人次，实现收入 230 亿元。2001 年"五一"黄金周，全国接待旅游者达 7376.6 万人次，实现旅游收入 288 亿元。到 2002 年"五一"，各项指标又创新高。全国共接待旅游人数 8710 万人次，同比增长 18.1%；实现收入 331 亿元，同比增长 14.9%。

分析：旅游是一项极富弹性的消费行为，易受社会政治、经济、法律等各种环境因素的影响，"黄金周"旅游热的兴起，说明法律环境、群体效应对旅游行为有着强有力的影响作用。同时也说明，一个国家要想促动旅游业的发展，刺激国民的出游积极性，必须创设良好的环境条件。

心理测试

人际交往能力的自我测评

这份能力自测量表共包括 30 道题，你可按照自己的符合程度进行打分。完全符合者打 5 分，基本符合者打 4 分，难于判断者打 3 分，基本不符合者打 2 分，完全不符合者打 1 分，最后统计总得分。

1. 我到朋友家做客，首先要问有没有不熟悉的人出席，如有，我的情绪就会明显低落。（　　）
2. 我看见陌生人常常觉得无话可说。（　　）
3. 在陌生的异性面前，我常感到手足无措。（　　）
4. 我不喜欢在大庭广众面前讲话。（　　）
5. 我的文字表达能力远比口头表达能力强。（　　）
6. 在公共场合讲话，我不敢看听众的眼睛。（　　）
7. 我不喜欢广交朋友。（　　）
8. 我的要好朋友很少。（　　）
9. 我只喜欢与同我谈得来的人接近。（　　）

10. 到一个新环境，我可以接连好几天不讲话。（　）
11. 如果没有熟人在场，我感到很难找到彼此交谈的话题。（　）
12. 如果在"主持会议"与"做会议记录"这两项工作中挑选一样，我肯定挑选后者。（　）
13. 参加一次新的集会，我不会结识多少人。（　）
14. 别人请求我帮助而我无法满足对方要求时，我常常感到很难对人开口。（　）
15. 不是不得以，我绝不求助于人，这倒不是我个性好强，而是感到很难对人开口。（　）
16. 我很少主动到同学、朋友家串门。（　）
17. 我不习惯和别人聊天。（　）
18. 领导、老师在场时，我讲话特别紧张。（　）
19. 我不善于说服人，尽管有时我觉得很有道理。（　）
20. 有人对我不友好时，我常常找不到适当的对策。（　）
21. 我不知道怎样和妒忌我的人相处。（　）
22. 我同别人的友谊发展，多数是别人采取主动态度。（　）
23. 我最怕在社交场合中碰到令人尴尬的事。（　）
24. 我不善于赞美别人，感到很难把话说得亲切自然。（　）
25. 别人话中带刺揶揄我，除了生气外，我别无他法。（　）
26. 我最怕做接待工作，同陌生人打交道。（　）
27. 参加聚会，我总是坐在熟人旁边。（　）
28. 我的朋友都是同我年龄相仿的。（　）
29. 我几乎没有异性朋友。（　）
30. 我不喜欢与地位比我高的人交往，我感到这种交往很拘束，很不自由。（　）

计分方法与解释：

把你的得分相加即为本测验的总分。你的总分越高，你的社会交际能力越差；反之，你的社交能力就越强。

如果你的总分大于120分，那么你的社交能力存在很大的问题，你不太善于交往或你不喜欢社交，社交对于你来说是件痛苦或害怕的事。你在社交场合，习惯于退却、逃避，你对自己的社交能力没有信心，你还没学会如何与别人尤其是陌生人打交道。为此，你要走出自我封闭的圈子，尝试去与人交往，不怕失败和尴尬，你会发现人际交往会带给你许多乐趣和益处。

如果你的总分为91～120分，你的社交能力还有待于进一步提高，你对人际交往还有些拘谨。但你是可以交往的，如果你更大胆些，更多地注意培养自己的社交能力，那么你将会从社交活动中获得更大的快乐和成功。

如果你的总分为70～90分，你的社交能力尚可。

如果你的总分低于70分，那么，你是一个善于社交的人，你喜欢交往，能从社交中获得快乐和收获。你能与不同的人相处，能较快地适应环境。你的总分越低，你的社交能力就越强。

思 考 题

1. 请解释群体的概念。
2. 什么是参照群体?
3. 请举例说明社会文化的特点包括哪些。
4. 结合生活中的实际情况说明家庭旅游决策的步骤包括哪些。

第十章　旅游商品的设计生产与销售心理

> 通过对本章的学习，要求掌握：
> - 旅游者购买旅游商品的心理动机；
> - 设计与生产旅游商品的心理要求；
> - 旅游商品销售的具体策略。
>
> 通过对本章的学习，要求能够：
> - 了解旅游商品带给人们的积极的心理意义；
> - 了解不同旅游者的购买行为分类；
> - 举例说明销售旅游商品的心理策略。

购买旅游商品是旅游活动的重要组成部分。旅游者不仅希望有愉快美好的参观、游览活动，而且希望在旅游过程中能够买到称心如意的旅游商品。旅游者能否买到称心如意的旅游商品，是影响旅游效果的重要因素之一。旅游商品的销售，又是影响旅游业经济效益的重要方面。所以，为了搞好旅游商品的生产与销售，应当对旅游商品所具有的心理意义、旅游购物的心理特点和设计旅游商品的心理要求，以及销售旅游商品应该注意哪些心理问题进行相关的研究。

第一节　旅游商品的心理意义

旅游商品对旅游者可以产生积极的心理意义，主要体现在以下几个方面。

1. 作为旅游吸引物，可以增强潜在旅游者的旅游动机

旅游购物作为旅游活动的组成部分，是影响潜在旅游者旅游动机的重要内容。旅游商品生产供应得好，可以增加旅游地区的特色，从而增加旅游活动的吸引力，成为使人们产生和强化旅游动机的积极因素。旅游动机的产生和强化，意味着旅游业客源的增加，这无疑是推动旅游业发展的重要因素。世界上有许多的地区和国家，由于旅游资源有限，他们在努力开发旅游资源的同时，也在大力发展旅游商品，因此，以"购物天堂"的美称享誉国际旅游界，增加了旅游的特色，吸引了众多的旅游者专程或绕道前去旅游，创造了丰富的客源。例如，中国香港地区，由于大力进行旅游商品的开发，使旅游商品不仅数量多、品种齐全，而且外观美、质量好、价格便宜，因而吸引了大批旅游者赴港旅游，使游客从1957年的4万人增加到1980年的230万人，增加了57倍。新加坡也有类似的情况。这表明旅游商品对增加旅游地特色、强化旅游动机具有积极意义。

2. 丰富活动内容，增加旅游者愉悦感和满意心理

购买旅游商品是旅游者普遍的愿望，旅游商品供应得好，游客能够购买到称心如意的旅游商品，就会增加旅游的愉快和满意感。由于有精美的旅游商品可以选购，旅游活动的内容就会更加丰富多样，从而使旅游活动的节奏和旅游者的情绪得到积极的调整，有利于使旅游者在整个旅游活动过程中增加愉快和满意的感受。有的旅游者由于买不到更多的旅游商品而抱怨，他们虽然省下了钱，但是非常不满意，这从反面证明了旅游商品对增加旅游者积极心理效果的意义。

3. 引起美好回忆，有利于产生重游动机

愉快的旅游活动有始有终，尽管会使游客留下美好的印象，但是，随着时间的推移，印象总会变淡，旅游的愉快情景被淡忘。旅游者购买的旅游商品，尤其是旅游纪念品，可以长期保存，每当看到它时，就会诱发对那次旅游活动的美好回忆和向往，这有利于重游动机的产生。

4. 作旅游宣传，激发旅游动机

旅游者在旅游地购买到具有特色的旅游商品，无论是自用、自存和观赏，还是向亲友展示和馈赠，都会引起别人的羡慕，这实际上是对旅游地的一种很好的宣传，对于提高旅游地的知名度有很积极的作用。在别人观看到旅游商品时，还有可能听到旅游商品保存者对旅游经历的回忆和描述，引起听者对该地旅游活动的向往。这种羡慕和向往的心理效果，是影响旅游态度和旅游动机产生的积极因素，有的人可能因此而成为该旅游地的新游客。

5. 增加旅游的经济效益

旅游商品供应得好，游客大量购买，可以大大增加旅游经营的经济效益。有的国家和地区，销售旅游商品的收入达到旅游总收入的50%以上，有的年份竟能高达60%以上。我国的旅游饭店内增设商品部，有的饭店的商品销售额和利润已达到总营业额和总利润的1/3。安排游客的购物活动，还会使游客增加在旅游地的逗留时间，增加旅游地的综合经济效益。

第二节 购买旅游商品的心理动机

旅游者购买旅游商品与一般顾客购买日常商品有着不一样的想法。旅游者购买旅游商品可能有以下几种心理动机。

1. 纪念性与欣赏性的动机

一般顾客购买日常用品，主要的动机是取得商品的使用价值，满足日常生活的需要。旅游者购买旅游商品，虽然也有实用的动机，但更多的人是为了取得商品的纪念意义，以纪念自己愉快的旅游活动，或者是由于商品的独特性和工艺价值，用以作为欣赏的对象。所以，旅游者购买旅游商品有着比较强的纪念心理和欣赏心理。

2. 象征性动机

与平时购买日常用品相比，购买旅游商品有很强的象征性心理。旅游活动的进行需要个人具有一定的条件，参加旅游活动的人就意味着具备这种条件。因此，在人们的心目当中，旅游是一种具有独特意义的经历，参加旅游的人在经历和地位上与未参加旅游的人是有差别的。由于旅游的这种独特的象征意义，就产生了旅游者购买旅游商品的象征性心理，他们以只有在旅游地才能买到的商品象征自己的旅游经历，象征他和未进行过这种旅游活动的人在经历上和地位上的不同，以赢得人们的羡慕和尊重。有的人购买日常商品时可能也有这种心理成分。例如，在国外，有的人把购买名牌高级小轿车和高级时髦服装等作为优越地位的象征；在国内，有的人购买钢琴、摩托车，也有取得象征性的心理成分。但是，他们的象征性心理只具有附带的、次要的意义，主要为取得象征性意义而购买日常用品的事例是比较鲜见的。

旅游者购买旅游商品，也有取得实用价值的成分，个别人购买个别商品也有主要是为了取得商品的实用价值的情况，但是，大多数都是为了取得纪念性和象征性意义。无论哪种类型的旅游者，取得纪念性和象征性意义，都是他们购买旅游商品的主要动机。

3. 馈赠性动机

人们购买的旅游商品，还有一个重要的动机就是为了赠送他人。在中国，这是一种风俗习惯。无论长幼之间、亲戚之间，还是朋友之间、同事之间，甚至邻里之间，人们外出归来后都要送给对方一些在外地购买的商品。即使有的商品在本地也能买到，但从外地带回来的商品肯定别有一番情趣。它既可以增进彼此的友谊，也可以提高自己的声望，甚至还能满足一些人的炫耀心理。

4. 新奇动机

对新奇的追求是人们好奇心的表现。好奇心人皆有之，是购物动机的一种。在购物中，好奇心也起到一种导向作用，人们在外地看到一些平时在家看不到的东西时，就产生好奇感，就会购买。例如，人们为满足好奇心而外出旅游，而旅游购物也是满足人们的好奇心的一种方式，这是旅游商品不同于一般商品的重要区别。人们在日常生活中很少因为某种商品新奇而购买，而在旅游中却因新奇而产生购买动机和欲望，以至于产生购买行为。买到具有新奇性旅游商品是旅游活动的一个组成部分，也是旅游活动的一个目的，是旅游活动成功的一个标志。

5. 求利动机

这是客人在购买商品时，由于商品价格较低而产生的购买动机。众所周知，相同或相似的商品在不同的国家、不同的地区、不同的城市常常有不同的价格。如果外地某种商品的价格明显低于客人所在地的价格，人们一般就会购买外地该种商品。例如，上海的羊毛衫质量好而价格较低，所以北方人到上海旅游或出差，就会买一件或几件羊毛衫回来。还有的外国客人在中国廉价买到的古玩、工艺品等，回国后可以几倍甚至几十倍的价格出售。这就是受求利购买动机的驱使。

6. 实用动机

客人外出旅游，把自己从第一现实中解脱出来，暂时走进有些虚拟的第二现实，但他并不是完全离开现实生活的人，为现实生活打算也是许多客人的正常行为。如果客人在旅游活动中发现价廉物美的实用商品，就会购买。在实用动机的支配下所产生的购买行为主要与客人的个性特点有关，而与客人的经济收入水平并无直接关系。

7. 随机的购买动机

旅游者购买旅游商品，一般由于对旅游地的商品了解得比较少，不如对自己家居地区商品的品种、质量、价格等那么熟悉，因此，在旅游之前没有明确的购买计划和具体的购买目标的旅游者，一般都是到了旅游地看到旅游商品，听了介绍之后，才发现具体的可供选购的商品，产生购买动机和购买行为，因此，会表现出比较突出的随机购买的心理特点。

第三节　设计和生产旅游商品的心理要求

根据购买旅游商品和购买一般商品的不同心理特点，对旅游商品的设计和生产有特殊的要求。设计和生产旅游商品，除了要求具有一定的实用性外，还应当满足旅游者心理方面的要求。

1. 突出民族、地区和旅游景点的特色

使旅游商品独具特色，才能满足旅游者的纪念心理、象征性心理，引起购买行为。如果一种旅游商品和一般商品相比没有任何突出的特色，或者一个国家的旅游商品与旅游者所在国、所在地区的旅游商品相比没有特色，人们就不会在长途跋涉的旅游中去购买，因为它对旅游者没有什么意义，而且徒增长途携带的辛苦。因此，突出旅游商品的特色，是设计旅游商品的基本心理要求。

突出旅游商品的特色主要有3个层次：与国外的旅游商品相比，应该突出民族特色；与国内的其他旅游地的旅游商品相比，应该突出旅游地区的特色；与其他旅游点的旅游商品相比，应该突出旅游点的特色。

突出这3种特色的旅游商品，符合旅游者的购物心理，才能吸引他们购买。特别是各旅游区、旅游点，必须设计充分表现自身特色的旅游商品，才能吸引游客购买。否则，全国各旅游区、旅游点的旅游商品都大同小异，不仅使旅游区、旅游点失去销售的机会，而且还会对全国旅游商品的销售造成不利的影响。因为人们每到一个地方总想买到反映该地区特色的旅游商品，如果每一个地方的旅游商品都千篇一律，就会使他们降低购买旅游商品的欲望和兴趣，有的勉强购买一点，有的干脆不购买。

突出民族特色、旅游区特色和旅游点的特色，也是体现旅游商品纪念意义和社会象征性意义的具体表现之一。

2. 突出艺术特色

旅游商品除了直接满足实际需要而进行消费外，绝大多数是为了作纪念或馈赠之用，甚至直接消费的商品也兼有纪念的含义和用于馈赠的目的。因此，只有突出艺术特色，才具有欣赏价值，才适合纪念和赠礼的需要。每一个国家和地区都有自己特有的艺术传统。突出旅游商品的艺术特色，有助于突出民族特色和地方特色，使旅游商品更加符合游客的纪念性、象征性、欣赏性和游客求新奇的心理。

3. 尽可能包含精神文化的含义

我国有悠久的文化传统，来我国旅游的旅游者，希望了解我国文化传统的心理是非常普遍的。我们在设计旅游商品时，如果能在造型和画面上反映我国古代文化、故事传说和民间生活情趣，就更符合人们向往东方文化的心理，从而进一步激发和满足旅游者的购买欲望。某些带有精神文化含义的商品，如带有吉祥、顺利含义的商品，适合许多游客的心理。旅游商品的内容、形式应当尽量设计得与旅游活动相结合，这符合人们随机和即兴购买的心理特点。这样的商品，人们在活动中心情愉快时往往很愿意购买，用来作为旅游活动的纪念。例如，印有长城图案和"我登上了长城"字样的短衫、背心及表示曾经到过长城的"游览长城证书"等，就比较适合去长城游览的游客的需要。这样的商品既实用，又可作为纪念，无论自用、自存，还是馈赠亲友，都能受到游客的欢迎。

4. 考虑游客长途跋涉的特点

游客在旅游途中购买商品，可能会长途携带，因为有的旅游者参加的旅游项目可能是跨越好几个城市的，所以，旅游商品的设计须考虑到这一点，使商品不仅具有特色，而且小巧玲珑，便于携带。同时，最好要有技艺精湛，颇具特色的外包装，这样可以增加商品的价值和纪念意义。这两个方面都是促进购买的积极因素。

5. 注意品种、规格和价格的多样性

旅游者在购物方面虽然有共同的心理，但是，由于文化背景、经济条件等不同，使他们在需要、兴趣和选择方面具有一定的差异性，表现为对旅游商品多样化的需求。因此，在使旅游商品具有尽可能强的纪念意义和社会象征性意义的前提下，应使商品在品种、形式、规格、价格等方面具有多样性，既要有多种多样的品种和形式，又要使同一种商品有不同的规格和价格，既要有优质高价商品，又要有物美价廉的大众化商品，这样才能适应不同层次、兴趣和修养的游客的需要。

与多样性相联系的另一个方面，是应该注意到旅游者购买旅游商品的需要、动机和兴趣是可变的心理因素，设计旅游商品不能持静止不变的观点。设计者应当通过调查研究，随时掌握旅游者心理因素变化的动向，做出预测，适时地调整，不断设计新的花色品种，以适应游客的需要，保持旅游商品市场的特色。

上述设计要求的实现，将会构成旅游商品的魅力条件，符合旅游者的需要、动机、兴趣等心理特点，具有很强的吸引力，这将有利于促进游客竞相购买，更好地发挥旅游商品的作用。

第四节　旅游商品销售心理

一、旅游者购买行为的分析

游客购物一般有两种情形：一种情形是事先就想到要购买什么，购物动机比较强烈清晰，因此在旅游活动中他处处留意，寻找能满足他需要的商品；另一种情形是事先没有什么打算，只是在游览的过程中碰到了他所喜欢的商品，并对此产生了兴趣，激发了购买欲望，因而产生了购买行为。不管在上述哪种情况下，游客购物的全过程都是人的认知活动、情感活动和意志活动综合作用的结果。也就是说，游客在购买活动中的心理过程是一致的，即都要经历感觉、知觉、记忆、思维、想象、情感、意志等过程。但是，不同的游客在具体的购买活动中所表现出来的行为特点却具有很大的差异。可以从不同的角度对这些游客进行划分，大致可以按照年龄、性别、职业等几个方面来进行分类。这里我们就几个有代表性的群体，对其购物行为进行分析。

1. 青年人的购物行为

青年是指18～35岁的人，这是商品市场上最活跃的一部分消费者群体。他们身体健康，精力充沛，对事物有很强的敏感性，对新鲜事物有强烈的好奇心。因此，他们在购物活动中，追求明显的消费个性，以独特的方式来显示自己的成熟和与众不同。同时，他们也追求时尚，追赶流行与消费风潮。另外，青年人在购物决策中带有较强的冲动性，容易受环境因素的影响，这是因为青年人一般受情绪性购买动机的支配，常常是心头一热，买下再说。

2. 老年人的购物行为

人们一般把60岁以上的人称为老年人。随着科学技术和卫生、保健事业的发展，老年人在总人口中的数量和比重在迅速增长。因此，分析、研究老年人的心理特点和购物行为，对于满足他们的需要，更好地为他们服务有着重要的意义。

老年人在购买商品时与青年人有很大的区别。例如，对于他们不太了解的商品，尤其是新产品不愿意轻易购买，因此极少发生冲动性购买行为。在商品的需求上把商品的实用性作为购买商品的第一目的。他们强调经济实用、舒适安全、质量可靠、使用方便，至于商品的款式、颜色、包装装潢等是放在第二位考虑的。

3. 女性的购物行为

女性与男性在购物活动中的显著差异之一，是她们更愿意借外出之机购买所需要的商品。因此，人们常常可以看到，女人外出回家时总是满载而归，大包小包忙得不亦乐乎；相比之下，男人们则潇洒得多，常常是一只旅行箱就足够了。

妇女外出时，只要有时间，她们最喜欢的去处就是商场之类的购物场所。因此，女性的购买行为具有较大的主动性(而男性的购买行为常常是被动的，如受他人之托)。另外，女性的心理特征之一就是感情丰富，心境变化快，富于联想。因而她们的购买行为带有强烈的感情色彩，当然，这种心理特点也不可避免地使女性购物者常常产生冲动购买，以至于有时人还没有到家，就感到"错爱"了所买的某种商品。

4. 知识分子的购物行为

近年来，随着知识分子社会地位的逐渐提高及经济收入的相对稳定，越来越多的知识分子利用假期或外出学习、开会之机，参加到日益庞大的购物者大军中来。这里所指的知识分子群体主要是指文教、卫生、科研人员。知识分子的特点是文化程度较高，因此，他们的购买行为也显示出较高的品位。他们购买商品的标准是要与自己的身份相符，能显示出自己具有一定的文化知识和修养。与其他客人群体相比，知识分子客人对文化气息较浓的商品更感兴趣，尤其注重商品的艺术性和具有保存价值。

知识分子在购买商品时的自主性较强，大多愿意自己挑选所喜欢的商品，对于服务人员的介绍和推荐抱有一定戒备心理，对于广告一类的宣传也有很强的评价能力。另外，他们在购买行为中表现出较高的理智，受社会流行和时尚等因素的影响较小。

5. 高收入的白领阶层

这类群体在我国出现的时间还不算太长，是伴随改革开放而形成的一类消费群体，主要在经济效益比较好的国有企业、合资企业、外资企业从事管理工作。虽然他们的人数不多，但他们的收入较高，影响力较大，是商品市场上不可忽视的一支消费者队伍。

由于这一类消费者群体的工作环境中现代气息很浓，因此，他们在购买商品时，追求商品的高档化，对名牌商品和名贵商品比较感兴趣。而且，由于他们的收入水平较高，购买力较强，新风格、新式样的商品容易在他们中推广。

二、旅游商品的销售

购买旅游商品是旅游活动的重要内容之一，搞好旅游购物活动，是提高旅游效果的重要因素。搞好旅游中的购物活动，不仅需要设计和生产符合旅游者心理的旅游商品，还需要良好的销售服务。

旅游商品销售服务的目的在于使买者得到称心如意的旅游商品，使销售者扩大销售额，增加经济效益。实现这一目的的关键就在于如何激发游客的购买欲望。游客购买旅游商品，有的是慕名而来，事先有一定的购买计划，专门或主要是为了购买旅游商品(如旅游商品的经营者，购买回去进行销售)。以旅游为主要目的的游客，有的事先有一定的购买计划和购买对象，但大多数只是在旅游中有购买旅游商品的意向，而没有具体的购买目标，他们是根据纪念心理和实际需要，在旅游中随时发现满意的商品随时购买。因此，就游客购买旅游商品的特点来讲，大量的是即兴购买，因而会较多地受到种种随机条件的影响。因此，在旅游商品销售中，应当掌握和运用这一心理特点，注意创造必要的条件，引起游客的兴趣，激发购买欲望，促成购买行为。

为了激发和强化游客的购买欲望，旅游商品的销售部门和销售服务人员可以采取以下措施。

1. 以醒目的橱窗和柜台陈列吸引旅客的注意

旅游商品被游客选择作为购买对象，首先要以被游客注意到为前提，也就是我们前面所说的，要引起旅游者的感觉和知觉。已经有具体购买计划的游客，进入商店后有意注意会非常活跃，主动寻找所要购买的商品。那些只有购买意向而没有具体购买目标的游客，则要靠商品引起无意注意。只有能够引起他们注意的商品，才有可能使他们购买。因此，销售服务人员应当使商品的陈列有利于引起游客的注意。首先，要利用橱窗向游客展示主要商品的内容及其精美的形象，以引起游客注意，了解商店经营内容的性质及主要商品。

展示的方式既可以是实物也可以是非常精美的图片。其次，柜台陈列要注意同类商品相对集中，以便突出醒目，使游客容易发现这些商品，同时方便游客选购。

2. 文字说明和口头语介绍相结合向游客进行商品销售

游客注意到商品的存在和初步看到商品的精美形象后，有的就会对某些商品产生一定的兴趣，希望对这些商品作进一步的了解。根据这种心理状态，销售服务人员应当为他们提供方便。首先，商品旁应设立标签或简短的文字说明，包括商品的名称、特点、产地、价格，使游客可以自行观看。此外，应当以口头方式向游客介绍商品的高超工艺、丰富的文化含义、各种实用效能及特有的纪念意义等。通过介绍，帮助游客了解商品，增加对商品的兴趣，对激发购买欲望和促成购买行为往往能起到重要的作用。例如，一位外国游客在商店里看到一件工艺品，一匹马上骑着一只戴着官帽的猴子，很感兴趣，但不怎么明白其含义是什么，旅游商品的销售人员注意到他困惑的表情，主动上前向他进行介绍，说明这件工艺品的寓意是"马上封侯"，是一种吉祥顺利的象征。通过销售人员的介绍，这位游客增加了对商品的理解，感到很有意思，便愉快地购买了这件工艺品。

3. 利用景物的间接渲染激发购买欲望

利用景物对商品进行渲染，创造诱人的意境，引起游客的美好联想，可以对激发游客购买欲望起到很好的效果。例如，我国精美的地毯、景泰蓝等工艺品，是多数外国游客感兴趣的，若单独摆设陈列难以表现整体的形象美，如果利用这些商品布置一个房间，则会创造一种诱人的意境，引起游客产生美好的联想，想象自己的家里摆设这些工艺品的美好景象，这对他们购买这些商品将会产生特殊的心理激发作用。此外，利用文房四宝布置一个学习的环境，利用模特展示民族服装等，都会增加商品的魅力。由于某些商品的特点或商店条件的限制不便于采取这种方式，则可利用实际场景的彩色照片间接展示，亦可取得很好的效果。

4. 运用模仿和从众心理激发购买欲望

人们往往有模仿名人，或者模仿那些比自己地位优越的人的心理倾向，同时也有与和自己身份、地位相同的人采取一致行为的心理倾向，前者可以称为模仿心理，后者可以称为从众心理。在旅游商品销售服务中运用这种心理，对激发游客的购买欲望会产生很好的积极作用。例如，选择游客中比较有影响的人作为重点，首先促其购买，以带动其他的游客。这样做的效果，既可以增加其他人的兴趣，降低其他人对商品的风险知觉而增加安全感，解除对商品的怀疑和购买时的犹豫心理，又可以造成游客之间行为和地位高低的差异，以荣誉感、自尊心促成其购买行为的产生。选择有影响力的人物要注意其个性特征，应当选择那些性格爽快、行为果断的游客，这样可以尽快成交从而发挥带动作用。因为游客时间紧迫，往往不可能重来选购，成交过慢就会失去更多人购买的机会，利用模仿和从众心理推动旅游商品的销售，对团体旅游者具有特别重要的作用，应当予以重视。此外，对不同性格类型特征的游客，要有不同的服务方式。但是，无论对何种类型的游客，都要做到服务热情周到，这是影响购买心理的基本因素。

5. 创造方便旅游者购买的条件

创造方便游客购买的条件，对增强和实现游客的购买欲望，扩大商品销售有重要作用。游客在旅游活动过程中，常常由于不便于携带或时间的限制造成心理阻力，影响对旅游商品的购买。因此，改进服务，创造方便游客购买的条件，可以大大增加游客的购买欲望，扩大购买数量。例如，采取交款订购、送货上门、代办邮购和运输等服务方式，就可以解除游客时间短和携带麻烦的顾虑，增加购买的可能和购买数量。又如，使用信用卡，游客购物时付费可以不必带现金，不必折算兑换，不必找零点数，不必顾虑囊中无钱，见到心爱之物，一刷信用卡，心爱的物品就到手，这样既省时又方便，特别容易激发起旅游者的购买欲望。

6. 为游客提供参观了解旅游商品生产过程的机会

为游客提供参观旅游商品生产过程的机会，有利于增加游客对商品工艺价值的了解和产生良好的商品形象，引起兴趣，激发购买欲望。例如，组织游客参观工艺美术工厂，或使某些工艺美术品的生产在商店内现场制作表演，如刺绣、雕刻、绘画、书法等。现场参观可以促使游客现场购买，不仅可以增加产品的销售数量，而且可以增加游客购买活动的情感因素，使游客更加满意、愉快。

运用以上措施搞好旅游商品销售服务，首先要求销售服务人员具有热心、真诚为游客服务的愿望和责任感，同时要了解游客的心理和熟知商品的性能，只有具备这样的条件，才能获得使游客满意和扩大商品销售的目的。

本章小结

1. 购买旅游商品是旅游活动过程中不可缺少的一个环节，精美的旅游商品会带给人们不同的心理感受。

2. 人们在旅游活动的过程中购买旅游商品是出于一些很复杂的动机，如说象征性心理、纪念性心理等。

3. 设计和生产旅游商品时应注意旅游者的心理需求，尽量设计和生产符合其兴趣和需要的旅游商品，这样旅游商品才会有更好的销路。

4. 旅游者形形色色、各有不同，其购买习惯也是千差万别的。

5. 旅游商品的销售要注意方式、方法，尽可能满足旅游者的心理需求。

案例分析

多为客人想一想

几位游客到杭州西湖春酒店的商场购物，他们径直走到茶叶专柜前，看了看标价便议论道："这儿的东西有点儿贵，我们还是到外面去买吧！"这时，服务小姐便走上前，关切地说："先生们去外面买茶叶一定要去大型商场，因为市场上以次充好的茶叶很多，一般是很难辨别的。"客人立即止步问道："哪家商场比较好，茶叶又怎样进行选择呢？"于是，服务小姐便告诉茶叶等级的区分,如何用看、闻、尝等几种简易的方法区分茶叶好坏,又介绍了本商场特级龙井的特点,价格虽略高于市场,但对游客来说,买得称心、买得放心是最重要的。几位游客听了小姐的介绍,都爽快地买了几盒茶叶。服务小姐为商场做成了一笔较大的生意。

分析: 上述案例中,商场的服务小姐面对游客不购买自己商店里的商品,并没有对他们不屑一顾,也并未一味地宣传本商场商品的优势,而是从游客的角度出发,根据游客购物的心理特点,运用自己的服务技能,中肯地对他们选购商品提出建议,以取得游客心理上的认同和信任,让他们自然地做出购物行为。这说明从游客心理需要出发的服务,才是最有效的服务。

★ 心理测试

财 商 测 试

想知道自己适合什么职业吗?请做是否选择。

1. 墙上的画挂得不正,我看着不舒服,总想方设法把它扶正。
2. 洗衣机、电视机出了故障时,我喜欢自己动手摆弄、修理。
3. 我做事情时总力求精益求精。
4. 我对一种服装的评价是看它的设计而不关心它是否流行。
5. 我能控制经济收支,很少有"月初松、月底空"的现象。
6. 我上学的时候很喜欢数学课。
7. 看了一场电影或歌剧后,喜欢独自思考其内容,而不喜欢与别人一起谈论。
8. 我书写整齐清楚,很少写错。
9. 我不喜欢长篇大作,喜欢读议论文、小品文或散文。
10. 闲暇时间我爱做智力测验、智力游戏一类的题目。
11. 我不喜欢那些零散、琐碎的事情。
12. 如果我进入招聘职员的经理室,经理抬头瞧了我一眼,说声请坐,接着就埋头阅读他的文件而不再理我,可我一看旁边并无座位,这时我没有站在那里等,而是悄悄搬个椅子坐下来等经理说话。
13. 以我的性格来说,我喜欢与年龄较小的而不是年龄大的人在一起。
14. 我想我心目中的另一半应具有与众不同的见解和活跃的思想。
15. 对于别人求助我的事情,总尽力帮助解决。
16. 我做事考虑较多的是速度和数量,而不是在精雕细琢上下工夫。
17. 总之,我喜欢"新鲜"这个概念,如新环境、新旅游点、新同学等。
18. 我不喜欢寂寞,希望与好多人在一起。
19. 我上学的时候就喜欢语文课。
20. 我喜欢改变某些生活习惯,以使自己有一些充裕的时间。

选"是"加1分,选"否"不加分。

测试结果:

前10道题的分数大于后10题的分数:你是一个肯钻研、很谨慎、理性的人,适合做律师、医生、工程师、编辑、会计师等。

前 10 道题的分数小于后 10 题的分数：你善于与人交往，思想较活跃，适合作服务员、艺人、采购员、推销员、记者等。

前 10 道题的分数等于后十题的分数：适合的职业有美容师、美发师、护士、教师、秘书等。

思 考 题

1. 旅游商品有什么心理意义？
2. 游客购买旅游商品有怎样的心理特点？
3. 设计和生产旅游商品应注意哪些心理要求？为什么？
4. 旅游商品销售中为激发游客的购买欲望，可以采取哪些有效的措施？

第十一章　旅游宣传心理

通过对本章的学习，要求掌握：
- 旅游宣传的心理意义；
- 旅游广告定位；
- 旅游广告宣传所适用的具体策略。

通过对本章的学习，要求能够：
- 理解什么是旅游宣传的心理意义；
- 理解怎样才是恰当的旅游广告定位；
- 运用一些具体策略进行旅游广告宣传。

第一节　旅游动机的产生和旅游宣传的意义

　　旅游资源的开发与旅游设施的建设是开展旅游活动的物质条件，但这并不是赢得客源的主要条件。我们知道，旅游动机是个体参加旅游活动的内部动力，只有使人们产生旅游动机，旅游的物质条件才能发挥出吸引客源的作用。因此，在具备物质条件的前提下，必须找到影响人们形成旅游动机的条件、途径和方法，通过积极的工作去争取旅游客源。我们通过对旅游动机的研究了解到，在个体具有旅游需要的前提下，虽然创造了符合人们旅游需要的物质条件，但并不能使人们产生旅游动机，而必须使两者发生联系，即使个体知觉到这些物质条件的存在，了解它们的情况并与自己的旅游需要进行比较，在做出这些条件能够满足自己旅游需要的判断后，才能产生旅游的动机。使人们知觉、了解旅游的情况，是形成旅游动机、争取到现实的旅游者的关键。

　　潜在的旅游者在形成旅游动机、做出旅游决定之前、都要积极地去搜集和了解旅游活动的情况，尽可能详细地去获取各种相关的旅游信息，以便做出使自己感到可靠的旅游选择，这是他们共同的心理特点和心理状态。旅游活动也是一种消费性的活动，它被作为一种商品向潜在的旅游者进行推销。购买旅游这种商品和购买一般日常商品虽然都需要获得商品的信息、了解商品的情况，但是，获取信息的途径和信息的性质却是不相同的。人们购买一般商品之前，不仅可以通过各种途径获得间接信息作为参考，而且可以直接接触商品，在直接观察商品的条件下，根据直接信息进行分析评价，产生购买动机，做出选择而产生购买行为。旅游对象不同于一般商品，人们在旅游之前，对它是无法直接观察的，只有到达目的地进行旅游时，才能体会到它质量的好坏，了解到它的使用价值的大小。这就说明，了解旅游对象的真实情况，是在选择购买行动以后进行的。但是，人们选择旅游对象又必须以对它的了解为前提，因为人们不会花费大笔的费用和宝贵的时间到一个自己毫

无所知的地方去旅游。这就产生了下面的问题：人们为了进行旅游选择，既需要充分了解旅游对象的情况，又无法在选择之前直接观察旅游对象获得直接信息，那么，人们只能通过可能的渠道取得旅游对象的间接信息，并据此做出旅游选择。对旅游管理和经营者来讲，就需要通过各种形式的旅游宣传向社会各种成员传递旅游的信息。

　　人们对旅游地的选择，大致会经历以下过程：首先是具有旅游的需要，然后，在具有适宜的旅游对象后形成旅游的动机，在旅游动机的作用下再对若干目标进行选择，从而决定旅游目标。在旅游需要和选择决定之间，有一个了解、分析，评价和判断旅游对象的过程。在这个过程中，旅游宣传可以发挥重大的作用。旅游宣传不仅可以提供旅游的信息、情报，使人们对旅游目标有所了解，而且可以引起人们的兴趣，影响人们的态度，激发旅游动机，对人们的旅游选择产生极大的影响。所以，旅游宣传担负着传递旅游信息、激发旅游动机、影响旅游选择的重要职能，对发挥旅游资源等旅游条件的作用，争取和扩大旅游客源，从而推动旅游业的发展，起着重要的作用。

　　旅游宣传可以增加人们对旅游地的了解，引起人们的兴趣，激起强烈的愿望和动机。1983年，我国在澳大利亚举办了中国旅游图片展览，收到了良好的效果。展出的200多张精美的彩色图片，展示了我国丰富多彩的名胜古迹，绚丽多姿的自然风光，浓郁东方情调的风土人情。长城、秦始皇陵兵马俑、桂林山水、云南石林、古运河、战国编钟、敦煌石窟……使参观的人们惊叹不已。展览会上放映了我国的旅游风光片《在中国旅行》、《中国冰城》、《江苏秀色》、《熊猫的故乡》、《内蒙草原》、《河南寻古》、《人参之乡》，吸引了许多观众。这次展览增加了外国人对中国旅游资源的了解，激起了他们很大的兴趣和来中国旅游的强烈愿望。参观后，一位澳大利亚政府机关的职员说："尽管我们两国关系很好，但相互了解太少了。今天我看了你们的展览，才发现中国原来这么美！"一位工人参观后说："从现在起，我就要拼命攒钱，我一定要到中国去！"有些老年人详细地询问中国的交通和旅游设施，当得知许多国家的老年旅游者都能在中国舒畅地旅游的情况时，他们也高兴地说："我们要亲眼去看一看中国。"不仅没有来我国旅游过的人士有如此强烈的反响，许多曾来我国旅游过的人士看了展览也感慨地说："中国还有这么多美丽的地方我们没有去过，我要第二次、第三次去中国！"

　　我们从这种旅游图片展览的效果，可以看到旅游宣传的重大作用。

　　1983年2月底～3月初，在北京举办了首届中国国际旅游会议，同时举办了旅游展览。出席会议的有来自40多个国家和地区的外宾957人。在这次会议上，通过宣传和洽谈业务，为1984年成交了总数达40多万人的组团人数。这从另一个侧面表明了旅游宣传的重要意义。

　　对外旅游宣传可以在人们心目中树立起我国旅游的良好形象，使外国人对来我国旅游产生浓厚的兴趣，激发他们来我国旅游的强烈愿望和动机，在具备条件时，首先选择我国作为旅游目的地，在条件不具备时，也能努力创造条件。

　　综上所述，旅游宣传的心理意义可以归纳为以下几个方面。

　　首先，旅游宣传可以传递旅游信息，树立良好的旅游形象，提高旅游地的知名度。

　　其次，旅游宣传可以引起旅游兴趣，激发和强化旅游动机，促进旅游选择。

　　最后，旅游宣传能够降低旅游风险知觉，增强安全感和信赖感，稳定旅游者的旅游决策。

　　所以说，我们应该对旅游宣传的重要作用给予足够的重视。但是，现在有些旅游管理者和经营者对这个问题缺乏根本性认识，没有迫切感。他们虽然也在为旅游资源和旅游设

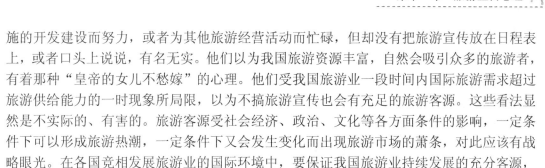

施的开发建设而努力,或者为其他旅游经营活动而忙碌,但却没有把旅游宣传放在日程表上,或者口头上说说,有名无实。他们以为我国旅游资源丰富,自然会吸引众多的旅游者,有着那种"皇帝的女儿不愁嫁"的心理。他们受我国旅游业一段时间内国际旅游需求超过旅游供给能力的一时现象所局限,以为不搞旅游宣传也会有充足的旅游客源。这些看法显然是不实际的、有害的。旅游客源受社会经济、政治、文化等各方面条件的影响,一定条件下可以形成旅游热潮,一定条件下又会发生变化而出现旅游市场的萧条,对此应该有战略眼光。在各国竞相发展旅游业的国际环境中,要保证我国旅游业持续发展的充分客源,必须大力搞好旅游宣传,而绝不可出现临渴掘井的被动局面,应该把旅游宣传提高到发展旅游业的战略高度来认识。

第二节 旅游宣传的针对性

旅游宣传的目的在于引起人们的注意和兴趣,吸引人们来旅游。旅游宣传的客观基础是旅游资源、旅游活动和旅游服务的内容、特点和质量,即它们是旅游宣传所要传递的信息的核心内容。怎样传递这些信息才会产生更大的效果?从引起人们心理的积极变化讲,重要之处在于了解人们的心理状态,使旅游宣传具有针对性。如果旅游宣传能够针对人们的心理进行,则能引起人们的兴趣,或者有利于消除人们的某些顾虑,将产生强化旅游动机而决定一游的良好效果。所以,针对潜在旅游者的心理进行宣传,是取得良好效果的关键。

美国旅游部门对英国进行旅游宣传的例子,很能说明针对旅客心理进行宣传的重要性。美国旅游部门为了吸引英国人到美国旅游而进行了大量的旅游宣传,开始他们认为英国人到美国旅游人数不多的原因,可能是怕美国的旅游费用太高,于是把宣传的重点放在说明去美国旅游花费不大上。但是,经过宣传,英国人去美国旅游的人数仍然没有明显提升。此后,美国旅游组织又进行了大量的调查研究,发现英国游客不愿去美国旅游的原因,是他们对美国的摩天大楼、纵横交错的公路网及高消费的经济有惧怕情绪,并且认为美国只有嘈杂喧闹的城市,缺少美丽宁静的田野乡村。掌握了英国旅游者的这种心理状态,他们改变了宣传重点。美国旅游组织针对英国旅游者的这种心理状态,着重宣传美国不但有繁华的大城市和高层的楼房,而且有广阔的农村,有很多奇特的自然风景,如大峡谷、尼亚加拉瀑布、黄石公园等,还有人工造成的迪斯尼乐园等游乐场所。这种有针对性的宣传消除了英国旅游者的心理阻力,引起了他们的兴趣,于是,去美国旅游的英国游客人数急剧增加。这表明,旅游宣传是否具有针对性,其效果可能相差甚远。

旅游宣传要从增强潜在旅游者的心理动力和消除心理阻力两个方面进行,在这个基础上,根据旅游的实际情况开展针对性的宣传,具体应当注意以下几点。

(1) 针对一般旅游心理,宣传我国旅游资源的丰富多样性,突出宣传我国自然旅游资源的特点和人文旅游资源的民族特色。

(2) 针对不同的需要和兴趣,宣传我国旅游资源、旅游活动的奇异性和愉悦性。例如,针对求奇访古心理突出宣传我国悠久的文化历史和名胜古迹,针对求知心理突出宣传我国多民族的风土民俗,现代生活方式和近期建设的社会成就,针对欣赏和娱乐心理宣传我国美好的自然风光和旅游活动的趣味性等。

(3) 针对客源的不同类型，着重宣传我国旅游的某些特点。例如，针对实用型的旅游者，着重宣传我国旅游价格的合理性，旅游支出费用不大；针对自我表现型的旅游者，着重宣传我国旅游的社会意义，象征性意义、热情好客的民族传统，以及旅游设施的完备、旅游服务的热情周到等。

(4) 针对构成潜在旅游者心理旅游阻力的那些顾虑进行宣传。例如，有的游客由于对我国真实情况缺乏了解或受某种偏见的影响，出于安全心理，对来我国旅游存在顾虑，我们就应当针对这种心理多向他们宣传我国安定团结的社会状况，人民的热情好客，旅游安排的可靠等，以解除其顾虑，消除旅游阻力。前面所述美国旅游组织对英国旅游者的宣传，就是消除潜在旅游者旅游心理阻力的例子。

(5) 针对人们对旅游信息的不同需要程度进行宣传。各种人对旅游信息的需要程度有高低急缓的不同，以下几种人对旅游信息要求程度较高：初次旅游缺乏旅游知识和旅游经验的人；难得有一次旅游机会希望做出最佳旅游选择的人；认为旅游选择存在风险的人；决定去旅游但还未选定具体旅游目标的人；曾到旅游咨询机构进行咨询的人；对旅游非常重视，每次都希望做出最佳安排的人等。旅游宣传要重点针对这些最需要旅游信息的人展开。

旅游宣传的作用一方面是增加旅游活动对潜在旅游者的吸引力，另一方面是消除他们旅游的心理阻力，这是一个问题的两个方面。这两个方面的共同作用，都是为了增强潜在旅游者的旅游动力，促使他们选择我们推出的旅游地作为旅游目的地。因此，检验旅游宣传效果的标准，就是旅游人数变化量。当旅游者数量有较大幅度的增加时，表明宣传的方向对、方式好、效果佳。如果游客数量没有增长的变化或变化不明显，就证明宣传的效果不好。为了取得良好的宣传效果，首先要检查旅游宣传的方向是否正确，分析宣传的针对性是否准确，进而分析宣传所采取的方法是否得当，从而调整宣传的方向和方式，以争取实现旅游宣传的目标。

第三节　旅游广告宣传

一、旅游广告要引人注意

广告界有一句行话："能引起人们的注意，你推销商品就已经成功了一半。"这是因为注意是信息加工的前提，是促进消费者对广告记忆的重要因素。对于公众来说，每天接触的媒体信息是众多的，人们不会对所有信息都予以注意，而在杂志、报纸、电视、广播中的广告信息人们更是给予消极的关注。而广告不引人注意，就不能使消费者接受。

注意是个体心理针对一定对象的指向与集中，人的心理处于清醒的紧张状态。而大脑的认知过程、情感过程都必须在注意这个大的心理背景下才能进行。

具有什么特征的刺激才会引起人的注意呢？主要有以下几点。

1. 新异性

新异性是刺激物唤起人们注意的最重要的特性。新异性指人们没有见过的或较少见过的与一般刺激不同的刺激。它分为绝对新异和相对新异。绝对新异是指人们从未见过的东西。旅游景观往往对具体的旅游者是绝对新异的较多。相对新异是指已见过的刺激的新的组合，或新变化而产生的新异。例如，新旧上海的变化，对于离开上海多年的海外侨胞来说，新上海就是相对新异。

2. 强度特点

刺激要引起人们的注意反应必须达到一定的强度，它分绝对强度和相对强度。绝对强度是指刺激刚刚能够引起人的注意反应的强度，亦即感觉阈限。相对强度是指刚刚能引起差别反应的刺激强度。在广告中，具有刺激的巨响、大的口号声音、怪异的图像和声音、强烈的声音等会引起人的注意。

3. 运动变化

在静止的背景上，运动着的物体容易被人发觉、注意。而在运动的声音、图像中，可以不断变化运动的节奏，如突然出现、忽隐忽现，容易引人注意。

4. 对比性

当刺激与周围环境的景物形成明显的反差时，容易产生很强的吸引力。"万绿丛中一点红"，就是在绿色的大背景下，一朵红花更容易被人注意。

5. 重要性程度

凡是对个体有重要意义的刺激就容易引起人们注意。当广告中出现符合个体需要的产品时，他就会产生注意。例如，胃病患者当看到五大连池矿泉水能治胃病时，他会深入地去搜索有关到那儿旅游的信息，因为这对他的身体十分重要。

二、旅游广告的心理定位

(一) 定位概述

定位是市场学的重要概念，20世纪70年代以后受到广告界的重视。其主要原因是市场产品越来越多，同类产品在质量、价格上相差无几，广告必须使用定位策略才能凸显产品在消费者心目中的品牌印象。

定位就是把商品定位在准客户大脑里的意思，以单纯的信息在准客户的脑海里塑造一个位置，它不仅包括该企业本身的优缺点，也包括对同类竞争企业的考查。实质上，定位就是把产品在市场上确定一个位置，使之与其他产品区别开来。从效果上，定位是给产品在消费者心目中确立一个显著的概念，提供一个消费者容易识别并促进他们选择该品牌的最有诱惑力的理由。产品的定位可以从各个维度上去开展，而用来衡量产品的各种维度可以是产品的客观属性，也可以是在消费心理上的有关心理属性，目的是让消费者感到该产品在同类中是特殊的、突出的。

(二) 产品定位的步骤

(1) 分析该产品在众多竞争品牌中是如何被消费者分类把握的，即消费者将广告中归到哪一类别上。

(2) 在某一特定的分类中，分析该产品以什么样的特点被消费者识别出来，有什么显著特点。

(3) 分析消费者所持有的品牌形象，以及"理想点"的分布情形。

(4) 从该产品的特性来分析判断它可能参与的分类和定位之所在，以及新的分类与定位的可能性。

(5) 分析在消费者理想点中某种定位与竞争对手定位及其强度相比之下，是否足以吸引消费者。

(三) 旅游广告定位策略

1. 强势定位策略

旅游产品中最古老、最著名的景观、服务设施是强势的品牌，如埃及的大金字塔，中国的长城、兵马俑等。这些旅游资源在全球都享有盛誉。桂林旅游业的定位在"桂林山水甲天下"的强势上，美国的夏威夷则定位在"太平洋的十字路口"。

2. 独特定位策略

不是所有旅游产品都是强势产品，特别是分布在各地的普通旅游景点和新建旅游景点、度假村等。那么，就需要给其有恰当、独特的功能定位。实际上围绕都市周围的普通旅游景点也是各有特色的，而这些特色都是其他大旅游景点所不具备的。至少可保留交通便利上、价格上、食住优惠方面的特色定位。美国公路旅游公司提出的口号是"充满浪漫情趣的野营生活"作为其特色旅游定位。

3. 关联分类定位策略

该策略是指采用各种方法来表示该品牌与现有产品既有关联，又有区别。例如，某一天然矿泉水产地，不仅有矿泉水，而且还有美丽的自然景色，如青岛的崂山。实际上，每个旅游产品都有自己的关联分类定位，关键是定位要赢得旅游者的青睐。有价值的、符合人需要的品质关联越多越好，但必须特点鲜明，容易打动公众。

4. 市场细分定位策略

虽然旅游是面向所有公众的休闲、假日消费活动，但大部分旅游产品还是要定位于某些特定的旅游群体，而有些旅游活动产品经常只与特定旅游群体发生关系。例如，漂流、探险、野外生存等旅游项目，年轻人的参加占绝大多数，而老年人就比较少；游乐场、博物馆、动物园等，儿童去的就比较多。在性别的影响方面，打猎、捕鱼活动则男性较多，购物、娱乐活动女性更乐于参与。

5. 功能定位策略

以旅游产品在功能上的特殊性或相对强弱来定位。例如，五台山可以定位为精神、信仰之旅，因为其旅游内涵主要为宗教文化。美国佛罗里达州旅游局的口号是"世界的游乐场"，强调在这里旅游能玩到许多游乐项目，而海滨、滑雪场、沙漠、高原等都能带来旅游特殊的功能和需要的满足。

其他的旅游广告定位有旅游心理感受定位、民俗风情定位、旅游量定位等，重要的是针对旅游产品，找对理想的定位点。

三、旅游广告诉求策略

(一) 诉诸特殊的需要

当旅游产品、设施、服务具有某种特殊的功效，而这种功效又正好是能唯一满足旅游者的某种特殊需要和产品属性为诉求点，也就是使旅游的特殊优点与旅游者的特殊需要、特殊利益联系起来。例如，北京近郊的龙庆峡风景区因拥有国内最高的蹦极设施而使旅游者感兴趣，所以其广告也以此为诉求点为好；而昆明世界园艺博物展览会则以集中全世界最优秀的植物精品、园艺精品展览，来激发旅游者回归自然和热爱绿色的需要。

(二) 激发低层次需要

按照马斯洛的需要层次理论，层次越低的需要，其行为内驱力就越大。因此，在一种旅游产品能同时满足人们的多种需要时，广告诉求旅游者的低层次需要，其宣传效果可以大为提高。例如，新加坡航空公司的广告就突破传统上强调飞机的豪华、安全、舒适、准时的一般性诉求策略，而是让在电视画面上出现的空姐热情地给乘客端上精美的食物作为诉求重点。结果广告打出去以后，效果非常好，迅速提高了公司的公众印象。美国爱华达州旅游局的旅游广告诉求点是放在夏日的避暑需要上——"在夏日的阳光下享受冬季的欢乐"。

旅游企业在广告诉求上强调优惠、方便、安全、赠送纪念品、旅游中大奖等都是为了满足旅游低层次的需要。

(三) 诉诸高层次的需要

旅游企业的产品与服务仅仅在满足低层次的需要上是不长久的。因为同类产品与服务很容易看齐。任何商品若激发出消费者内心的深刻的自我实现、自我尊重、成就感的需要，则会产生持久、深刻的记忆和兴趣。"顾客就是上帝"是满足了顾客的自尊需要。旅游活动恰恰能满足人们的自我实现之类的理想，想想人们登上山顶的欢呼雀跃，人们在远航归来的喜悦，人们在激流中搏斗后的自豪感，旅游就是一种自我幻想的实现。正如旧金山帕蒂尔饭店的人所说："这里会让你的一切美梦成真。"

(四) 激发新需要

对新的旅游产品和服务，旅游者可能还不了解，也不知道它们能满足些什么需要，因而不能产生旅游购买。在这种情况下，旅游广告应该努力去激发人们的新需要。对于一个从未见过雪的人，去北方看雪、滑雪就是一种从未有过的新需要。

旅游者是不断成长与探索的个体，在生命的每个阶段都会产生新的旅游需要，就人类总体而言，新生一代总是有他们自己的价值观和生活需要。旅游业应该充分考虑他们的旅游需求特点。现代新人类喜欢外出旅游、冒险、追求健美、崇尚自然、爱吃绿色食品等。

第四节　心理学与旅游宣传技巧

旅游宣传首先要针对游客的心理状况，以确定宣传的基本方向。在确定正确的方向之后，还必须讲究宣传的方式、方法和技巧，这也要求自觉地、恰当地运用心理学的规律。在旅游宣传中运用心理学的规律，应着重注意以下几个方面的内容。

一、运用感觉、知觉的规律进行旅游宣传

采取易于引起人们注意的宣传形式，突出易于引起人们兴趣的内容，以产生鲜明、强烈而持久的印象，需要善于运用感觉、知觉的规律进行宣传。感觉、知觉的产生和客观对象的情况有关。首先，与刺激物的强度有关，刺激强度太弱不能引起感知觉，在一定刺激强度范围内，强度越大的刺激物，越易于为人们所感知。其次，具有明显特点和新鲜、奇异的事物及与背景有鲜明对比的事物，容易被发现而成为注意的对象。

根据上述规律，旅游宣传品的形式要有特点，要与同类的其他宣传品形成鲜明的对比，内容上要突出旅游目的地和旅游活动的新颖性、奇异性，以便在众多的宣传背景中优先引起人们的知觉。文字宣传资料，首先要使标题有吸引力，以引起人们详细了解具体内容的愿望。形象资料要注意画面色彩的表现规律，突出重要内容。无论是文字还是画面，都要善于运用具体形象的描述和展示，以表现我国旅游的魅力，吸引人们的注意。

知觉把某些事物作为优先注意的对象，是它的选择性的表现。知觉的选择不仅与对象的情况有关，而且与人们本身的心理有关。对知觉的选择性有重大的、明显的影响的心理因素，是人的需要和兴趣，符合人们需要和兴趣的事物，往往首先为人们所感知，而其他事物则退居后面而成为背景。因此，旅游宣传要突出那些适合人们需要和兴趣的内容。由于人们的需要和兴趣是多方面的，旅游宣传品的内容应注意介绍和表现旅游对象及旅游活动多方面的特点。

二、运用情绪的感染作用进行旅游宣传

一个人的情绪是可以影响他人情绪的，这是情绪的感染作用。情绪具有动机的意义，人在情绪的作用下可以比较容易地采取某种决定和某种行动。一个人受到他人的积极情绪的影响，由于情绪的感染作用往往也会产生性质相同的情绪，从而对他人从事的活动产生积极的态度。在旅游宣传中应当很好地运用情绪的感染作用，宣传旅游者旅游的愉快场景和实际感受，这会获得非常好的宣传效果。我们可以通过文字介绍，也可以选用旅游活动中的照片和电视或电影镜头，进行这种宣传，还可以根据人们的心理和旅游市场的情况，有目的地邀请记者和各国各界有代表性的人们来参加旅游活动，通过他们写的报道、游记、感想，或者通过照片、电视和电影，介绍他们旅游时的愉快情景，发挥情绪感染的作用。

运用情绪的感染作用进行旅游宣传，对吸引和推动人们旅游具有特殊的意义。因为它以旅游者的活动经历和感受来反映旅游活动的特点和优点，不仅具有形象的生动性，而且客观上是旅游者的现身说法，对读者和观众来说，具有更大的真实性和可靠性，从而产生巨大的说服力和吸引力。特别是对那些正在选择旅游目的地而犹豫不决的人，往往会成为他们下决心的决定性推动力。

三、运用模仿和从众心理进行旅游宣传

有重点地突出宣传有影响的各种代表人物(如政府首脑、知名人士，各行各业的代表人物)及不同职业、不同性别组年龄的典型人物旅游的愉快经历，激发人们的旅游动机，是利用模仿和从众心理进行旅游宣传的有效手段。

人们总是有意无意地模仿着名人的一举一动，有名望的人物旅游过某地，往往使他人也纷纷效仿，决心前往一游。人们往往把到名人游过的地方去旅游视为荣誉，因而去模仿。因此，我们还可以把信息传递给知名人士，通过他们对大众发挥积极的影响。模仿心理在旅游和旅游宣传方面的重要作用应当很好地加以运用。

一个人的态度和行为，容易受与其地位和条件相同或相似的人的影响，并采取与之相同的态度和行为，这种现象就是心理学所讲的从众行为。运用这一规律，我们可以选择各种职业、性别、年龄、社会地位等不同类型的旅游者，宣传他们在旅游中的愉快经历、活动场面，宣传他们美好的旅游感受，积极的旅游评价，将会对与他们在职业、性别、年龄、社会地位等方面有共同性的众多潜在旅游者，产生广泛而深刻的心理影响。

四、旅游宣传要突出旅游资源特色和服务质量

旅游宣传的最终目的在于通过向人们传递旅游资源和旅游服务的信息，激发人们的旅游动机，争取客源。根据心理活动特点分析，旅游宣传的效果和宣传所提供的信息量之间，并不存在绝对的正比关系。信息量太少固然不能激发起旅游动机；信息量过多，往往对旅游动机的产生起消极作用。例如，在对旅游资源情况的宣传介绍中，某一个旅游地、旅游点的情况如果介绍得过于详细，就有可能使人们感到已经对它了解得够多了，从而产生满足感而降低探求的欲望，放弃旅游的打算，或者在同一类型的旅游中优先去选择那些了解不多的旅游地。因此，对旅游资源情况的宣传应当避免提供过于详细的情况，而应当掌握一定的程度，通过宣传要能对潜在游客产生吸引力，既要使之产生美好而深刻的初步印象和整体印象，又不使之感到过分满足而失去兴趣，只有这样才能使潜在的游客产生非要亲自一游不可的强烈探求愿望。所以，对旅游地、旅游点的介绍要避免过分详细，而应当突出旅游资源和旅游活动的特色。

宣传介绍的程度，应当以引起"不上黄山南北望，岂知春色满神州"这种强烈的探索心理为准。为宣传而编印的文字资料可以稍微详细一点，但也不宜过于详尽，应该着眼于引起读者对旅游资源和旅游活动的美好想象，从而有利于产生探索动机。为了进行旅游宣传而拍摄的旅游风光电影和电视片，尤其应当注意这方面的问题。这类电影片，应当注意避免把景观的每一个细节都展示给观众，也应当避免使观众长时间细致地观看同一镜头，这样才不会使潜在的游客产生已经游历了一遍的感觉而降低旅游兴趣。我们已经拍摄的旅游风光片中，如果用作旅游宣传，有一些片子就有这方面的问题。

五、旅游宣传要真实可靠、准确可信地反映现实

旅游宣传旨在通过传递旅游信息，提高旅游的知名度和信任度。因此，提供的信息必须严格准确地反映实际，真实可靠。各种宣传技巧的运用，其根据是心理活动的规律，而不是主观随意的，更不意味着弄虚作假，它是为了更有效地向人们传递真实的旅游信息，

以更好地发挥信息的吸引和激发作用。只有真实可靠才能建立信誉。否则，一旦造成人们的不信任心理，将毁誉难挽，这犹如饮鸩止渴，不仅是一般宣传的大忌，更是我国旅游道德所绝不允许的。

实事求是、留有余地的宣传会产生更好的效果。留有适当余地的旅游宣传，可以避免使游客产生过高的旅游期望，通过实地旅游之后，以旅游期望与实际的旅游经历和心理感受相比较，由于有预料之外的收获，心情会更加愉快，对旅游会更加满意并做出较高的评价，同时也对旅游宣传产生更加信赖的态度。意料之内的收获使人产生满意的感觉，而预期之外的收获则能使人产生倍加愉快的心理，其积极的作用是一般宣传所达不到的。

旅游服务是旅游业的生命线，对此，旅游宣传应当向人们进行较详细的、多方面的介绍。但是，为了取得较好的宣传效果，应当突出介绍服务的特点，以表明其优点，引起人们的好感和重视。

六、根据游客或有影响人士的评价形成宣传口号

游客对旅游地的感受和评价，往往能很准确地抓住旅游地最有特色、最吸引人的方面，这是长期置身该旅游地的人所不及的。例如，近几年到北京旅游的国际游客，在游览了雄伟的万里长城，品尝了北京烤鸭，观看了四合院后曾非常感慨地说："到了北京，'不到长城非好汉，不吃烤鸭真遗憾'。"有的旅游者进而说："还应当加上一句，那就是'不可不看四合院'。"现在，这些简短而又概括的感慨语言已经成了流传很广的口头禅。又如，美国宇航员曾说，从月球上望地球，我国的万里长城是看到的两个建筑物之一。法国前总理希拉克参观了西安的秦兵马俑后激动地说："如果世界上有七大奇迹，那么这就是第八大奇迹。"不少国际旅游者游览了长城后激动地发出感慨，有的说："亲自站在长城之巅，的确令人激动，而且更清楚地了解了人类的才能。"有的说："沿着长城漫步，攀着城墙眺望四周秀丽的景色，已足以令人感到值得到中国一游。"还有的说："到中国旅游是我经历中最愉快的旅游。"像这样的评价和感慨语言是很多的，而且会不断出现。如果我们在旅游宣传中加以运用，或者用来说明旅游资源，旅游活动的突出特色，或者表现其重要价值，可以产生很好的宣传作用。如果提炼成简单而准确的口号或口头禅，则更容易广泛流传。因为潜在旅游者和发出这些感慨和评价的旅游者利益一致，容易为人们信赖和接受。

我国有许多赞美祖国山川风光的名言，如"桂林山水甲天下"、"峨眉山天下秀"、黄山"奇峰三十六，一一画中游"，以及"上有天堂，下有苏杭"等，如果在旅游宣传中恰当地加以运用，亦必能发挥很好的作用。

本 章 小 结

1. 人们在进行旅游选择时要依靠所获取的旅游相关信息来进行决策，所以旅游宣传做得好与不好直接关系到旅游者的决策。
2. 旅游宣传一定要注意针对旅游者的兴趣与需求。
3. 旅游宣传广告一定要有自己的特色才会为旅游者所注意。
4. 旅游宣传可以适当地运用一些心理学的规律与技巧。

案例分析

"夕阳红"为什么那么"红"

2001年3月,郑州铁路国际旅行社(以下简称"郑铁国旅")作为地接单位,接到了来自哈尔滨的、首次驶向我省的"夕阳红"专列。在向老人们提供接待服务的过程中,郑铁国旅深切体会到了老人们对旅游的极大热情。受此启发,结合我省老人没有看过大海,以及海南旅游景观与内地差异性大、海南的旅游接待设施较完善、游程轻松不需爬山等各方面情况,郑铁国旅于2001年4月6日,推出我省第一趟"夕阳红"旅游专列——海南休闲游。在整个游程中,自始至终开展了一系列针对老年人的服务和娱乐项目。例如,专门安排了为老人服务的随团医生,自编一套帮老年人缓解疲劳的"站台保健操",通过车站演播室向老年人播放戏迷点歌,为游程中过生日的老人举办生日宴会等。此举充分满足了老年人观光、交友、娱乐、健身等多方面的需要,使他们感受到了精神上的极大享受,以至于连那些对旅游抱有成见的老年人也对旅游产生了新的积极的看法。此后,首批出游的郑州老人就成了"夕阳红"之旅的活广告,来郑铁国旅报名参加"夕阳红"之旅的老年人日渐增多,并且回头客也越来越多,以至于使针对老年人的"夕阳红"之旅异常红火,在河南各旅行社"遍地开花"。

分析:老年人在我国人口中所占比例已达10%以上,并日趋增高;随着我国人民生活水平的不断提高,老年人也越来越注重生活的质量,不少老人心目中有外出旅游的愿望,老年旅游市场的巨大潜力日益凸显。只要抓住时机向老年人进行有针对性的宣传促销活动,积极开辟适合老年人参加的旅游项目,并提供针对老年人的良好服务,老年人必定会给旅游部门一个满意的回报。

心理测试

测测你的理财是那种类型的——女生版

每个人的个性和生涯规划都有差异,适合的财务安全规划也就各不相同。你的理财倾向是属于哪一类型?不妨先来做个简单的测验吧,了解一下什么样的财务安全规划最适合你!

1. 看一个男性时,你会先注意他的(　　)。
   A. 眼神
   B. 身高
   C. 衣着

2. 在一个想象的场景中,你发现自己正置身在一艘豪华油轮上。请问你应该是以何种身分搭乘油轮(　　)?
   A. 船长
   B. 服务人员
   C. 乘客

3. 在树枝上有一个鸟巢,你认为里面会有(　　)。
   A. 一对鸟儿

B. 一窝小鸟

C. 什么也没有

4. 自己在酒吧里面，你会点一杯(　　)。

   A. 琴酒

   B. 玫瑰红

   C. 气泡矿泉水

5. 对你而言，二十年后最大的经济负担可能是(　　)。

   A. 物价高涨的生活费用

   B. 小孩的教育费用

   C. 等待退休养老的预备金

6. 突然中了一笔十万元的奖金，你会如何运用(　　)？

   A. 存起来

   B. 出国旅游

   C. 投资买股票、共同基金

7. 眼看昔日同学一个个出嫁了，你觉得(　　)。

   A. 着急，好男人究竟在哪里

   B. 不着急，因为已经有归宿了

   C. 不着急，反正还年轻

8. 在梦中，你穿过一条长长的隧道，在洞口的另一端你希望发现(　　)。

   A. 宁静的庄园

   B. 热闹的城镇

   C. 海边的断崖

9. 你认为自己在可预见的近期内有可能怀孕吗？

   A. 暂时不可能

   B. 有可能怀孕

   C. 已经有小孩了

10. 个人旅行时不小心迷了路，你会(　　)。

    A. 赶快向行人问路

    B. 就先随意走走吧

    C. 查阅随身携带的地图

理财倾向评分表：

	第一题	第一题	第一题	第一题	第一题	第一题	第一题	第一题	第一题	第一题
A	5	1	3	1	3	5	3	5	1	5
B	1	3	5	3	5	1	5	3	3	1
C	3	5	1	5	1	3	1	1	5	3

20分以下——独身贵族型：热爱自由的你，喜欢过无拘无束的自在生活。目前经济压力虽然不大，但是好像也不容易存下积蓄。建议你采取守势理财，拨出少部分的收入，先把基本的财务安全规划好，以避免日后突发的疾病或意外，造成个人财务的严重负担。

21～30分——积极自主型：独立有主见的你，对自己的未来抱着较有规划的态度，也有投资理财的观念。或许暂时还没有结婚或怀孕的打算,对于投资的风险承受度较高。你可以灵活配置资金随时投入,并有专业金融理财规划师以及个人专属的投资账户,使你可以在获得充足保障之余,还拥有长期投资的收益。

31～40分——幸福营造型:个性踏实的你,希望能与另一半共同打造幸福美满的家庭,由于理财观念较为完整,因此也愿意灵活运用资金。由于会有怀孕的机会,建议你,应该把这个人生阶段的重要事件也纳入财务安全规划的保障范围。

41分以上——稳健居家型:温柔而顾家的你,必定是家中的灵魂人物。个性稳扎稳打不爱冒险的你,在辛勤工作与谨慎消费之余,更需要为疾病或意外状况预先规划保险方案,才能避免突发的医疗支出造成家人沉重的财务负担。

思 考 题

1. 旅游宣传对潜在的游客有什么心理作用?
2. 旅游宣传的针对性包括哪些具体内容?
3. 怎样运用心理学规律提高旅游宣传的技巧?为什么这些技巧能够提高旅游宣传效果?

第十二章 旅游资源开发心理

> 通过对本章的学习，要求掌握：
> - 旅游资源的心理效应；
> - 开发旅游资源应注意的心理原则；
> - 开展有情趣的旅游活动的策略。
>
> 通过对本章的学习，要求能够：
> - 结合实际生活中的旅游资源的开发状况，提出自己的看法；
> - 结合目前旅游市场的状况，说明哪一些旅游资源或旅游活动是今后的发展状况。

旅游资源是开展旅游活动的基本条件，任何一个地区只有在具备一定的旅游资源的前提下，才有可能开展旅游活动。旅游资源是一个包括自然条件和人文条件，内容广泛的范畴，需要进行多方面的开发才能得到应用。开发旅游资源的直接目的是使这些旅游资源为人们所选择，成为人们旅游活动的对象，这是检验旅游资源开发工作实际效益的客观标准。旅游资源只有在当它能够引起人们的某些心理效应的时候，才可能成为人们选择的旅游对象。因此，为了提高旅游资源开发的实际效果，分析旅游资源所起的心理效应和产生这种心理效应的条件，从而发现提高旅游资源开发效益所应当遵循的心理原则，是十分必要的。

第一节 旅游资源的心理效应

开发旅游资源的目的是供人们选择，争取游客。为了实现这个目的，所开发的旅游资源必须有利于人们产生以下的心理效应。

1. 必须能够引起人们的注意

任何一个事物，只有当它能够引起人们的知觉和注意时，才有可能进一步引起人们对该事物发生兴趣。旅游资源若是要被人们选择作为旅游的对象，前提是必须能够引起人们的知觉和注意。只有首先引起人们的知觉和注意，才能促使人们进行观察，经过分析和评价，从而产生认识和态度上的积极变化，因而才有被选择作为旅游对象的可能。当前，世界上各个国家、各个地区都在竞相发展旅游业，怎样才能使旅游资源产生更强的吸引力，并且能够优先引起人们的注意，增加被选择作为旅游对象的有利条件，这是旅游资源开发者应加以重视的首要问题。

2. 应当有利于使人们产生积极的认识和评价

旅游是人们的一项自觉的、主动的活动，人们对旅游对象的选择，是根据对所了解到

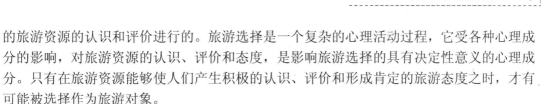

的旅游资源的认识和评价进行的。旅游选择是一个复杂的心理活动过程,它受各种心理成分的影响,对旅游资源的认识、评价和态度,是影响旅游选择的具有决定性意义的心理成分。只有在旅游资源能够使人们产生积极的认识、评价和形成肯定的旅游态度之时,才有可能被选择作为旅游对象。

3. 必须能够使人们产生积极、愉快的心理体验

旅游资源应使人们在实际的旅游过程之中,产生积极、愉快的心理体验和感受。这不仅是旅游者验证自己旅游前的评价知觉和认识,巩固或改变自己原来的旅游态度,形成重游动机与否的心理依据,而且是影响新客源的重要因素。

为了使旅游资源的开发有利于产生上述积极的心理效应,必须充分注意产生这些心理效应的条件。例如,根据心理学的研究,影响人们的知觉和注意力这些心理活动的因素有客观刺激物本身的特性和主体的心理特点、心理状态两个方面。因此,在开发旅游资源时,应使它尽量具备容易引起人们注意的某些特点,以便有利于引起人们的优先知觉和注意。为了能够使潜在的旅游者对旅游资源产生积极的认识和评价,形成肯定的旅游态度,并且能在旅游活动过程中产生积极、愉快的心理体验和感受,旅游资源的开发和旅游活动的开展应尽量符合人们的旅游心理。旅游心理的研究,为提高旅游资源的心理效应,提供了开发工作应当依循的心理原则。

第二节 开发旅游资源的心理原则

为了使旅游资源的开发有利于产生积极的心理效应,发挥吸引旅游者的最大作用,开发前应当充分考虑开发过程中应当认真贯彻的基本心理原则。

一、注意针对性,以满足人们的旅游需要和兴趣为目标

要针对多数人的旅游需要和兴趣,同时也不可忽视各种数量虽然少,但是总和也是很可观的少数人们的旅游需要和兴趣,并且要针对潜在的,也就是未来可能发生变化或将会产生的新的旅游需要和兴趣。针对性是建立在对旅游需要和兴趣指向的科学认识的基础之上的,它是开发旅游资源的自觉性、主动性的表现。有了针对性,才可以避免盲目性,使开发的旅游资源能够发挥最大的效用,在旅游业发展中取得真正的主动权。针对性是开发旅游资源的基本原则之一。

二、突出自己的特点

事物的特点是一种事物区别于其他事物的个性的表现,旅游资源具有突出的特点,才具有明显的个性,才能避免与其他旅游资源雷同,才能在众多的旅游活动的背景中优先吸引人们的知觉和注意并产生鲜明的印象,符合人们求新奇的心理特点。人们进行旅游活动,既希望摆脱日常的单调生活,获得一番新的经历,也希望接触新的事物,获得新的知识。旅游资源如果没有任何特点、千篇一律,是不会对人们产生积极作用的。

突出旅游资源的自身特色应该从两个方面予以考虑。

1. 突出与人们日常生活环境和文化背景的差别

有特色的旅游资源可以给人们以新鲜感，使人们产生强烈的前往一游的愿望。但这种差别不宜过大，以免由于生疏感而使一部分人感到难以适应和理解以至于望而却步。突出的特点要以大多数潜在旅游者的心理特点为根据，以引起大多数人的旅游愿望为标准。

2. 突出旅游资源的地区特色和民族特色

一个国家的旅游，以国际旅游为背景，要突出本国旅游的民族特色。突出民族特色，才能与其他国家的旅游资源和旅游活动产生对照，从而形成一定的差异性。根据旅游心理学的研究，每个旅游者都希望看到一些与众不同的景色，或者参加有新意的旅游活动，旅游资源具有差异性，才能吸引旅游者，差异性越大，吸引的游客才能越多。

一个地区，以全国旅游为背景，要注意突出地区的旅游特色，才能吸引更多的游客。各个地区都注意突出自己的旅游资源特色，才能使整个国家旅游资源的民族特色表现得更为鲜明、更为突出，内容更为丰富，产生比较强的吸引力。注意突出地区特色，才能避免与其他的地区雷同，产生吸引游客的良好作用。例如，桂林、苏州、西安、哈尔滨等，都是以本地区旅游资源的特色吸引大批国内外游客的。

每个旅游区内的各个旅游景点，以其他旅游景点为背景，要突出自己旅游景点的特色，才能吸引旅游者，并且使旅游者在一个旅游区内避免单调感，有利于调节旅游情绪。人们在旅游活动过程中的心理特点，主要是寻求不同的环境，调节身心节律，开阔眼界，增长知识。因此，希望通过去异地、异国旅游，从而体验不同的生活方式。一个旅游点或旅游区和一个国家越注意突出自己的特点和民族特色，就越能吸引国内、国外游客。突出旅游点、旅游区和全国旅游特色的关系，概括起来说就是突出旅游点的特色，才能更好地突出旅游区的特色；突出旅游区的特色，才能更好地突出全国旅游的民族特色；全国旅游越具有突出的民族特色，才越具有国际性。从开展国际旅游活动项目着眼，越突出自己国家旅游资源的民族特色，就越能符合国外游客的旅游需要和兴趣，也就越能吸引国外各种类型的旅游者，获得丰富的客源，使旅游客源长盛不衰。如果不注意突出旅游点和旅游区的特色，不仅旅游点、旅游区的客源数量受到影响，而且也会影响到全国的客源数量。如果不注意突出一个国家旅游资源的民族特色，也就难以获得大量的国外客源数量，进而影响全国旅游业的发展。

开发旅游资源要注意突出自己的特色，做到别人有的我也基本具有，而我有的别人却不一定具有，才能做到独树一帜，使旅游资源具有很强的吸引力，增加被选择作为旅游对象的可能，并使前来旅游的游客产生积极、愉快和满足的心理感受。

三、注意新颖性、审美性与知识性相结合

旅游者均有求新奇、欣赏美和增长知识的心理，开发旅游资源应当注意使之具有新颖性、审美性和知识性。首先，要注意开发具有新奇特点的旅游资源，以增加旅游的吸引力。其次，要注意开发具有审美价值和认识意义的旅游资源，如具有雄、奇、峻、秀、阔等特点的自然景观和具有思想美、社会美的人文资源及具有认识和研究价值的自然和社会的对象，以吸引和满足旅游者。新颖性、审美性、知识性是构成旅游对象吸引力的重要因素，是开发旅游资源应当充分注意的内容。

第十二章 旅游资源开发心理

四、注意多样性

人们的旅游需要和兴趣是多方面的,每一个旅游者也是以某种需要为主而同时兼有其他的旅游需要。只有注意开发多种多样的旅游资源,使之具有丰富多彩的内容,才能满足旅游者的多种需要,吸引尽可能多的旅游者。单一的旅游活动内容会降低旅游者的兴趣和情绪,多样性的内容,易于提高旅游兴趣,充分调动旅游情绪,提高旅游的心理效果。

影响旅游吸引力和心理效果的因素主要有以上 4 个方面。作为心理因素,它们是开发旅游资源的基本心理原则,在开发旅游资源时如果充分注意贯彻这些基本心理原则,就会在竞相发展旅游业的现代国际旅游背景条件下,使我国的旅游业具有强大的吸引力和竞争力。

我国具有丰富的旅游资源,这是十分重要的有利条件。要使这种有利条件转化为现实的旅游景点,还必须注意开发资源的一些技巧和方法,才能在国际旅游市场上占有优势地位。

第三节 开展多种情趣的旅游活动

构成完整的旅游过程,不仅需要可供观赏的旅游对象,而且需要一定的旅游活动。参加一定的活动,使人们成为活动的主体并把自己融于活动之中,可以增加旅游者的兴趣,激发高涨的旅游情绪,使整个旅游过程生辉添彩,充满情趣,使旅游者产生良好的心理体验和印象。所以,除了观赏内容之外,利用旅游资源开展多种情趣的旅游活动项目,是增加旅游吸引力和取得良好的旅游效果的重要条件。

设计和组织开展旅游活动,应当充分考虑以下因素。

首先,不同的人具有不同的兴趣和需要,同一个人也可能具有多方面的兴趣和需要。

其次,有变化的旅游活动内容和方式,可以使一次旅游活动的节律得到改变和调整,消除活动的呆板性,易于激发积极的旅游情绪。单调的活动容易使人产生枯燥感,从而导致情绪消极、低落。

最后,具有新颖性、奇异性和浪漫色彩的活动,最易于激起人们的兴趣,调动人们积极的情绪。

因此,设计、开展旅游活动,应当在内容和形式上具有多样性、新颖性、奇异性、趣味性、愉悦性和浪漫性的特点。

为了使旅游活动具有上述特点,以增加吸引力和取得良好的心理效果,在设计和开展旅游活动时,应当处理好以下各种关系。

一、趣味性与知识性相结合

人们参加旅游活动,普遍都有达到消除疲劳和愉悦身心的动机成分,为此,开展的旅游活动无论是参观、游览还是其他的活动,都应注意在内容和形式上使其具有趣味性。活动具有趣味性,才能使旅游者兴趣倍增,全身心专注于旅游活动之中,消除日常生活中产生的紧张感、疲劳感和枯燥感,诱发积极、良好的心境,达到"乐以忘忧"的心理状态,使旅游动机得以实现。例如,无锡市旅游部门和江苏省华阴县华西村合办的农村旅游中心所开展的农村旅游活动,就是一种富有趣味性的旅游活动。他们对当地农民搬进新楼房后

181

留下的平房进行了装修，新添上正规的卫生设备，屋内陈设仍保持江南农村的传统风格，作为接待外国游客的农舍旅馆。白天，组织旅游者在多彩的田野上漫步游览。河边重新架起了搁置多年的龙骨水车，游客踩着车轴，让哗哗的流水灌进田里。水牛载着游客，在田埂上悠闲地漫步、吃草。村办工厂里，保留着历史原状的水织机吸引了异域客人的目光。充满欢声笑语的植树活动，给四海友人留下了珍贵的纪念。晚上，游客到农家做客，吃着乡土风味的菜肴和点心，喝着香甜的自酿米酒，宾主情融兴浓，真是"乡人具米酒，邀客到田家"，古道热肠，人情如酒。这样的活动充满着中国的田园情趣，具有新颖性、奇异性、趣味性、愉悦性和浪漫性的特点，不仅使游客领略到我国江南的田园风光，而且可以增进来我国旅游的各国人民和我国人民之间的相互了解和友谊。无锡市开展的泛舟太湖的活动也具有这种特点，湖上水天一色，气象万千，碧波万顷渔歌远，银帆点点下吴钩。船上备有用太湖鲜鱼活虾烹制的精美菜肴，味道鲜美，游客边赏景边用餐，乐趣横生。

深圳特区西丽湖度假村也是开展多种情趣旅游活动较早的部门之一。他们适应游客的心理，开设足球、篮球、排球、网球、羽毛球等球类运动场地和溜冰、实弹射击、射箭、跑马、电子游戏、音乐厅等文化娱乐场所，开办划船、钓鱼、放风筝等活动项目。夜间开放足球场，供游客燃放烟花、鞭炮。游客赞誉这里是"人间仙境"，说到这里一游是一种难得的精神享受。

北京市中旅社在组织游客参加大兴县西瓜节时，安排了击鼓传瓜、竹圈套瓜、田边品瓜和摘瓜比赛与评比等活动，增加了活动的趣味性，激发了游客们的兴趣。还有山东省开展的民俗旅游活动，也是一种富有情趣的活动。

我国地域辽阔，历史悠久，民族众多，具有开展多种情趣旅游活动的优越条件。我国人民的生活习俗、少数民族的传统节日等，都是国外游客深感兴趣的内容。广西南宁市的"三月三"壮族歌圩盛会、山东潍坊的风筝节等都吸引了众多的国外游客。

我国是世界的文明古国，各国人民对我国的古代文明非常感兴趣，如果能够开展再现我国古代社会风貌的旅游活动项目，将会大大增加旅游的情趣。例如，在西安兴建的再现古代风貌的旅游区唐城，通过园林、宫廷、市场等遗址、遗迹，以复原和模拟的方式重现1000多年前唐代的历史风采。旅游区内修建仿唐的旅游客舍，室内摆设了唐代的家具，服务员穿着唐式衣冠。在唐城，游客可以观看具有历史风采的武术、歌舞表演及"碑林"书画表演等，可以穿着唐服化妆和照相、射箭、乘唐代车辆，体会唐代的宫廷生活。在具有"唐风"的商品市场里，游客可以乘坐古代车骑，前往模拟唐代的夜市、花市、灯市和传统手工业作坊自由贸易。这样的旅游活动兼具新颖性、奇异性、知识性、娱乐性、趣味性和浪漫性，将对旅游者产生巨大的吸引力。

每个旅游者都有趣味性的要求，只有使旅游活动富有趣味，才能具有吸引力。因此，趣味性是旅游活动应当具有的最基本的特性之一，也是设计和开展旅游活动的一条基本原则。

通过旅游开阔眼界、增长知识，也是多数人的旅游动机的重要成分。根据对当代旅游者的心理及其变化趋势的分析发现，由于社会经济的迅速发展，特别是文化水平的提高，人们不再把旅游简单地看做一种消磨时间的单纯的娱乐形式，而越来越把它作为丰富精神生活和增加知识的途径之一。因此，对旅游活动知识性的要求就变得越来越重要。所以，旅游活动的设计和开展应当注意知识性，通过赏奇览胜使游客增加对自然现象的认识和自然美的体验，通过参加文化活动、社会活动和接触当地居民，使游客增加对当地社会知识的了解，这样，才能使旅游活动产生更大的吸引力。富有趣味性的旅游活动能给人留下美好的印象，而富有知识性的旅游活动给人留下的美好回忆将更加久远，这是单纯的趣味性活动所不及的。

单纯的趣味性活动不符合日渐变化的旅游需要，也不利于留下长远的回忆，单纯的知识性活动会降低旅游过程中的情绪。理想的旅游活动，应该使趣味性与知识性有机地结合起来，寓知识性于趣味性之中。

二、奇异性与熟悉性相结合

好奇心与探索性是人类普遍具有的心理特点，人们对新鲜奇异的事物会产生强烈的好奇心，有一种希望接近、了解和一睹为快的探究愿望。一种新鲜奇异的自然景观，会吸引众多的人蜂拥而至。一种未知的社会事物和现象，会激起人们探索了解的强烈愿望。被誉为世界奇观的万里长城、秦始皇陵兵马俑、号称"甲天下"的桂林山水，吸引着以百万、千万计的人们，这就是旅游活动的奇异性对人们好奇心的强烈吸引。奇异性是旅游活动强大吸引力的源泉之一，因此，突出奇异性是开展旅游活动的一个重要原则。没有梧桐树，招不来金凤凰，旅游活动没有奇异性，便不能赢得丰富的客源。因此，旅游活动的设计与开展，都应当根据当地的条件，或突出奇异的自然景观，或突出奇特的历史古迹，或突出奇异的传统习俗，或突出奇特的气候条件等，以奇制胜，才能对旅游者产生较大的吸引力。

人们在旅游活动中，既有认识活动，也有审美活动。心理学的研究发现，儿童在十分熟悉的事物面前总是表现得兴味索然，而在完全不熟悉的事物面前，又会显得无动于衷，只有那些与他们熟悉的事物有所不同，但又有一定联系的事物，才能真正吸引他们。现实生活中普遍存在这类事实。例如，一种司空见惯的事物不会引起人们的兴趣和注意，一个从未欣赏过交响乐的人对交响音乐大都会无动于衷，如果让他参加这样的音乐会，他很可能中途退场。美学家据此得出结论说，只有那些在我们熟悉的传统中经过大胆创新的艺术形式才会引起人们极大的兴趣和敏锐的知觉。旅游活动中既然包含认识活动和审美活动。心理学家和美学家所发现的上述事实和规律，应该也是适用的。我们通过对旅游活动的分析研究发现，千篇一律的活动不能引起人们的兴趣，一个完全陌生、人们没有任何知识和经验的旅游对象，人们由于缺乏理解而感到索然无味，因此，一个与人们生活环境差别过大的旅游地常常使一些人望而却步。所以，旅游活动既要有奇异性，又应该与人们的生活、知识和经验有一定的联系，有一定的熟悉性，以便引起更多人的兴趣和注意。在组织游客参观游览新奇而陌生的景点时，需要导游进行讲解，使他们有一定的理解，才能增加观赏的兴趣，也是同样的道理。

所以，在设计和开展旅游活动时，要处理好奇异性与熟悉性的关系，注意把两者有机地结合起来。

三、稳定性和变化性相结合

每一个旅游地区在设计和开展旅游活动时，都要根据自己的条件，突出自己的特点，形成与其他旅游区不同的特色，才会产生特有的吸引力，开辟丰富的客源市场。旅游活动首先要能够引起人们的注意，才有可能使人产生兴趣并被选作旅游目标。心理学的研究告诉我们，一个事物与其他事物形成鲜明差别时，才有利于成为注意的中心。一个地区的旅

游活动不突出自己的特色，与其他地区的活动雷同，必将降低吸引力，减少被人们选择作为旅游目标的可能性，没有特色便没有吸引力，也就不会有丰富的客源。一个旅游地区不仅要突出自己旅游活动的特点，而且应当使其具有稳定性，形成传统的特色，才能在人们心目中形成稳定的形象，从而提高在社会上的知名度，为争取丰富的客源造成心理优势。如果不注意保持传统特色，自觉或不自觉地随意以新活动取代有传统特色的活动，就势必在相当长的时间内造成客源数量的下降。因为人们对新的活动项目要有一个认识和评价的过程，大多数人对新的活动会产生很大的风险知觉，不肯贸然选择。这犹如一种为人们熟知而喜欢的名牌商品被一种新商品所代替，人们对这种新商品的肯定和信任不可能很快建立起来，新商品要打开销售市场需要时间等具有同样的道理。新的旅游活动只有在经过少数人的尝试并得到良好体验以后，才可能通过社会传播渠道而逐渐扩大影响，形成良好的社会形象，这意味着要付出相当长时间上的高昂代价。更重要的是，不注意保持传统活动的特色，以新的活动项目削弱或取代传统特色，就意味着失去优势和减少客源。因此，在积极开展新的活动项目以丰富旅游内容的同时，应注意使它不要削弱、取代传统活动的特色，以保持传统活动特色的稳定性。

当然，使自己的旅游活动传统特色保持稳定性，并不意味着一成不变。相反，为了增强传统特色，还应当坚持变化性的原则。首先，应当不断地挖掘具有传统特色的新的活动内容，使其更加丰富和多样化，同时，应当恰当地采取新的活动形式，以充分表现传统特色。具有特色的内容不断丰富，表现传统特色的新的活动形式不断出现，将使传统活动项目的特色更加突出，更能产生诱人的新鲜感，这不仅会吸引更多的新游客，还可以吸引更多的游客重游。因此，在开展具有特色的传统旅游活动时，要正确处理稳定性和变化性的关系，既坚持稳定性，又注意内容和形式上的变化性，把两者有机地结合起来，是不断增强旅游活动吸引力的重要原则之一。

四、观赏性与参与性有机地结合

旅游活动包括食、住、行、游、购多方面的内容，但其传统的核心内容是参观游览。游客通过参观历史古迹、观览自然风光等活动，开阔了眼界，增长了知识，愉悦了身心，获得了极大的心理满足。参观游览是旅游活动必不可少的重要内容，为了丰富旅游活动的内容，扩大旅游活动的范围，应当积极发现和开辟新的参观游览景点，增加这方面的活动项目。但是，参观游览活动的特点是观览性，在这种活动中，旅游者是在对象之外去欣赏、领略，这种静观的方式虽然也能够激发旅游者的积极情绪，但却是有限的。只靠这种观览性的活动难以取得更好的心理效果，应当在大力发展和开辟观览性活动的同时，努力开展参与性的活动。参与性活动与观览性活动相比较，它使旅游者成为活动的主体，而不是对活动对象的静观，更能激起游客的高涨情绪。例如，观看放风筝表演是一种观览性的活动，而自己亲自去放风筝或参加比赛则是参与性活动。参与性活动使活动者融于活动之中，所激起的高涨情绪可以使活动者达到忘我的程度，使其获得更大的心理满足。这和亲自参加运动项目的比赛比观看比赛更能使人热情高涨并产生喜悦的激情是同样的道理。我们可以设想一下，如果人们不仅是观看龙舟比赛，而且自己也去登舟挥桨投入比赛，其兴奋愉快的心情肯定会得到更大的激发。

游客对"白天看庙，晚上睡觉"的旅游活动感到单调乏味，不仅是对白天活动单调和

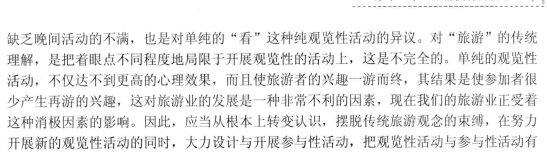

缺乏晚间活动的不满，也是对单纯的"看"这种纯观览性活动的异议。对"旅游"的传统理解，是把着眼点不同程度地局限于开展观览性的活动上，这是不完全的。单纯的观览性活动，不仅达不到更高的心理效果，而且使旅游者的兴趣一游而终，其结果是使参加者很少产生再游的兴趣，这对旅游业的发展是一种非常不利的因素，现在我们的旅游业正受着这种消极因素的影响。因此，应当从根本上转变认识，摆脱传统旅游观念的束缚，在努力开展新的观览性活动的同时，大力设计与开展参与性活动，把观览性活动与参与性活动有机地结合起来，并尽可能使观览性活动也具有参与性活动的色彩和特点，这对增强旅游活动的吸引力以争取丰富的客源，并提高旅游活动的心理效果，将发挥重大的作用。

五、实用性与象征性相结合

旅游活动能够使人愉悦身心、增长知识，这表明它具有实用性的功能。各种类型的游客(包括潜在的游客)在不同程度上都具有实用性的心理。充满阳光、水清沙柔的海滩，人迹罕至、暖水汩汩的温泉，都具有满足人们实用性要求的特点。不仅常见的参观游览项目，其他很多活动都可以满足人们各种不同的实用性要求。近年来，我国开展的一些专项旅游活动，如学习气功和太极拳活动，学习中医和针灸技术活动等，均有较大的实用性，因而吸引了不少游人。因此，开展旅游活动应当考虑人们普遍的实用性动机，使旅游活动具有充分的实用性。

人们对旅游活动除了有实用性动机之外，还有象征性的动机，具有象征性动机的旅游者，希望通过旅游活动显示他们健康的体魄、坚强的意志、超群的能力和特殊的经历等，以引起人们的注目，受到人们的羡慕、赏识和尊重。这种心理虽然并不像实用性动机那么普遍，但与实用性动机相比，却具有相当强烈的特点。人们为了满足象征性心理的需要，往往不考虑条件的艰苦，甚至把艰苦和冒险置之不顾。例如，横渡宽阔的海峡、攀登举世闻名的高山及需长途跋涉的探古寻幽等活动，都对有象征性动机的人具有强烈的吸引力。古代名人生活和活动过的地方，具有较高知名度的旅游景点，很有特色或距离较远但普遍为人们所向往的国家，罕见人至的新发现的旅游景点，是具有象征性旅游动机的人经常选择的目标。我国对具有象征性的旅游活动已进行了一定的探索，如长江、黄河的漂流，沿古人足迹跋涉丝绸之路，攀登珠穆朗玛峰，横渡琼州海峡等，已引起世人的注目。国外有一些残疾人来我国旅游，他们克服各种困难，登长城，游古丝绸之路，以期能够证明他们也是强者，充分表明他们具有很强的象征性心理。象征性的旅游动机虽然并不像实用性动机那么普遍，但是，随着社会物质生活条件的改善、文化素养的提高和社会竞争的加强，将会得到较快的发展。因此，在开展实用性旅游活动的同时，应当注意开展象征性的旅游活动。开展某些条件艰苦、带有一定探险性质的象征性旅游活动，对组织者有较高的要求，尤其在安全问题上要做出周密的考虑和安排，做到万无一失。在处理实用性和象征性的关系时，应当做到两个有机结合：一是把开展象征性的旅游活动与开展实用性的旅游活动有机地结合起来；二是在实用性的旅游活动中，尽可能增加象征性的成分，在更多的旅游项目中把实用性和象征性有机地结合起来。正确处理实用性和象征性的关系，将会积极地增加旅游活动的吸引力，取得良好的效果。

六、白天活动和晚间活动的有机结合

白天是进行旅游活动的主要时间，是人们普遍重视的。但是，旅游者出游都希望多有收获,要求充分利用时间,提高旅游效率。特别是国外的很多游客都有晚间活动的习惯,如果晚间没有较好的活动安排,他们就会非常不满意。有的游客对不安排晚间活动发出抱怨,说他们的旅游是"白天看庙,晚上睡觉"。因此,应当充分利用当地条件,安排好旅游者的晚间活动,以满足他们的要求,适应他们的习惯,从而提高旅游活动的效果。例如,组织观赏杂技表演、欣赏民族文艺表演、接触当地居民、参加购物活动等。旅游者下榻的饭店应当提供晚间活动的场所,以丰富游客晚间活动的内容。广州东方宾馆晚上举办的音乐茶座,山东省曲阜市阙里宾馆举办的民族歌舞演出等,都是比较有效的形式。以白天活动为主,晚间活动为辅,把白天活动和晚间活动很好地结合起来,是提高旅游活动效果所不可忽视的。

七、发挥地区优势与引进吸收相结合

突出地区特色,形成自己的优势,是在旅游竞争中立于不败之地的基础和保证。应当结合以上原则尽力形成与发挥自己的旅游优势,以增强旅游活动的吸引力。

但是,发挥地区旅游的优势,不应当拒绝和排斥学习其他旅游地区的长处。学习和引进其他地区的好经验和优秀的旅游活动项目,可以使本地区的旅游活动更加丰富多彩,这是增加旅游吸引力的有效途径之一。北京市在这方面进行了尝试,取得了较好的效果。北京前两年开始把哈尔滨比较有特色的冰灯项目引进龙庆峡,接着在北海公园也搞了冰灯活动,吸引了很多游人去观赏,1987年引进了南方的龙舟赛、自贡市的龙灯展览、潍坊市的风筝节,增加了北京旅游活动的吸引力。当年接待的外国游客数量比前一年增长了20%。

"他山之石,可以攻玉",吸收引进其他地区有特色的旅游活动项目,可以使本地区的旅游优势锦上添花,有效地提高本地区旅游活动的吸引力。因此,在设计、开展旅游活动时,要以发挥本地区的旅游优势为主,同时注意学习其他地区的经验,引进吸收他们的优秀活动项目,以形成更大的优势。

在设计、开展旅游活动时注意处理好以上关系,必将使活动产生更强的吸引力,并使旅游者获得积极、良好的心理体验,从而保证旅游活动有获得成功的把握。

本 章 小 结

1. 旅游资源带给人们的心理感受是多种多样的。
2. 开发旅游资源应注意尽量符合旅游者的兴趣与需要,进行有目的、有计划的开发,避免资金的浪费。
3. 旅行社在开发新的旅游线路和组织新的旅游活动时,要注意了解旅游者的心理需求,更多地开展一些符合多数人心理需要的旅游活动。

案例分析

350元"点菜"游港澳

近日,广东最大的旅行社广之旅发布新消息,该社港澳游启用新版通行证后降至350元起,350元包括香港游组接团服务费、签注费及其他手续费,不包括新版港澳游通行证和来往交通费。同时，游客根据自己的爱好，享受广之旅推出的港澳游"点菜式服务"。游客得到了最大的选择自由。价格无疑是消费者最关注的因素，但如果单纯为降价而降价，终究不能长久。旅行社只有在产品设计、服务水准及营销策略上不断创新，向游客提供质价相符、质价比最高的产品，才是长远的经营之道，此次又率先推出港澳游"点菜式服务"，都意在使游客买到质价比最高的港、澳游产品，得到更多的享受。

分析： 对旅游这种消费行为而言，消费时如价格、营销策略对旅游行为的发生起激励作用。广之旅正是抓住旅游者的这一消费心理，借新版港、澳游通行证启用之际，推出最低价港澳游，进一步推出"点菜式"服务，为这次低价港澳游促销活动提供质量保证，让游客得到实惠又买得放心。低廉的价格、优质的服务，自然会使诸多游客心动，这是一个较为成功的通过消费诱因来激发旅游动机的案例。

心理测试

竞争力的测试

测试说明：看清题目后，选择最与你情况相符的选项写在题目后边。

　　A：完全像我
　　B：有些像我
　　C：不好说
　　D：不太像我
　　E：完全不像我

1. 即使身边的人都想求表现，我也觉得做好我本职内的事也就令人满意了。（　）
2. 当事情变得越来越不好解决时，我认为退后一步考虑是不是值得去争强好胜。（　）
3. 人生中有太多比争强求胜更重要的事。（　）
4. 我喜欢和大家一起共事，可以互相给予帮助。（　）
5. 我宁愿表现一般，也不愿意牺牲太多的个人时间而成为"超级巨星"。（　）
6. 我并不拿自己和别人相比来衡量是不是成功。（　）
7. 我认为比我成功的人很少事事都很优越，所以没什么好比的。（　）
8. 我认为不必把别人踩在脚下也可往前迈进。（　）
9. 运动竞技只是好玩，输赢无所谓。（　）
10. 我喜欢单独比赛，不喜欢团体战，因为无法确定我的"队友"表现如何。（　）
11. 我经常梦想与比我强的人易地而处。（　）
12. 对于我知道的事，我最烦有人不懂装懂，在我面前班门弄斧。（　）
13. 我喜欢刚开始时不顺，但最后超越那些跑在前头的人。（　）
14. 要是不可能获胜，我就放弃不参与。（　）
15. 当我一个人相处时，我喜欢用一些小事来测试自己(如体能、工作速度等)。（　）
16. 为了引起别人的注意，我会自愿做一些别人考虑都不考虑的工作。（　）
17. 看到别人开好车，会令我想超越对方，买部更好的。（　）
18. 我最得意的是，有个吸引众多同事的异性和我关系非同一般。（　）
19. 我最讨厌听人说："凡事不必太竞争，因为人总有所长，有所短。"（　）

20. 我的运动器材和家用电器都是顶尖超群的。（   ）
21. 有人向我请教时，即使不懂也会装懂。（   ）
22. 有人问我的个人生活情况时，即使不怎么样，我也会说很棒。（   ）
23. 如果能受到特别的肯定与承认，作为一个工作狂是值得的。（   ）
24. 我老想比同事穿戴得更好。（   ）
25. 看到老朋友成功，会激励我比过去更加努力。（   ）

评分标准：

1—9题：选A加1分，选B加2分，选C加3分，选D加4分，选E加5分；

10—25题：选A加5分，选B加4分，选C加3分，选D加2分，选E加1分。

说明：

96—125分：你是一个好斗的人，很喜欢竞争，通常是为竞争而竞争。在你看来，竞争的过程要比竞争的结果更吸引人，建议你适可而止，别因小失大，失去朋友；

56—95分：你会为值得的报酬去竞争，通常不会事事争强好胜。正所谓是"该争的时候要争"；

25—55分：你并不喜欢竞争。你害怕成功，害怕成功带来的焦虑，情绪上缺少安全感觉。

思 考 题

1．旅游资源应当产生怎样的心理效应？
2．开发旅游资源应当注意哪些心理原则？
3．开展多种情趣的旅游活动应当注意处理好哪些关系？处理这些关系的根据及其意义是什么？

第十三章　旅游饭店服务心理

通过对本章的学习，要求掌握：
- 服务与饭店服务的概念；
- 饭店服务的特点；
- 住店旅客的心理特征。

通过对本章的学习，要求能够：
- 了解旅客在前厅的一般心理特点及在服务接待中的策略；
- 了解如何做好旅客的客房服务；
- 举例分析在餐厅服务应该注意的问题。

现代饭店服务包括前后台、硬软件各个方面综合协调运转等一系列的活动。其中，总台(前台)应接服务、客房服务、餐厅服务、商场和娱乐服务对住店客人的下榻食宿影响极大，对客人在这几个服务环节上的要求分析及对服务人员的服务行为要求的研究，对于满足客人的不同需要及加强对客人服务措施的改进、提高服务质量具有十分重要的意义。

第一节　饭店服务与旅客需求

一、饭店服务

(一) 饭店及饭店服务的基本含义

1. 饭店

饭店是以大厦或其他建筑物为凭借，通过出售住房、饮食、娱乐、健身服务等商品，使旅游者的旅居成为可能的一种投宿设施和综合性经济组织。随着社会经济的发展和客人需求的不断变化，现代化大饭店已发展成为集吃、住、行、游、购、娱乐、通信和商务于一体，能满足各类客人不同需求的综合体。

2. 饭店服务

饭店服务首先指的是服务员为客人所做的工作，服务员的工作是饭店服务产品的重要组成部分。从形式上看，服务就是服务员所做的接待服务，如解答疑难、清洁卫生、美化环境等工作，但从实际上看，服务是服务员通过语言、动作、姿态、表情、仪容仪表、行为举止所体现出的对个人的尊重、欢迎、关注、友好，所体现出的服务员本身的严格认真的服务精神、顾客至上的服务意识、热情周到的服务态度、丰富的服务知识、灵活的服务技巧、快捷的服务效率等内容，这些可以说是酒店服务产品的核心内容。因此，西方饭店业认为服务就是"SERVICE"(本义即服务)，每个字母都有着丰富的含义。

S(Smile，微笑)：服务员应该对每一位宾客提供微笑服务。

E(Excellent，出色)：服务员将每一服务程序、每一微小的服务工作都做得很出色。

R(Ready，准备好)：服务员应该随时准备好为宾客服务。

V(Viewing，看待)：服务员应该将每一位宾客看做需要向其提供优质服务的贵宾。

I(Inviting，邀请)：服务员在每一次接待服务结束时，都应该显示出诚意和敬意，主动邀请宾客再次光临。

C(Creating，创造)：每一位服务员都应该想方设法精心创造出使宾客能享受其热情服务的氛围。

E(Eye，眼光)：每一位服务员都始终应该以热情友好的眼光关注宾客，适应宾客心理，预测宾客要求，及时提供有效的服务，使宾客时刻感受到服务员在关心自己。

(二) 饭店服务的特点

1. 综合性

饭店向每位宾客提供的产品(商品)都是上述几个方面的综合，每个方面都是产品的一个组成部分。倘若哪一个部分或环节出了问题，都会直接或间接影响到饭店服务产品的品质和声誉。

2. 直接性

饭店服务的生产与消费是同步进行的，生产的同时就是消费，而其他物质产品的价值的实现需要经历3个阶段：生产—流通—消费。

3. 不可储存性

饭店向客人提供的各种设施和服务(客房、餐饮、娱乐、康体、环境等)，不能储存，不能搬运，只有当客人住进酒店消费时才能进行；当客人离店时，服务也就随即终止。同时，饭店服务因受酒店设施和时间等条件的限制，不能事前生产出来贮藏备用，也不能临时增加。以客房为例，其数量是固定的，如果客房当天不能出售，服务就无法进行，这部分收入就会失去。

4. 产品质量的不稳定性

这是由于：第一，服务的对象有着不同的动机和需要，他们的兴趣、爱好、风俗、习惯，各有不同；第二，服务者在提供服务时受他们的知识、性格、情绪的影响，因而会造成同一种服务产品在不同的时间和地点有可能出现不一致的现象。管理者的任务之一就是要力求饭店的服务质量保持稳定。

由于上述几个方面的影响，易使顾客在消费前产生"担风险"的心理，因而不利于饭店商品的销售。例如，某顾客在饭店餐厅就餐前，不可能要求服务员事先展示一遍如何服务操作后才去进餐，而只能在用完餐后，也就是说服务与消费同时结束时才能做出是否"物有所值"的结论。因此，在有选择的情况下，决定顾客是否前来饭店消费的主要因素，是顾客对饭店的信任及饭店在客人心目中的地位。

饭店服务的上述特点，要求饭店员工不断提高服务质量，在宾客心中树立一个良好的形象，使客人能够产生回头率高的现象。同时，还可以利用客人的口碑为饭店进行有效的推销，这样做就可以在一定程度上消除宾客担风险的心理，增强企业对饭店的信心，从而提高饭店的竞争力。

二、住店旅客一般心理特征分析

人的心理活动随着时间、地点的不同，以及在客观事物的影响下随时都可能发生变化，心理活动是人的一种心理状态。当宾客来到饭店，首先必须了解他们需要什么，在饭店这一特定场合下，需求是宾客产生一系列心理活动的内在原因。这些需要的满足程度将会在宾客的心理上产生什么样的反应，这是我们饭店工作人员必须认真思索的。宾客在饭店有如下一般性心理需求。

1. 方便

方便是旅游者首先要考虑的因素，求方便是旅游者旅游的最基本、最常见的心理需求。"方便"包括3个方面的内容：第一是饭店的位置是否方便，饭店的地点在交通上是否方便，离活动的地方（如游览场所）距离是否较近等；第二是饭店的设施是否能提供方便，如是否有餐厅、有空调、有商店、邮电设施、外币兑换等；第三是接待服务是否能提供方便，如住房手续是否简便，行李运送、问讯是否能得到迅速、及时的解决等。

"方便"是宾客最基本的心理需求，也是饭店的首要任务。以顾客为中心，满足旅游者的方便心理需求，让旅客在饭店处处感到方便。这样旅游者在心理上就会得到安慰，产生愉快、舒适的情绪，并可以消除旅途的疲劳和不安。如果旅客在饭店感到不方便，就会产生沮丧、不满的情绪，可能导致旅游者离开本来要继续住宿的饭店，要知道这种现象的补救成本是非常高的。

2. 清洁

宾客要求生活在一个清洁的环境里，这是普通的正常的心理状态。清洁不仅是生理上的需要，也能使人产生一种安全感、舒适感，它能直接影响宾客的情绪。饭店的清洁卫生包括饭店内外的环境清洁、设备设施的清洁、食品的洁净、员工的个人卫生等。清洁卫生是宾客基本的心理需求。美国康奈尔大学饭店管理学院的学生花了1年的时间，调查了3万名宾客，其中有60%的人把清洁列为住宿饭店的第一需求因素。如果住宿和伙食的条件是不清洁、不卫生的，就会使宾客感到懊丧、厌恶，甚至愤怒。例如，有的饭店虫蝇横行、被具不常洗换、卫生间有异味等都会导致宾客心理上的反感，有的甚至会要求立即离店。

3. 安全

安全是人类的基本需要，也是宾客在旅游过程中迫切要求满足的重大需求。饭店加强保卫措施，增强防盗、防火设施，重视宾客财物的保管等，都是宾客安全感所需要的。

4. 安静

旅游者经过旅途的劳累来到饭店，希望有一个安静的休息场所，能够使他们消除疲劳，当游客需要休息的时候，最讨厌不安静因素的干扰，这是普遍的心理现象。现代饭店注意馆址的选择、隔音设施的选择及服务工作的轻声化，为饭店的客人创造安静、舒适的休息条件。因为安静是宾客对饭店的基本要求，当它得到满足时，会使人产生舒适感。

5. 礼貌

宾客有自我尊重的需要，要求饭店工作人员对他表示尊敬。在现代社会中，文明礼貌是人际交往关系中的基本准则。在宾客当中，不论社会地位、经济地位存在什么差异，都需要以礼相待。尽管对于具体的礼节有习俗信仰上的区别，宾客需要礼貌招待是具有共同性的。宾客对于礼貌的需要，其迫切性是因为直接关系到人格的尊严。礼貌可以平衡人们之间的关系，也可以缓解人们心理上的某些消极因素。饭店服务工作的成功，往往由于以礼待客占了很大的比重，它迎合了宾客这方面的需求。

6. 价格公道

饭店的价格是否公道，服务接待是否公平，这也是宾客的心理需求之一。所谓"公道"就是指公平合理。公道是通过比较而产生的，因而是相对的。这种比较存在于饭店之间，也存在于不同服务员或同一服务员对不同的宾客服务中，如甲地的饭店和乙地的饭店之间比较，与其他宾客之间的比较。宾客需要公平合理、平等相待。如果宾客感受到不公道的对待，就容易情绪激动，为争取平等待遇而进行投诉，不公道会造成宾客在人格上感到受损害。这种伤害宾客感情的行为最终会损害到饭店的利润。

上面提到的宾客的各种需求，反映了宾客在饭店活动时的心理状态，它的满足程度越高，顾客满意度就越高，从而饭店的利润也就会增长，可见这种良性循环满足了多方的利益，同时研究宾客的需求心理，为采取相应的服务措施提供了一定的依据。

第二节 前台服务与旅客心理

前台是设在饭店前厅的销售饭店产品、组织接待工作、为客人住店提供服务的一个综合性部门。它包括门岗、迎送岗、行李运送、电话总机、住店登记、安排房间、回答问询、结算账目、商务服务等，其主要职责是应接服务工作。它既是饭店的神经中枢，又是客人住店离店的集结交汇场所和各种信息的汇集处。前台工作的好坏，直接反映饭店的工作效率、服务质量和外部形象。因此，做好前台应接服务工作是提高饭店声誉、发挥总台窗口作用的关键。

一、旅客在前台的一般心理

宾客来到饭店首先是用各种感觉器官去感知周围的事物，然后通过思维做出初步的评价。他们用眼去审视前厅的环境和接待人员，用耳倾听环境是否安静，用鼻嗅闻空气中的气味等。宾客在被接待过程中，对时间的知觉也特别敏感，不希望耽搁较长的时间，同时

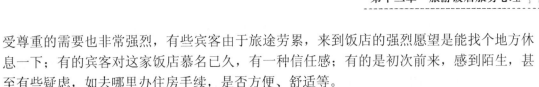

受尊重的需要也非常强烈，有些宾客由于旅途劳累，来到饭店的强烈愿望是能找个地方休息一下；有的宾客对这家饭店慕名已久，有一种信任感；有的是初次前来，感到陌生，甚至有些疑虑，如去哪里办住房手续，是否方便、舒适等。

1. 要求尊重的心理

尊重的需要是宾客在前厅非常重要的一种心理需求。当旅游者一进入饭店，首先打交道的就是前台的接待人员。他要求受到饭店的尊重，首先就是要求受到前台服务员的接待，这种接待就要体现出对客人的尊重。从这一刻起，客人要确立主客之间的社会角色和心理角色关系。无论旅游者以前的社会角色是怎样的，当他一进入饭店，与饭店服务员的社会角色就变为接待和被接待、服务和被服务的关系，而心理角色则体现为尊重和被尊重的关系。在此处，服务人员与宾客之间的心理角色关系是由他们之间的社会角色关系决定的。旅游者得到服务人员的尊重，确立以客人至上的关系是理所当然的，这也要为以后发生的所有关系确定基调。

2. 要求快速的心理

客人经过旅途奔波进入饭店，渴望迅速安顿下来、休整一下，既要解除旅途疲劳，同时也要为下一步安排做准备。客人离店时的心理要求也是同样的，结账手续办理过程要准确、快捷，使客人能迅速离开。

3. 了解相关知识的心理

旅游者出门旅游，到了一个陌生的地方后，迫切地想知道这个地方的风土人情、交通状况、旅游景点等各种情况，以满足自己的好奇心理。因此，前厅服务员在接待客人时，一方面要介绍本饭店的房间分类、等级、价格及饭店能提供的其他服务项目，让客人做到心中有数；另一方面，如果客人询问其他方面的问题，服务员也应热情、耐心地介绍，如本地有什么风景名胜、有什么土特产品、购物中心在哪里、到每一个旅游景点的乘车路线及时间等。另外，前厅服务最好和旅行社的业务结合起来，把旅行社提供的服务项目和推出的旅游产品的有关资料准备好，以供客人咨询、索取、使用。这样做的另一个好处是冲淡客人在前台办手续过程中等待的无聊感。

4. 要求方便的心理

旅游者对饭店提供的服务是否方便甚为关心，如通信、交通，商务中心提供的服务、生活设施是否方便。

二、前台服务人员的接待策略

针对宾客在来到饭店时可能产生的心理活动，前厅部工作人员应该主动组织和调节宾客的心理活动。我们可以从以下几个方面做好接待服务工作，满足宾客的心理需求。

1. 环境布置

饭店的环境，当它作用于宾客的感官时，通过脑的反射活动获得感觉印象，同时经过分析综合活动对印象做出思维上的判断，这在时间上往往只需要一刹那的工夫，然而，它作为记忆表象却可以保留很长时间。对接待服务工作来说，首先要重视接待区域的环境布置。一是环境布局的合理，如停车场与接待厅室之间的距离不宜过远，接待休息室与总台的衔接，以及邮电、外币兑换等方便与否，接待厅室的容纳量等。二是环境的美化，当宾客来到饭店门厅时，首先给他们的视觉形象是美丽的、清洁的和富有特色的，它应该有别于来到机关、学校等地。著名的饭店都很重视门厅的美化，如绿化庭园、休息大厅里的民族艺术装饰品、空气的调节、清洁卫生的保持等。三是醒目的标志，接待区域各服务单位及项目使宾客能一目了然，但它与整体布局又合理和谐的统一。总之，环境的布置关系到店容店貌，关系到宾客的第一感觉印象，它给宾客心理上的影响是很大的。

总之，饭店前厅的环境设计既要有时代感，又要有地方民族感，要以满足客人的心理需要为设计的出发点。一般情况下，前厅光线要柔和，空间宽敞，色彩和谐高雅，景物点缀、服务设施的设立和整个环境要浑然一体，烘托出一种安定、亲切、整洁、舒适、高雅的氛围，使客人一进饭店就能产生一种宾至如归、轻松舒适、高贵典雅的感受。前厅布局要简洁合理，各种设施要有醒目、易懂、标准化的标志，使客人能一目了然。前厅内的环境和设施要高度整洁，温度适宜，这也是对前厅的最基本要求。

2. 尊重宾客

客人一进入饭店就持有这样的期望，作为前台服务人员应该满足客人的这种要求。服务人员要笑脸相迎，语言要礼貌友好，要热情，既要尊重客人的人格、习俗和信仰，又要尊重其表现出的各种行为。不因客人的语言是否规范、行动是否得体、程序是否合理而做出不同的接待行为。总之，客人一踏入酒店，就期望得到应有的尊重，期望进入一个充满友好、令人愉快的环境之中。

3. 员工的仪表

接待人员的仪表应与环境的美化相辉映。仪表美不仅是指面部亲和、衣着整洁挺括，具有易识别性，而且包括站立、行走的姿势。接待工作人员在岗位上应意识到是进入"角色的扮演"，要以自己整洁大方的仪表去吸引宾客，但它绝不能使人感到是一种做作。接待人员的面部表情和神态举止，要引起宾客亲切、自然的共鸣。仪表与礼貌是分不开的，接待人员应熟练掌握礼貌用语，了解各个不同国家、民族的风俗礼仪。仪表美也应该是心灵美的反映，外在与内在的一致性，绝不能成为一种纯商业性的、简单机械的人体器官运动，给宾客一种虚假的感觉。

在选择接待人员的时候，应注意到人员的外形、体力和智力方面的素质，它为员工的仪表提供自然方面的条件。例如，迎送岗位人员的外形在某种意义上代表着全体服务人员的精神面貌。这项工作是站着服务的工作，要求全神贯注，因此，除了训练之外，要充分注意人员的基本素质。

4. 员工的语言

语言是人们交际的工具。通过语言的交际，人们互相交流思想和感情。接待人员的语言表达方式直接影响着宾客的心理活动，它可以令人欢喜，也可以招人厌烦或愤怒。饭店

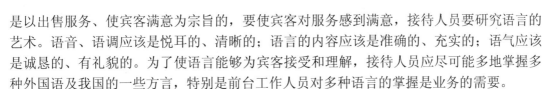

是以出售服务、使宾客满意为宗旨的，要使宾客对服务感到满意，接待人员要研究语言的艺术。语音、语调应该是悦耳的、清晰的；语言的内容应该是准确的、充实的；语气应该是诚恳的、有礼貌的。为了使语言能够为宾客接受和理解，接待人员应尽可能多地掌握多种外国语及我国的一些方言，特别是前台工作人员对多种语言的掌握是业务的需要。

语言和思维有着密切的联系。如果接待人员在思想上把宾客分成等级，以貌取人，以财取人，对所谓"高贵的宾客"语言谦卑，献媚取宠；而对待"一般的宾客"却出言不逊，冷言冷语，不仅有损服务人员的职业道德，而且有害于饭店的声誉及个人的人格。

5. 服务技能

在接待工作中有很多服务技能需要服务人员熟练掌握，只有掌握接待服务工作的技能才能保证服务质量。如果不精通业务，动作不熟练，服务态度再好也不能满足宾客的要求。

接待服务技能，如迎送人员为宾客打开车门的动作怎样达到完善化，使宾客感到亲切、舒适。行李员运送行李物品如何做到轻巧、平稳和快速。总台人员的验证技能、住房分配和登记技能、宾客流动情况的统计技能、财务计算技能、解答和征询技能、代办服务的有关技能等都要求达到自动化和完善化的程度。熟练的服务技能使接待工作缩短时间，解除宾客心理上的焦虑，再加上仪表、语言上的彬彬有礼，使宾客对接待工作感到方便、亲切和舒适。接待服务技能有很多方面，如打扫接待区的技能、电梯接待技能等。这些技能都要通过钻研和练习达到完善和熟练的程度。

第三节 客房服务与旅客心理

客房是饭店的主体部分，是最繁忙、最重要的部门，也是客人在饭店生活的主要场所。客人对饭店客房的心理需求与对餐饮、商场和娱乐场所的需求是不尽相同的。为做好客房服务工作，客房部既要确保房屋处于常新、舒适的状态，又要根据客人在客房生活期间的心理特点，有针对性地开展生动和有效的服务，满足住客需求，使住客满意，去而复返，并能向亲朋介绍，保持良好的声誉，从而获得更多的顾客光临。

任何顾客在走进一个他从前没有住宿过的饭店时，总会有一种直接的新奇的印象或感受。这种令人满意的印象是否能继续增强或逐渐减弱，那就要看他在进入客房之前所经过的一段路程所得到的印象如何而定。这一段路程是从前台登记开始，经过大堂到电梯间，出了电梯间经过客房走廊而进入他的房间。在这段过程中他若能感受到一种预期的柔和亲切的气氛，自然会加深印象。客人住进他的房间的时候，在外面所得到的印象或感受，会立刻为他对房间设施与气氛的反应所取代。反之，将使其失望而影响了他日再度光临的可能性。

一、客人基本需求心理的分析

1. 求整洁干净

客人来到客房最先注意到的是房间的卫生情况，如床单、枕套是否是新换的，有卫生间的要看浴缸上是否有污迹，抽水马桶是否得到清洗，浴巾、面巾是否已更换等。因为客房内的各种用品是千人使、万人用的,所以,任何一位新来的客人对此都十分敏感。他们要求客房的用具是清洁卫生的,特别是容易传染疾病的用具,如茶杯、抽水马桶等,都能严格消毒,保证干净。

2. 求舒适

刚来到饭店住下的客人,经过乘车、船、飞机等旅途劳累,一般都已十分疲倦。他们希望客房能提供休息好的各种条件,如环境安静、室内温度适宜、床铺舒适,没有其他干扰,如蚊、虫、噪声等的干扰。有些客人一进饭店则希望马上进房间,洗个热水澡,好好休息一下,以消除旅途的劳累。有些客人住进客房时,则希望对他所需要的任何东西不必费神或等候,如热水、床单、毛巾的更换,小备品的添置,文具用品的补充,照明设备的检修,家具的清洁与布置等,不会发生短缺任何物品或感到服务怠慢,这可以使客人有极满意的舒适感。

3. 求安全

出门在外的顾客,一般都特别注意自身的财物安全,害怕钱财丢失和被盗。住进客房的客人同样是十分重视他们的财产及人身安全保障,希望客房是个安全场所,如没有其他的原因,绝对不应受到干扰,不希望自己在饭店的一些秘密被泄露出去。他们希望通过服务人员的工作,使客房的安全落到实处。

4. 受尊重

住店客人希望自己是受客房服务员欢迎的人,希望见到服务人员热情的笑脸,希望自己受到尊重。客人还希望服务人员能尊重自己对房间的使用权,尊重来访朋友和客人,尊重自己的宗教信仰和风俗习惯。当然,客人亦希望服务人员能够自我尊重,有良好的职业形象。

二、在客房服务中的相应服务行为策略

了解宾客在客房生活期间的心理特点,有预见地、有针对性地采取主动、有效的服务措施是客房服务工作的根本。

宾客租用客房,主要是住宿,是消除机体疲劳的生理需要,但其在客房的活动并不是单纯的静止休息。宾客中有的利用客房接待访客进行社交活动,有的利用客房从事公务和商务等活动,有的作为小型集会的地点,有的白天外出活动,有的白天在客房内活动。每位宾客的生活时间表也不可能一致,从生活的需求来说,除休息外,还有卫生、邮电,甚至在客房内进行医疗或用餐的需求,围绕着以休息为主的客房生活,存在着其他多样的活动的内容,并且由于宾客之间的个体差异,使客房服务工作的范围和内容具有复杂多样的特点。客房服务应该根据宾客的活动规律,在职责范围内尽可能地满足宾客在生理和心理方面的需求,大致上可以从以下几个主要方面的服务去满足宾客的心理需求。

(一)切实搞好客房的清洁卫生

清洁卫生的饭店环境(尤其是宾客租用的房间)往往被宾客视为最重要的需要。它既作用

于生理，也反映在心理活动方面，不论是什么样的宾客，也不论在客房内外的任何角落及任何时间，清洁干净的需求始终是存在的。清洁卫生工作一般被认为是客房服务的首要任务。

客房清洁工作应该是在宾客不在场的情况下进行，这样做的原因是考虑到卫生工作对宾客心理上的影响。宾客在房的时候，服务人员进去清扫易使宾客受到干扰，如影响休息或其他活动。一般来说，宾客是不欢迎清洁服务人员在自己面前转来转去忙个不停的。如果宾客在门把上挂出"请速打扫"的标志，或经宾客许可，也就是宾客在场的情况下打扫卫生，就要注意怎样使宾客在心理上并不感到不方便和不安，甚至还会增添亲切、舒适的感觉。这就要求服务人员相当注意自己的仪表、语言及操作技巧。服务人员应该彬彬有礼、落落大方，适当地嘘寒问暖，掌握好操作的节奏和动作的轻盈，避免可能引起宾客反感的情况出现。例如，关于抹布的使用，它本身的洁净度及使用的范围都能引起宾客的注意，如果一块不干净的抹布，既擦卫生间又擦卧室的桌椅器皿，就会使宾客感到很不舒服。

清洁卫生工作应该考虑到它的全面和细致。某些方面的疏忽，往往会为整个工作招来否定的评价。例如，电话机的拨号盘，宾客在使用时，通过手指的接触会立即发现它是否清洁；台灯的灯泡和灯罩，当夜间照明时，上面如果有灰尘会暴露得很清楚；浴缸上的水锈痕迹会使宾客感到不卫生。另外，固定的环境卫生工作还应结合外来污染的防治，如虫害的问题，特别是消灭老鼠已引起我国很多饭店的重视。如果宾客发现了老鼠，这在心理上造成的负面影响是可想而知的。有些措施则可增加宾客心理上的洁净感、安全感。如在卫生间清扫后贴上"已消毒"的封条，在茶具上蒙上塑料袋等。这些措施都能起到一定的积极作用。在清洁工作进行的时候，还必须考虑如何增强宾客的信任感，应该注意不要随意移动宾客的贵重财物。

保证客房的洁净，还应该从客房服务人员本身做起。那就是服务人员自己应该是整洁的，具有高水平的卫生素养，同时要熟悉各国的宾客对洁净方面的习惯和要求，防止用自己认定的或本国的一般卫生习惯及标准来对待清洁卫生工作。

(二) 切实搞好客房的环境秩序

保证客人休息好就是满足人的基本生理需求。心理学研究表明，如果剥夺人的睡眠，会导致人烦躁不安、记忆力降低，甚至会导致死亡。服务人员要为客人创造一个安静的环境，就必须做到"三轻"，即走路轻、动作轻、说话轻，养成良好的职业习惯。服务人员在没有得到客人的召唤或允许时，绝对不能擅自进入客房，若有必要的事，应先敲门，在得到允许后，才能进去，办完事即刻离开，绝不可在房间逗留过久，而打扰客人或破坏了房间内的安静气氛。进入房间时更不可以东张西望以引起客人的烦躁与不安。服务人员应按操作规程认真仔细检查房间设备的完好情况，对有问题的设备必须及时通知工程部门维修，以防出现干扰客人休息的不良现象发生。此外，在环境秩序中还包括安全因素。为了满足客人的求安全心理，服务员应提高警惕，配合保安人员防止不法分子进入客房行窃或进行其他破坏活动。在收拾房间时不能乱动客人的贵重物品；在遇到突发性事件时，如有人生病，一定要先替客人着想。做好安全工作是服务人员应尽的责任。

(三) 切实从细微服务做起，满足客人受尊重的心理需要

(1) 主动热情。主动的服务态度是指服务要发生于客人提出要求之前。因此，服务人

员要主动为客人排忧解难，主动迎送、引路，主动介绍服务项目，主动为患病的客人求医送药。热情服务就是帮助客人解除陌生感、拘谨感和紧张感，使其心理上得到满足和放松。客房服务人员在服务过程中要精神饱满，面带微笑，语言亲切，态度和蔼。热情是体现服务态度的本质表现，是取悦客人的关键。

(2) 微笑服务。饭店服务离不开微笑，微笑要贯穿服务过程的始终。微笑是一种特殊的情绪语言，它可以起到有声语言所起不到的作用。微笑也是一种世界语言，它能直接沟通人们的心灵，架起友谊的桥梁，给人们以美好的享受。微笑可以传递愉悦、友好、善意的信息，也可表达歉意、谅解。微笑赋予旅游服务以生命力。著名的希尔顿饭店集团董事长康纳·希尔顿说："如果缺少服务员的美好微笑，好比春日的花园里失去了阳光和春风。假如我是顾客，我宁愿走进那虽然只有残旧的地毯，却处处见到微笑的旅馆，而不愿走进拥有一流的设备而见不到微笑的饭店。"他经常问下属一句话："你今天微笑了没有？"国外一些成功的企业家在谈到他们的经营理念时，把"顾客是上帝"放在第一位，微笑就占据了第二的位置，由此可见微笑服务对饭店的重要性。有人从实践中总结出一句话：诚招天下客，客从笑中来；笑脸增友谊，微笑出效益。

(3) 文明礼貌。客房服务要注意文明礼貌。客房服务通过讲文明礼貌体现出对客人的尊重、理解和善意。如与客人讲话时要轻声细语，注意礼貌用语；为客人服务时要聚精会神，彬彬有礼；操作时要轻盈利落，避免干扰客人。文明礼貌是人际交往的基本规范，在客房服务过程中更应该做到这一点。

(4) 耐心细致。客房服务人员在服务过程中，即使工作繁忙，也应对客人有耐心、不急躁，对客人的询问要做到百问不厌、有问必答。对客人的意见要耐心听取，对客人的表扬要不骄不躁。

另外，要细心了解客人的不同需要，主动服务。如果有的客人有特殊生活习惯，如不吃某种食物或有其他方面的禁忌，服务员要能及时了解，尊重客人并尽量给予满足。服务员还要细心观察客人，了解他们的现实需求和潜在需求，如果能做到超前服务，会使客人更加满意。细致的服务还反映在注意服务的分寸、注意如何使客人放心、增强客人的信任感方面。客人放在房间中的各种物品，服务人员在进行房间整理和清扫时，尽量不要随意挪动。服务员在清理桌面合上客人打开的书时，最好在打开的书页处夹上个小纸条，这会使客人很满意。可见，细致周到的服务是赢得客人好感的有效方式。

第四节　餐饮服务与旅客心理

餐饮部是饭店主要的经营部门之一，其餐饮经营的方式也较为复杂，其中包括共用的餐厅(如中西式餐厅)、个人或少数人包用的餐室(或称包间)、酒吧、夜总会等。另外还有一种特殊方式销售餐饮，如花园餐厅、路边咖啡座、游泳池酒吧、屋顶露天餐厅等。餐饮部提供给顾客的需要可分为 3 种：膳食、饮料、服务。一个人出门在外，如果房间、床铺不理想，固然要引起他的不满和抱怨，但如果一顿饭吃不好，菜不合口味，埋怨会更大。对于大多数住店客人来说，餐饮既是需要又是享受。由于就餐的顾客并不都是美食专家，所以他们所需要的仅仅是可口的膳食并配合周到的服务，就很满意了。如果膳食很好，但服务却不能让客人满意，那么这些客人也许下次再也不会光临这家饭店了。所以，餐饮服务是饭店的中心业务，是更为重要的服务。

客人是餐饮商品的购买者。餐饮服务要做到最大限度地满足他们的需要并提供优质的服务，就必须很好地分析宾客的心理，了解客人的需求。

一、客人基本需求心理的分析

（一）营养

人们对营养的关注是随着现代生活与工作节奏的加快而引起的。要有强健的体魄与充沛的精力适应快节奏，就必须加强营养。营养能改善人的正常生理功能和抗病能力，营养的好坏与搭配合理与否直接影响着人的精力旺盛与否和工作效率的高低，甚至影响到人的外貌及个性。例如，体重超重的人因为肥胖的外形，在人际交往中就会表现得不太自然。来自工业较发达国家的客人的营养意识较高，他们非常相信营养的积累效应和营养对于生命与精力的作用。由于营养离不开每天每餐的饮食质量，所以客人总是希望餐厅提供的菜点能够符合他们的科学营养要求，并且要求标明餐食的营养成分及含量。

（二）风味

顾客光临餐厅的主要动机是为了品尝菜肴的风味。风味是指客人用餐时，对菜肴或其他食品产生的总的感觉印象，它是刺激对食物挑选的最重要的因素。风味是用餐者所品尝到的口味和质地等的综合感觉效应。

客人对风味的期望和要求各不相同，有的喜爱清凉爽口，有的愿意色浓味香，有的倾向于原汁原味。人们凭借视觉、嗅觉、味觉、触觉、温度等体验菜肴的风味。

(1) 视觉。视觉主要是指当一道风味菜肴端上桌时所带给人的视觉冲击。例如，多种颜色材料的适当搭配，会带给人五彩缤纷的视觉感受，新奇、独特的造型设计也同样会给人带来美的享受，这些都会给就餐者留下深刻的视觉印象。

(2) 嗅觉。气味是由鼻子的上皮嗅觉神经末梢感觉到的。人类能感知的气味大约有上万种之多。嗅觉较味觉灵敏得多，但容易疲劳。人们会对屋中的某种气味很快由习惯而适应，并对气味的变化不易察觉，就像我们俗语所说"入芝兰之室久而不闻其香，入鲍鱼之肆久而不闻其臭"。尽管如此，人们觉察另一种突如其来的气味却十分灵敏。气味由4种基本类型组成：芳香味、酸味、烧熏味、辛酸味。区别只是其含量的相对强度不同。

(3) 味觉。味觉感受器分布在舌面、软腭及会厌后部，由味觉细胞和支持细胞组成。但是，人到中老年，味觉的灵敏度下降，喜欢食用香料多、口味重和含糖量高的食物。目前，一般认为味觉有4种基本类型：酸、咸、苦、甜。虽然食物的头一口总是最美味可口的，但不排斥连续的津津有味的感觉，然而"少吃多滋味，多吃无滋味"也是有道理的。所以，供应菜肴的分量要进行适当的控制，菜肴的品种应该多样化和经常变化。

(4) 触觉。触觉即口感，它能感觉食物的质地、涩味、黏稠度及辛痛感等。辛痛感是对神经纤维的一种刺激，刺激量适当时会产生令人愉快的感觉。例如，胡椒和辣椒的"调味"作用，实际上是对口腔引起辛痛感的刺激。当然，用量过多不行。涩味是食物带有的类金属味，在口中引发唾液蛋白，致使感觉到干燥少水。柠檬汁、苹果酸等产生的涩味反而会令人喜爱。另外，粒度、黏稠度和脆性很容易被感知。就餐的客人往往会拒绝食用有结块的肉汁、过于黏稠的蔬菜汤或勾芡，也不欢迎不脆的炸薯条、炸腰果等。

(5) 温度。食物的温度大大影响人辨别风味的能力。一般情况下，尝味功能在 20℃～30℃最为敏感。温度偏低时，食物分子运动速度较缓慢，感觉器官欠灵敏，其反应较弱。温度太高时，很可能烫坏了味蕾，破坏味觉功能。例如，热的炸鱼条味道鲜美，但温度低时则产生鱼腥味。又如，正确品尝葡萄酒，需要事先冷却，饮时加上冰块。可见，在不同温度下味觉的反应，支配着人们热吃食物(如汤、炖肉、清蒸鱼、咖啡等)、冷吃食物(如冰淇淋、色拉、西瓜、汽水、酸辣菜和各种凉拌菜、冷盘等)。

(三) 卫生

每一位客人都非常注意食品餐具及饮食环境的卫生。每当客人进入餐厅，他们就开始自觉或不自觉地观察和判断各方面的卫生状况。他们深知，无论身份地位如何，都逃脱不了"病从口入"的厄运。一旦客人发现餐厅有不清洁的地方或污染的环境，即便是不太注目的地方，也会令人反感。如果发生食物中毒，更会给客人带来极大的伤害和痛苦，也会严重影响餐厅的声誉。所以，卫生是客人的基本生理需求，餐厅要重视卫生，确保客人不受病害的威胁和感染。

良好的卫生环境会给人以安全、愉快、舒适的感觉。餐厅是供客人就餐的场所，应该随时都整洁雅净，要做到空气清新，地面洁净，墙壁无灰尘、无污染，餐桌餐椅整齐干净，台布口布洁净无瑕，厅内无蚊无蝇，只有这样客人才能放心地坐下来就餐，否则，他们将会重新选择就餐的场所。

餐具卫生非常重要。因为除了一次性的方便筷子以外，其他餐具一般都是客人公用的，有时难免染上某些病毒或细菌。因此，餐厅必须配备有与营业性质相适应的专门的消毒设备，同时要有数量足够的可供周转的餐具，以保证餐具件件消毒，以保证客人的安全。另外，对于一次性使用的方便筷子，最好经过消毒后进行单个包装，这样才能避免沾染上灰尘和细菌。

如果只从卫生的角度讲，在餐厅服务中，食品的卫生应该是最重要的。餐厅提供新鲜、卫生的食品是防止病从口入的重要环节。因此，不论餐厅的档次高低，就餐的客人都有一个共同的心态：能吃到新鲜、卫生的食品。为此，餐厅的食品要原料新鲜，严禁使用腐烂变质的食品，特别是凉拌菜要用专用的消毒处理工具制作，防止生、熟、荤、素菜直接地交叉污染。食品饮料一定要在保质期内，坚决禁止供应过期食品。

另外值得注意的是，每位餐饮员工都要严格遵守餐饮部制定的卫生工作条例，如服装要干净，餐厅服务员不能留长发和长指甲，工作时不可打喷嚏，接触食品前先洗手，定期做体格检查等。在客人眼里，服务人员的整洁卫生是餐厅卫生形象的一个重要标志。

(四) 安全

餐厅对于客人安全问题是不应忽视的。一般说来，客人在安全方面对餐厅是信任的，认为发生事故的可能性极小。然而，"安全"确实是客人的最基本的生理需求。在餐厅偶尔会发生汤、汁洒在客人的衣物上，破损的餐具划伤手、口，路面打滑引起摔跤，甚至出现用餐时吊灯脱落击伤客人的事故。凡此种种，造成的后果是难以挽回的。

(五) 快捷

客人到餐厅就餐时希望餐厅能提供快速的服务，其原因有以下几个方面。

(1) 习惯，因为现代生活的高节奏使人们形成了一种对时间的紧迫感，养成了快速的心理节律定势，过慢的节奏使人不舒服，也不适应。

(2) 一些客人就餐后还要有很多事去做，所以他们要求提供快速的餐饮服务。

(3) 心理学的研究表明，期待目标出现前的一段时间使人体验到一种无聊甚至痛苦。从时间知觉上看，对期待目标物出现之前的那段时间，人们会在心理上产生放大现象，觉得时间过得慢，时间变得更长。

(4) 客人饥肠辘辘时如果餐厅上菜时间过长，更会使客人难以忍受。当人处于饥饿时，由于血糖下降，人容易发怒。

所以一般说来，客人一进餐厅就要能找到座位，服务员很快捷地为他斟上茶水，递上菜单，想用的饭菜很快就能上来。如果有什么特殊情况，需要赶火车、飞机，服务员要给予优先照顾，客人有什么要求时举一下手或做个微小的动作，服务员就会马上来到跟前，并尽快满足自己的需要。快捷意味着减少客人等候的时间，并能减缓客人的紧张心理。

二、餐厅服务人员的服务策略

以上通过对客人的基本需求心理的分析，客观上要求餐饮服务员必须掌握客人的需求心理，在餐饮服务中应有以下服务行为。

(一) 宾至如归，顾客至上

为了满足就餐客人受欢迎、受尊重的需求，应做到"宾至如归，顾客至上"。

"宾至如归"表示餐厅对客人光临的欢迎，希望客人如同生活在自己家中一样，对一切都不感到陌生拘束，这正迎合了顾客希望受到欢迎的心理需要。客人一进餐厅举目就见鲜花、微笑，餐厅服务员立即上前，欢迎客人，并根据不同的对象，迅速安排他们所喜欢的座位。当客人离店时，不可忽视对客人的送别，如"欢迎再次光临"，"请留下宝贵意见"，"祝您晚安"等言语，将欢迎送别的气氛融为一体，持续到客人离店的最后时刻，给客人留下美好、愉快、难忘的印象。

客人需要一视同仁的接待，服务人员永远不能让客人感到你不喜欢他(她)，不能为优先照顾熟人、关系户、亲朋好友而冷漠、怠慢了别的客人。餐厅服务中，无特殊原因，一般应遵循"排队原则"，即"先来先服务，后来后服务"。

"宾至如归"还表现在客人愿意被认识、被了解。当客人听到服务员称呼他的姓名时，他会很高兴。特别是发现服务员还记住了他所喜爱的菜肴、习惯的座位，甚至生日日期，客人更会感到自己受到了重视和无微不至的关怀。

"顾客至上"就是体现出将客人放在最受尊敬的位置上。尊重客人是服务员的天职，餐厅客人要受到尊重，就要求服务员处处礼貌待人。当餐厅客人主动询问、祈求帮助时，服务员应该表现出真诚与热情，并立即彬彬有礼地做出准确的答话，提供必要的服务；服务员在任何时候都不要对客人之间的谈话表现出特别的兴趣甚至偷听，绝不允许随便插话；特别强调不能与客人发生争执或争吵，也不能催促客人用餐，即使已经放下刀、叉、筷子，也不要立即收拾桌椅、打扫卫生；特别对女宾，更要礼让三分，倍加尊重，不能忘记"女士优先"的原则。对于有宗教信仰的客人，餐厅必须尊重他们的信仰、饮食习惯和风俗，千万不能在餐桌上出现"忌物"。

尊重客人，还应满足那些希望显示主人气派的那部分客人的需求。因为，在社会交往及贸易活动中，主人往往会举行宴请活动。这些客人非常愿意去领袖人物或知名人士下榻的饭店逗留和就餐。所以，餐厅应该有足够显示气派的专用餐厅及宴会厅，配以高标准、高消费的美味佳肴，摆设十分讲究的银器餐具或精致的细瓷餐具，并做好细致周到的服务。

(二) 熟练业务，迎合客人

为了满足就餐客人营养及风味的需求，应做到熟练掌握业务知识，迎合客人口味。

(1) 熟练掌握业务知识。餐厅服务员要做好接待工作，仅有熟练的操作技能还不够，还应掌握一定的烹调知识，尤其应熟练掌握本餐厅当日供应菜品的名称由来、用料、佐料、烹调制作方法、食用方法及对身体的益处，即营养等方面的知识，以便在客人点菜或上菜时或回答客人询问时，能流利地向客人介绍。

(2) 迎合客人口味。客人就餐一般都要求食物适合自己的口味，吃顿可口饭菜，甚至有看重色、香、味、形、声、器的心理。因此，服务员在接待当中就要想方设法满足他们的要求，一方面，通过掌握各国各地区不同民族的饮食习惯，按客人要求送上菜点；另一方面，服务员还应及时向客人介绍本餐厅的菜点，热情提出建议，当好客人的参谋，为客人选菜配菜。当客人进餐时，还要注意观察客人的表情动作，对客人流露出厌食或不满的神态应及时转告后厨，并加以改进。

(三) 缩短等候时间，搞好清洁卫生

对就餐客人求快和卫生的需求，应做到尽量缩短客人等候服务时间，搞好清洁卫生。

1. 缩短等候服务时间

为满足客人求快捷的心理，服务员应在客人一进餐厅，就及时安排好他们的座位，并送上菜单，端上茶或客人需要的饮料。对一些急于就餐的客人可以介绍一些现成的菜品或出勺较快的菜。客人点菜后，在等菜上桌时，一般说来很容易不耐烦，经常将等菜的时间估计过长，这是因为人们对时间知觉有一条共同的规律。一般情况下，当人们觉得紧张、有趣的时候，时间就好像过得很快，觉得这段时间很短；当人们觉得无聊的时候，时间就好像过得很慢，觉得这段时间很长。客人在餐厅点菜后一般坐在那里无事可干，会觉得很无聊，特别是单独一人的客人更觉得无聊。所以，客人常常会认为自己等了很久，性急的客人甚至会因此与服务员发生冲突。为了减少等候时间，餐厅应当尽量分散客人的注意力，可采取如下的一些服务策略。

(1) 备有快餐食品，为那些急于就餐者提供迅速的服务。

(2) 客人坐定后，先上茶水以安顿客人，使他们在等待上菜过程中不感到太无聊或觉得上菜太慢。另外，也可以根据客人的消费金额免费提供一些小菜，供客人食用，这样会使客人体验得到赠送的愉快，也消除了等待的无聊感。

(3) 反应迅速。客人一进餐厅，服务员要及时安排好客人的座位并递上菜单，让客人点菜。

(4) 结账及时。客人用餐结束，账单要及时送到，不能让客人等待付账。

2. 清洁卫生

餐厅应对餐具、酒具实行严格消毒。服务员对个人卫生也要高度重视。上菜时避免手指碰到食品，否则会引起客人心理上的厌恶，甚至使客人产生晕轮效应，会认为餐厅其他方面的卫生也一定搞得很差。后厨采用的食品及原料必须是新鲜、卫生的，对腐烂变质的食品及原料绝不应采用。

(四) 创造赏心悦目的环境和形象

1. 创造餐厅形象

心理学的研究证明，人对外界的认识是从感知觉开始的。为了给就餐的客人创造一个良好的第一印象，餐厅应十分重视环境的美化，要为就餐客人创造一个优美舒适的环境。

(1) 美好的视觉形象。餐厅的门面要醒目，要有独特的建筑外形和醒目的标志。餐厅内部装饰与陈设布局要整齐和谐，清洁明亮，要给人以美观大方、高雅舒适的感觉。餐厅的整体设计要有一个主题思想，或高贵、或典雅、或自然、或中式、或西式、或古典、或现代。色彩也要依据餐厅设计的主题思想来选定。在选择色彩时，要了解不同的色彩所产生的心理效果。餐厅的光线要适宜，使客人心情舒畅。而且，餐厅的光线也要与餐厅的主题相协调：宴会餐厅要光线明亮、柔和，呈金黄色；酒吧光线要幽静、闪烁，显示迷人情调；正餐厅呈橙色、水红；快餐厅呈乳白色、黄色。另外，餐厅光线还要与季节相吻合，如夏天以冷色为主，冬天则以暖色为主。

(2) 愉快的听觉形象。美好动听的音乐对人的心理有调节、愉悦的作用，而噪声却会给人的生理和心理带来不良的影响，如烦躁、痛苦。在公共餐厅，由于就餐人数较多，噪声较大，为了不影响客人的食欲和情绪，餐厅要尽量减少噪声的存在。因此，在餐厅装修中，要注意选用那些有吸音和消音功能的材料，尽量减少硬装修，因为硬装修对噪声起到一种扩大作用。另外一个办法就是加大餐桌之间的距离，减少客人之间的相互影响。餐厅中使用背景音乐，也可以掩盖和冲淡噪声。但背景音乐的选择要慎重，如果使用不当，会适得其反，使餐厅中的声音更加混乱。

(3) 良好的嗅觉环境。在餐厅中，由于各种菜肴的大量存在，会散发出各种气味，加之各种酒味和烟草味，多种气味混合在一起，给人的感觉是不愉快的。所以，在餐厅中要注意通风，保持空气清新。同时要注意不能让厨房的油烟及各种气味散发到餐厅中来。

2. 创造良好的食品形象

中餐素以色、香、味、形、名、器俱佳著称于世。就餐的客人不但注重食物的内在质量，也越来越注重食品的外在形式。因此，餐厅提供的食品，既要重视品质，也要重视形式的美感。要做到这一点，可以从以下几个方面着手。

(1) 美好的色泽。这是客人鉴赏食品时最先反应的对象。在人们的生活经验中，食物的色泽与其内在的品质有着固定的联系。良好的色泽会使客人产生质量上乘的感觉，同时激发客人的食欲。当然，在客人中，由于种族与文化背景的差异，在颜色的偏好上存在着一定的差别，这就要求餐厅服务人员要了解客人的特殊要求，针对不同的服务对象，做出相应的调整，以满足不同客人的需要。

(2) 优美的造型。食品不但有食用价值，而且还是艺术作品。通过烹饪大师的切、雕、摆、制、烹等技艺，给人们提供一道道造型优美的美味佳肴，给人们带来了艺术上的享受。例如，鸳鸯戏水、二龙戏珠等菜点，造型雅致，妙趣横生，使客人一见则喜，一见则奇，一食则悦，百吃不厌。

(3) 可口的风味。味道是菜肴的本质特征之一，也是一种菜的主要特色的体现。味道好坏，常常是客人判断菜肴的第一标准，而品味也常常是客人就餐的主要动机。因此，餐厅要根据客人的饮食习惯及求新求异的饮食特点，制作味道各异的食品，使客人在口味体验上得到最佳效果。

除了以上的几点服务策略外，餐厅服务还要注意以下5点。

第一，忌旁听。在客人交谈时，不旁听、不窥视、不插嘴是服务员应具备的职业道德。服务员如有急事要与客人商量，也不能贸然打断客人的谈话，最好先暂时待在一旁，以目示意，等客人意识到后，再上前说"对不起，打扰你们谈话了"，然后把要说的话说出来。

第二，忌盯瞅。在接待一些服饰奇特的客人时，最忌讳过久地注视客人、品头论足，这样容易使客人感到不快。

第三，忌窃笑。客人在餐厅聚会、谈话中，服务员除了提供应有的服务外，应注意不在客人面前窃笑，不交头接耳，不品评客人的言谈，以免使客人有被窥视、窃听之感。

第四，忌用口头语。有的服务员缺乏语言技巧，在餐厅服务中可能会言伤客人，如"你要饭吗？"这类征询客人意见的语言，使人听起来不愉快。

第五，忌厌烦。在餐饮服务中，有的客人用不文明的语言使唤服务员，此时，服务员不能因客人的不礼貌而表现出冷淡或不耐烦。相反应通过主动、热情的服务，使客人意识到自己的失礼。如果服务员很忙，可表示歉意，说"请稍候，我马上就来"。

总之，餐厅服务人员的服务策略为尊重客人，主要是微笑迎送客人、领座恰当、尊重习俗等；餐厅环境洁净；提高餐厅各方面的形象美，主要是餐厅的形象、员工形象、产品的形象；服务要快速，满足旅游者的需求。

本 章 小 结

1. 旅游服务是旅游业及其相关产业在旅游者旅游活动的过程中所提供的有偿服务。
2. 旅游服务人员在为旅游者进行服务的过程中，只有了解了旅游者对旅游服务的心理要求，根据旅游者的心理要求采取相应的心理服务策略，才能做好旅游服务。

案例分析

日本客人要什么

在 A 饭店的一个餐厅开晚饭的时候，来了3位日本客人，一位年纪大一些，两位年轻人。他们一进餐厅，就问了服务员一些有关该餐厅的问题。在点菜时，他们看着菜谱，不知点什么好，就要求服务员代点。服务员根据日本人爱吃海鲜、铁板烧的习惯，向他们介绍了虾、铁板烧生蚝，他们都很满意。老年日本人指着一个菜名，问服务员"叉烧"是怎样做出来的。由于服务员日语不太熟练，这位日本人对服务员的解释似懂非懂地点点头。后来他们又点了"百花酿蟹钳"、"雀巢牛柳丝"等菜。菜点完后，他们又想要点加饭酒，由于服务员听不明白，一位日本客人就用生硬的普通话讲了一次。但是服务员还是反应不过来。老年日本人见服务员不明白，就走到餐厅门口小酒吧处取出一瓶加饭酒，双手高举过头，向服务员示意，服务员才弄明白。他们点菜花了十多分钟。大约又过了10分钟，这几位客人表现出了不耐烦的样子，服务员忙上前问他们需要什么？原来他们希望快点上菜。服务员对客人解释说："今晚客人特别多，厨师可能忙不过来，请你们稍等一下，慢慢喝点饮料。"但是，客人说："我们喝饮料都快把肚皮涨破了，还是请你们快点上菜吧！"10分钟后菜终于一个一个地上齐了。客人却没有动筷子，服务员忙上去问他们为什么不吃。原来他们很想知道桌上的几个菜各叫什么名字。于是服务员拿起菜谱，逐一向他们介绍，还特别指着"叉烧拼盘"说明了什么是"叉烧"及如何制作。老年日本人尝了一块，说这才真正明白了"叉烧"是怎么回事。

分析：

1. 通过此案例中客人一到餐厅就问餐厅的一些问题、让服务员替他们点菜、给他们说菜名并解释菜的来历，不耐烦地等待上菜等，我们了解到客人对饭店的求知、求快、求方便、求尊重的心理要求。

2. 作为饭店的服务人员，要根据客人的心理要求热情、主动地向客人提供优质的服务，而不要只是客人问什么就答什么。再者，服务人员也要有丰富的知识及服务技能，以应付来自不同国家和地区的客人，满足客人的求知心理。

★ 心理测试

生活场景应变能力测试

测试说明：请选择你认为恰当的答案。

1. 你和朋友去一家中式餐厅吃饭，你想用筷子吃，可又不会，于是你(　　)。
   A. 在看明白别人怎样使用后再拿起筷子使用
   B. 无奈仍旧使用刀叉
   C. 请教服务员
2. 在迪斯科舞会上，别人在跳一种你不会的舞，你会(　　)。
   A. 站起来，学着跳
   B. 看别人跳，直到改奏慢节拍舞步
   C. 舞会后请一位朋友私下里教你这种舞步
3. 公司的办公室里安装了一台新的电脑打印机，你不知如何使用，这时你(　　)。
   A. 尽量避免使用它
   B. 暗自揣摩如何使用它
   C. 向别人请教它是怎样工作的
4. 你身处异地，对其方言仅知只言片语，于是你(　　)。
   A. 只用有把握的词句

B. 依然讲标准美语，因为你还不能熟练地使用当地的方言

C. 尽可能地使用它，相信人们都是友好的

5. 你打算做一个书架，可又从未用过钻子，于是你（   ）。

   A. 雇用其他人

   B. 求助于朋友或技术手册

   C. 买回材料，自己试着做

6. 你出席一次你不甚了解的研讨会，你会（   ）。

   A. 提出许多问题

   B. 假装能领会别人的意思

   C. 会上仔细听，会后查一下不懂的地方

7. 你走进一家妇女时装店，结果却发现店里只有几件衣服，而且衣服上都没有价目标签，于是你（   ）。

   A. 转身出去

   B. 举止自然并询问是否有你这么大号的衣服

   C. 为避免尴尬，看一下陈列的衣服，然后离开

8. 你的老板让你去做一项你从未做过的工作，你会（   ）。

   A. 说"可以，不过我需要帮助"

   B. 有礼貌地拒绝，因为它超出了你的经验范围

   C. 埋头到这项工作里，尽量把它干好

9. 街上流行一种很时髦的服装，你（   ）。

   A. 仍旧穿以前的衣服，觉得穿新衣服很不自在

   B. 立即买一套穿上

   C. 观望一段时间，如果周围的同事都买了，才去买一套

10. 如果你做的某项工作需要根据某一公式重复计算20次，并且有一台计算机可供你使用，而你又从没有使用过计算机，这时你会（   ）。

    A. 请教某人或查计算机手册，在计算机上把结果算出来

    B. 仍旧愿意多花点时间，用手重复计算

    C. 请别人上机代你算出来

评分标准：

题号 \ 选项 得分	A	B	C
1	10	0	5
2	5	0	10
3	0	5	10
4	5	0	10
5	0	5	10
6	5	0	10
7	0	5	10

续表

题号\选项 得分	A	B	C
8	10	0	5
9	0	5	10
10	10	0	5

测试说明：

70～100分，应变能力较强，敢于接受新鲜事物，同时也不忽视自己的不足和短处，善于用合适的、便捷的方法，采取积极的态度把事情做好。

40～69分，应变力一般，虽然对新鲜事物有渴求的心情，但是做法过于呆板，结果效率不高，延长了对新鲜事物的认知过程。

40分以下，应变能力很差，不但不接受新鲜事物，而且不重视新鲜事物的存在，好坏不分，不思进取，态度消极。

在遇到与上述相类似的问题的时候，你希望你能够合理地解决它吗？那么你就必须讲究科学的应变能力。所谓科学的应变能力就是要合理而有度，据理力争而又不失分寸，既要有原则地让步，又要采取适度的进攻，只有这样才能在不伤和气和不损害自己的权益的情况下，使问题得到合理的解决。切忌走两种极端。

思 考 题

1. 如何根据宾客的一般心理需求和差异性心理需求设立饭店的服务项目？
2. 多位宾客在餐厅包房里进餐，服务员需要始终在包房里服务吗？为什么？
3. 宾客对饭店有哪些一般心理需求？
4. 宾客在前厅的一般心理有哪些？如何满足其心理需求？
5. 宾客在客房有哪些心理需求？如何满足其需求？
6. 宾客在餐厅有哪些心理需求？如何满足其需求？
7. 提高餐厅服务员的服务质量，要注意哪些事项？

第十四章 旅游接待与导游服务心理

通过对本章的学习，要求掌握：
- 旅游者共同的心理特点；
- 旅游者在旅游的不同阶段具有不同的心理特点；
- 心理相似性吸引；
- 导游应具备的心理素质。

通过对本章的学习，要求能够：
- 了解语言交往能力在旅游接待工作中的作用；
- 结合个人经验，理解灵活地进行接待服务工作的含义。

旅游接待与导游是为旅游者进行服务的工作，又是管理的核心工作，是同旅游者直接交往的与经常联系的工作，所以这项工作做得好与不好直接体现着服务管理质量的高与低，而且这项工作是贯穿整个旅游活动始终的，旅行、住宿、就餐、游玩、购物等方面的工作都与接待和导游密切相关。所以，旅游接待与导游应该将心比心，时时刻刻在心里想着"假设我是个旅游者"应该怎样办。只有这样做，才能正确认识和提高旅游服务管理工作质量。而且这也对旅游接待工作具有重要的意义。

第一节 旅游者的共同心理特点

旅游活动的开展需要一定的客观条件，如多种类型的旅游资源、丰富而有特色的旅游商品、良好的饭店和现代化的交通工具等旅游设施。不具备一定的客观条件，旅游活动便无法进行。但是，良好的旅游条件只有通过旅游服务人员的服务，才能发挥积极的作用。因此，旅游条件能够产生什么样的作用，旅游活动能取得什么效果，关键在于旅游服务人员的工作状态，在于他们创造什么样的服务水平。旅游服务主要包括导游服务、饭店服务、旅游商品销售服务和旅游交通服务。旅游服务人员为了提供使旅游者满意的高水平旅游服务，必须了解旅游者的心理，并以此为依据开展自己的工作。因此，了解旅游者的心理，是提供高水平旅游服务的前提。

虽然旅游者包括各种不同类型的人，他们各有不同的心理特征，而且在旅游活动的不同阶段、不同情景下会有不同的表现，但是，作为旅游者，他们也有共同的心理特点。为了搞好旅游服务，首先必须分析、了解旅游者的心理特点。

一、旅游者共同的心理特点

1. 美好的期望心理

旅游者所选定的旅游活动，都是自己认为有特点、有价值、有意义的活动，往往在想象中把它加以理想化。他们期望观赏到美好的景点,接触当地友好的居民和旅途顺利愉快,因此,情绪较激动,好奇心强,对各种事物都表现出较高的兴趣。他们希望能观赏到各种新鲜事物,并能得到很好的讲解介绍,以增加理解,使好奇心得到满足。对旅游活动的美好期望心理,是旅游者重要的心理特点之一。

2. 安全保障心理

旅游是人们所期望的有益于身心健康的活动,因此,旅游者希望旅游中顺利安全。人们在日常生活中都有安全心理,但对旅游者更具有特殊意义。在旅游过程中,由于旅游者面对人地生疏的环境和个人非控制因素的增加,他们对安全的需要就变得更突出、更重要。旅游者的安全涉及各个方面,如交通的安全、身体健康的保证、财物的安全,活动计划的顺利实现等。其中,人身安全是他们关注的中心,他们希望在旅游过程中绝对不要发生人身伤害事故,对食宿卫生有严格的要求,以避免感染疾病。

3. 被接纳、受尊重的心理

旅游者来自不同的地区、不同的国家,他们希望所到之处的居民、服务人员对他们友好、欢迎、热情,对他们的习惯、信仰等谅解和尊重。

4. 舒适与享受心理

旅游者的旅游动机是有差别的,他们有的是为了满足休息娱乐的需要,有的是为了探奇求知的需要,有的是为了交往的需要,或者以某种需要为主兼有其他需要。但是,他们都是暂时摆脱日常环境和事务去寻求新的经历,都有希望在旅游中得到享受的共同心理,因此,要求交通、住宿要舒适,饮食要美味可口,服务要好,处处方便。此外,旅游者不断地参加各种活动,包括从一个旅游地转到另一旅游地的奔波,会产生身体和心理方面的疲劳,为了保证旅游活动有效地连续进行,他们也需要较舒适的交通条件和食宿条件,以减轻疲劳,得到很好的休息和调整。

5. 纪念心理

旅游活动是人们有意义的一种特殊经历,旅游者希望以某种形式表示对自己旅游活动的纪念,如在旅游景点拍照留念,在所到之处购买有特色的工艺品、日用品等作为纪念,这也是各类旅游者的共同心理特点。

以上心理特点是各种类型的旅游者所共同具有的,旅游服务人员应该结合自己工作内容的特点,尽量满足旅游者的心理需求,提高旅游活动的效果。要掌握旅游服务的主动权,也必须对旅游者在旅游活动全过程各个不同阶段中的心理和行为有所了解。

二、初入境时旅游者的心理

旅游者初入境,虽然反应多样、表情各异,但仔细观察不难发现其共同的心理特征。他们初到异国他乡,觉得眼前的一切是那样的陌生、奇特、有趣而富有吸引力。想知道一切,可语言不通;想交结朋友却不懂当地的风俗习惯;既有兴奋、好奇、惊讶、欲探索新事物的迫切心情,又有因人地生疏、语言不通而产生的茫然、苦恼和不安,甚至产生恐惧感。此时，旅游者最急需解决的是如何消除陌生的心理状态，以适应新的环境。旅行社的服务人员若能提供真挚、热情、友好的接待欢迎和周到细致的关心和服务，定能使旅游者倍感亲切、一见如故，收到宾至如归的良好服务效果。例如，旅行社的导游在旅游者一抵达时，向旅游者致"欢迎词"时要把旅行社的良好愿望和增进人民友谊的心情及中国人民好客的传统表现出来，给旅游者提供旅游目的地和旅行社服务人员的第一最佳印象和第一最佳服务；在旅游者出发去下一个旅游地或者旅游点的途中，旅行社的全程陪同应向旅游者概括全面地介绍下一个旅游地或者旅游点的情况，激发旅游者欲先睹为快的强烈兴趣，为地方陪同进一步介绍和导游做好心理上的铺垫工作。

三、旅游者在游览过程中的主要心理

（一）好奇心理

旅游者出发之前，通过媒介宣传等途径已对旅游目的地产生了种种美好的想象。当旅游者抵达旅游目的地进行参观游览，实现梦寐以求的欲望时，一种好奇的心理和激动交织在一起，形成一种无比兴奋的心情。旅游者面对各种见所未见、闻所未闻、新奇、古老、壮观而引人入胜的自然景色、文物古迹、现代建筑与娱乐设施时会对该地不同的种族、语言、习俗、文化、民情等产生强烈的好奇、渴望的心理，驱使自己尽情地观赏。这时，旅游者一般具有先睹为快的强烈兴趣，而后才想知道根由。旅行社的服务人员应满足旅游者的心理需要，简要介绍后让其尽情观赏，适当解答一些问题。若导游此时不了解旅游者的共同心理，只是热情地讲解，可能是吃力不讨好、事倍功半，甚至引起旅游者的厌烦心理。随着旅游活动的进一步展开，旅游者在情绪上逐渐地活跃、轻松，个性的表露有扩大的趋势。旅游者求新、求知、求奇的好奇心理，可能使他们向旅行社的服务人员提出各种各样的问题和名目繁多的合理与不合理的要求和希望，平时健忘的人易丢三落四，平时活泼的人变得更随便，想了解中国的人提出的问题也更深更广。旅行社的服务人员此时应善于把握旅游者心理上的变化，善于组织旅游活动，努力将其引入正确的轨道，掌握服务工作的主动权，有效地进行服务满足旅游者的好奇心理。

旅游者的好奇心理反映在游览过程中，表现为求新、求奇、求知。一般游览过程中种种新异的刺激物如陕西黄土高原的窑洞、南国的竹楼、山区的尖底背篓、中国的茶馆、少数民族特殊的服饰、风俗等都会令旅游者产生莫大的兴趣。随着人们生活和文化水平的提高，抱有求知心理需求的旅游者越来越多，他们希望旅行社的服务人员不仅提供生活上的帮助知识，而且希望在旅行游览中增长知识；对旅游景点的风物传奇、神话故事、古今诗文、匾额、楹联等也很感兴趣，渴望详尽地了解知晓。当然，在游览中除了受好奇心理支配外，最主要的是旅游者的审美心理。

（二）审美心理

一般在旅行游览中，旅游者的审美要求主要集中于旅游目的地的自然美和人文美。旅游者的审美意识是旅游者思想感情和心理状态主动作用于审美对象而形成的，但因旅游者的不同具有差异。旅行社的服务人员在为旅游者服务中应注意照顾其共同的审美情趣，了解旅游者在游览过程中的审美心理及其规律性，有意识地利用旅游者的审美意识提供完美

的旅行社服务。旅游者在游览中的审美心理涉及面广，这里仅从旅游者的审美动机来讨论旅游者在游览过程中的审美心理。

1. 自然审美

现代社会的激烈竞争使人们产生焦虑、受挫、忧郁、失望、冷漠等不良的情绪与心态，具有迫切需要防卫、逃避、自我调节的心理趋向，并试图通过旅游活动在自然中寻求一种情感的净化和物质上、精神上、心理上的放松满足感。人们崇尚自然、回归自然的心理需求在不断地增长。尽管人们外出旅游的动机不可能相同，但无疑都是为了追求美好的东西。从一定意义上说，旅游者的旅行游览活动是一种寻觅美、发现美、欣赏美、享受美的综合审美实践活动，其主要审美对象首先是包罗万象的大自然。旅游者在游览过程中的自然审美心理几乎贯穿于旅游活动的始终，是一种最普遍的现象。例如，苏轼《饮湖上初晴后雨》中对西湖的描写："水光潋滟晴方好，山色空蒙雨亦奇。欲把西湖比西子，浓妆淡抹总相宜。"中国山水素有南秀北雄、阳刚阴柔的美学风貌，加上中国古文化的丰富内涵和旅行社服务人员出神入化的深入引导讲解，可以引发旅游者丰富的联想，使旅游者在游览过程中得到充分的审美心理的满足和心情的愉悦。正如范仲淹在《岳阳楼记》中所述："登斯楼也，则有心旷神怡，宠辱偕忘，把酒临风，其喜洋洋者矣。"由此可见，美是可以感知的对象，当人们观赏美妙的景色时，心里总是洋溢着一种难以名状的喜悦。人们常常以对象引起的心理愉悦感来表达其美感。

自然旅游景观是大自然赐予的，但审美的主体是人，人是有个性、有情绪变化的。所以，审美对象是通过人的心灵的透镜反射作用而形成美感的。旅游者也常常把自己的喜、怒、哀、乐寓于自然景观之中，产生移情作用。

2. 人文与社会审美

自然景观突出其形式美，旅游者能直接感知。但人文和社会景观则重视内容的美，若不了解其历史背景与神话传说等典故，则难窥其深层的美。例如，旅游者游览一座寺庙，看到的仅是具有民族风格和浓厚宗教色彩的古建筑，许多文物古迹仅是一块石头、一段碑文，甚至是一处古代的遗址、残骸，其形式简单，直觉印象十分乏味，不知其美在何处。导游此时若能生动地讲解，可令旅游者产生兴趣，形成良好的旅游氛围。例如，武汉的"古琴台"是游客必到之处；它只有一块碑文，讲述俞伯牙与钟子期的故事。看来毫无美感，但若导游把"知音"这个故事娓娓道出，就会发人遐想、回味无穷、使游客联想到中国的社会美——中国讲究友情，是重情之邦。又如，一个美国旅游团在我国境内游览时，正遇河水上涨，团中一位老人不敢涉水，当地一位过路的年轻农民主动上前将她背过河，事后又谢绝老人给的钱。此举使全团美国人大为感动，这位美国老人更是喜泪横流，紧紧握住这位农民的双手感慨地说："这种事兴许只有中国才有……"所以，旅游者在游览过程中，除自然审美的满足外，还会鲜明地感受和评价旅游区域的社会美。社会的产品、社会的风尚(道德、伦理、人情及民风等综合美)、社会生活(生活环境、节日习俗、服饰打扮的有机整体美)、社会制度甚至人的相貌等方面都可使旅游者在游览中获得社会的审美价值，以寻求一种心灵上的补偿和感情的升华。审美是社会发展的必然，旅游可以满足其求美、求乐的心理需求。

3. 文化艺术审美

自然审美注重形式，社会人文审美注重内容，而文化艺术审美是内容与形式的完美统一。中华古国有着悠久的历史和灿烂的文化。中国的传统艺术美是许多国际旅游者所渴望目睹的，也只有在中国社会与文化氛围中才能亲临体验其意境。艺术是情感的结晶，艺术的美透入人们的心田，使旅游者产生心灵的震撼。例如，陕西临潼秦始皇兵马俑被称为20世纪最壮观的考古发现，它向人们展示了中国古代雕塑艺术的辉煌成就。又如，中国的绘画、戏剧、书法、园林艺术及民间的工艺美术、剪纸、丝绣、蜡染、竹编等工艺品都能激发起旅游者艺术审美的激情。然而，对艺术的审美特别是对中国艺术的审美，旅行社的服务人员在其中起了重要的媒介作用。例如，中国画呈现图、诗、书法的综合美与西洋画重色彩和逼真不同。含蓄的意境是中国艺术品审美的重要尺度，也反映了中华民族文化的背景特征。

4. 饮食生活审美

在长期的生活实践中，人们追求美食美欲的需求最终使烹饪演化为一种实用的生活艺术。这种艺术不仅是特定文明历史的见证，也是特定审美意识的沉积。我国的八大菜系虽风味各异，但都讲究色、香、味、形、器、名、意、趣等综合美的和谐，令南来北往的国内外旅游者尽饱口福，流连忘返，构成了中国饮食文化旅游的魅力，使旅游者从中不仅获得生理上的满足，而且得到精神上和心理上的审美愉悦。许多旅游者正是在"一饱口福"的审美心理动机下出游的。实际上，人们外出旅游往往带有多重动机和目的，既想欣赏旅游地的自然风光美，又想体验其文化艺术与社会生活美，还想品尝饮食的美。这里我们将游览活动中旅游者的审美动机硬性划为4类难免有些欠妥；对审美主体的旅游者来说，它们常是交融在一起的。因此，旅行社在安排组织旅游活动时应注意多样统一，以最大限度地满足旅游者在游览活动中的多重审美欲求与动机为目的。

第二节　旅游接待与导游服务

旅游接待与导游是既分工又合作的工作，旅游接待一般是从事旅游业务谈判、组织旅游活动、进行旅游调查与预测等工作，而旅行社导游一般是从事陪同与翻译工作，即相陪随同旅游者进行各种旅游活动，向旅游者作旅游方面的语言文字的交流与介绍，当旅游者的向导与顾问。所以，旅游的接待与导游的工作好坏，代表着这个旅游地区或旅游国家的水平，因为旅游者首先是通过他们来认识这个旅游区或旅游国的。在旅游者心目中，旅游接待与导游是"友谊的建筑师"、"交流文化知识的老师"、"旅游交际的大使"，是旅游者信赖的朋友，无所不知，无所不能，有求必应，乐于助人的"民间大使"。由此看来，旅游的接待与导游工作是既有科学性又有艺术性的。科学性就是指旅游接待与导游运用旅游服务心理学及管理心理学的基本原理去研究旅游者的心理活动，运用旅游经济管理学的基本原理去探讨旅游工作的规律，以此来总结旅游工作的实践经验。在旅游活动中，旅游者是主体，旅游服务管理工作是客体，但从旅游业的最高宗旨是提高服务质量、满足旅游者需要的角度来看，旅游服务管理工作者，首先是旅游接待与导游应该成为旅游业的主体，而旅游者是他们的服务对象成了客体。他们这种主体、客体互换是客观存在的,都在随时反映着周围的事物,产生着矛盾,相互控制的心理活动,旅游接待与导游如何使旅游的主客体在心理活动上能和谐与协调,取得一致,这就是艺术性。只有旅游接待与导游工作有科学性与艺术性,才能掌握旅游服务管理工作的主动权。

一、旅游接待与导游工作的心理依据

旅游接待与导游工作除了预先做好旅游市场的预测与旅游者心理调查之外,旅游接待与导游的工作才是真正服务的开始,旅游者不仅需要得到称心如意地游览,而且还要求得到体贴入微的服务,旅游接待与导游工作是使旅游者产生信赖感,还是产生怀疑感,有许多心理因素值得研究。

(一) 第一印象的作用

第一印象亦称初次印象,即素不相识的人第一次见面时所形成的印象。第一印象是社会知觉偏见的表现。社会知觉主要指知觉过程受社会因素所制约,是对社会对象的知觉。社会对象包括个人、社会群体和大型的社会组织。在人对人的知觉中,视听的形式感,在初次交往中留下的印象通称第一印象或首因效应。第一印象的作用有实际意义,也就是说,旅游接待与导游应该给旅游者留下良好的第一印象,这会对以后工作开展提供方便。

旅游接待与导游工作者怎样给旅游者留下良好的第一印象呢?

1. 举止行为得体与文雅

行为风度体现着待人接物的态度,包括站立、行走,动作、语言、谈吐的姿态,并包括面部表情等具体表现。行为风度体现人的个性,反映人的文明程度和心理状态。旅游接待与导游所表现的行为风度往往是旅游者用来评价旅游服务质量的重要标准。文雅大方、热情庄重、文明礼貌的行为是一个人心灵美的自然流露,所以旅游接待与导游应当提高对旅游工作的正确认识,加强行为修养,有意识地严格要求自己的言谈举止,克制或纠正有可能导致旅游者讨厌的极微小的表情动作。例如,站立的姿态挺直、自然、规矩,行走的姿势平衡、协调、精神,体现着旅游接待与导游对事业的自豪感和富有朝气的服务风格,给旅游者留下办事稳定持重、可靠信赖的印象。如果站立姿态屈腿塌腰、耸肩歪脖,行走姿势摇摇摆摆,懒懒散散,昂首高傲,挺胸凸肚,会给旅游者产生反感的印象。语言谈吐的措辞清晰精练,速度快慢适当,语调适度不高不低,表情诚挚善意,富有感染力与说服力,使旅游者倍感亲切,心情舒畅。如果吐字不清,表达不明,或者夸夸其谈,言过其实,语调与神态不协调,表情与语言不和谐,就会使旅游者产生疑惑的粗俗的印象。动作干脆利落,文雅和谐,精神专注,情绪饱满,以喜悦亲善的欢迎态度与敏捷轻快的动作,使旅游者产生"异地逢亲"的印象;如果动作拖拉繁杂,漫不经心、粗鲁草率,旅游者就会产生轻浮感与不可信赖的印象。

2. 服饰打扮要求大方与端庄

服饰打扮反映一个人的精神面貌与个性品质,以及审美的能力。旅游服务管理工作者的服饰打扮应同特定的工作环境相和谐,同接待和导游工作相适应,体现职业的精神面貌,给旅游者产生朴素稳重的第一印象,从而联想到旅游服务工作者踏实的工作作风,并有着尊重旅游者的服务态度,对之有着信任感。所以,服饰打扮也是关系到旅游业的声誉与经营效益的一个问题。

(1) 服饰的个性

服饰是美化个体的重要手段之一,怎样了解、掌握、运用服饰的美化作用,并体现出穿着者的个性,是有很多科学的内容值得研究的。作为旅游接待与导游,服饰的配套就应该注意到款式符合职业的特点,色彩搭配要调和,衬托要有对比美,体型、肤色、容貌、季节等同服饰的款式、色彩要吻合。例如,服饰颜色的特点有反映个性心理作用。此外,对比色体现服饰的对比美,所谓对比色,主要是指两种单纯的色彩放在一起。例如,大红、大绿、大蓝三原色的对比,紫色(红加蓝)与黄色(红加绿)对比,蓝色与橙色(红加黄)的对比,会产生强烈的感觉,引人注目。但对比搭配不当,就显得俗气。所以,上身服装与下身服装的深浅色的对比、局部点缀与整体的对比、服饰与周围环境的对比等都得以注意适宜与调和,不要背时,不要喧宾夺主。

(2) 发型的个性

发型的美是先天的因素,经过后天修饰加工而体现着个性。例如,头发多少与色泽同脸型、体型、年龄,季节等自然因素都对修饰发型有直接关系的。但是发型在工作、日常生活、交际场合中都体现着职业的特点,文化修养与个性的特点。例如,美容化装、首饰佩戴等要跟服饰与发型协调,都会给人以第一印象。这是旅游接待与导游都应该重视的问题。

(3) 体态容貌要求健美与饱满

体态容貌虽由先天形成,但健壮的体格、漂亮的容貌是要靠体育锻炼与美容修饰的手段,才能得来的。旅游接待与导游体态优美,容貌秀丽,整齐清洁,精神饱满,使旅游者产生一种高雅、健康、精神焕发的第一印象,而乐意与之进行交往。否则,萎靡不振、蓬首垢面、奇装异服、妖冶艳饰等将给旅游者以不伦不类、庸俗颓废的感觉,使之见而讨厌,以至于反感。俗话说"三分模样七分妆",就是说要根据体态容貌进行科学地打扮,力图给旅游者留下美好的第一印象。

(二) 心理相似性吸引

心理相似性吸引,是指人们在交往过程中,双方的个性特征与社会背景(如籍贯、职业、种族、文化、语言)等方面因素的类似或相通,从而促使双方相互吸引,形成亲切和谐的人际关系。相似性之所以能导致吸引,是因为在某个方面相似或相通的人们,不但容易获得对方的支持和共鸣,而且容易预测到对方的情感与态度,增加相互之间的认识深度和吸引力,因此在交往中容易互相适应,建立起亲密的人际关系。

当旅游者初到一个旅游地或旅游国时,如果负责接待的工作者能讲一口流利的旅游者本国语言或本地方言,并能按旅游者的国籍或籍贯或民族或地方的礼节向其致意,会使旅游者倍感亲切。这种异地遇乡音、言语相通、习俗相同、礼仪相随,增强了旅游者与旅游接待者的相互关系,同时产生信任与尊敬的情感和态度,有利于促进旅游活动的开展,为提高服务质量提供有利的条件,使旅游者有着真实的"宾至如归"、"亲似家人"的体验。

旅游者在游览中,需要导游对之有计划、有组织地进行导与游,并作重点而详尽的介绍与宣传。在旅游活动过程中,如果导游能跟旅游者有共同的兴趣爱好,往往很容易产生

"一见如故"的相似性感觉。由此,导游应具备广学博闻、兴趣广泛、经验丰富、真诚待人等的素质,善于发现同旅游者的相似点,迎合旅游者的兴趣爱好与个性特点进行工作,受欢迎是很自然的事。

从旅游服务管理工作的角度来看,导游在相似性吸引的交往中是处于主动地位。这就要求接待与导游在工作中自觉与不自觉地运用社会人际交往中相似性吸引的心理规律。在短暂的旅游服务工作中,增加对旅游者的吸引力,缩短同旅游者之间的心理距离,力求同旅游者建立良好的人际关系,充分发挥相似性吸引的作用,其关键取决于接待与导游能否发现和利用各种促进相互吸引的因素与方式。

(三) 语言交往

语言是人际交往的工具,旅游接待与导游首要是靠语言来进行的。运用语言要有技巧,即运用语言的艺术性。作为旅游接待与导游怎样学会语言的艺术性呢?

1. 把自己当做一名"听众"

在人际交往中,学会倾听的技巧,做一名耐心与机敏的"听众",养成良好的听的习惯,将给旅游者良好的第一印象,因而促进双方的交往与合作,受到对方的尊敬。怎样当好"听众"呢?

第一,要有积极主动的参与精神和强烈的交流愿望。做到时刻保持倾听的认真态度、专注的精神、动人的情感和入神的姿态,做到听讲不仅用耳朵,而且要用脑子;不仅是声音的吸收,而且要理解,绝不能把语言交流的缺陷统统推卸给对方。

第二,要养成良好的听讲习惯,做到对旅游者的任何话题都要注意,专心听其讲话的内容,思索其主要话题,机敏地领会其话题的观点,预想其话题的准确性,努力创造轻松活泼的谈话环境。

第三,要观察和体会旅游者非语言信息的情感态度。例如,音调、音强、音色的急促变化是表露内心紧张与不安,支支吾吾地讲话是表露忧心忡忡与心有余悸,如此等等,听起来好似不顺耳,又费劲,但更要聚精会神地倾听,从中可以发现问题,进而为旅游者解决问题。

第四,要善于分析旅游者语词的运用与选择,流露着个性的信号。例如,频繁地使用"我"字,一般表现出他是一个个性很强的人;常用"最棒的"、"糟透了"、"可怕极了"等定性词来夸大自己的感情或用来评价人与事,一般在个性很偏激的人身上经常出现。

第五,切忌感情用事。不要因为旅游者的穿戴、仪表、姿态、语言、想法跟自己的想象不同,或旅游者的国籍、地域、民族、团体的不同,产生与自己格格不入的不满或反感。由这种不良的态度所产生的先入之见与固执养成毛病后,会影响准确地倾听与理解对方讲话的主题。所以,旅游接待与导游应该认真听他把话讲完,并心平气和地解答,旅游者才会以一种主动合作的态度搞好双方的语言交往。

2. 学会个别交谈的技能技巧

旅游接待与导游工作与旅游者的交往主要是通过个别交谈来了解对方的。个别交谈要实现特定的目的,要意在事先既要随机应变,又不要随便交谈,掌握交谈内容的分寸,学

会交谈的技能技巧，不讲假话、空话、大话，尽可能解答旅游者提出的问题，不敷衍塞责。个别交谈要善于观察、善于倾听、善于控制，要让旅游者充分把话讲完，专注倾听，掌握交谈方向，抓住重点，把交谈问题突出出来。个别交谈的目的不同，所以交谈的技能技巧也有所不同。例如，咨询交谈是应旅游者要求进行的，一般表达着旅游者的需要与动机，他们可能不清楚到达旅游地能否满足与实现自己的旅游目标，并对旅游地不熟悉而提出的一些咨询类的问题，旅游接待与导游应根据这些内容做出妥善的解答，以表关心与同情及热忱的态度。咨询交谈的开始与结束应注重礼节性语言，使自己在感情上同旅游者进一步沟通，完善自身的形象，又给旅游者留下良好的印象。

规劝性交谈是根据旅游者的需要与动机使之能适应旅游目的地的生活与活动，或是在旅游活动中有突变事情的发生，必须改变活动计划，要对旅游者作规劝时进行的交谈。这种交谈要以协商的形式进行，交谈时要心平气和，要选择对方最可能轻松愉快的时刻与场合进行交谈。交谈中应有耐心，要灵活敏捷，要给旅游者留下想法周到、值得信赖的印象。

评价性交谈是旅游服务管理工作的反馈性交谈，就是征求旅游者所要求服务的项目，对旅游服务质量的意见与建议。不管是正确的，还是不正确的，都要全面细心地倾听，正确的要迅速地去做、去改进，不正确的更要细心、耐心地解释，使自己的交谈的内容具有感染力，切忌同旅游者争论。

异性交谈是人际关系中语言交流经常进行的交往。异性交谈，首先，要消除世俗观念的障碍。其次，要学会交谈的技能技巧。男性需要学会耐心等待讲话机会，不要急于打断女性的讲话，而且还要全神贯注地倾听，不要用任何行动来分散女性的精神，要通过良好的目光接触、姿态和手势，以及微笑和点头表示对女性交谈的注意，并在女性表示出希望回答的信号时，予以反应。男性在交谈中应成为一个积极而又不是居统治地位的讲话者，女性需要学会讲话有重点，克服对自己谈话内容的自我怀疑与踌躇的态度。无论男女，在纠正不受欢迎的语言时，要态度坚定，切勿心怀敌意。

旅游接待与导游专心于交谈之中，身处为旅游者服务的地位，无论女性还是男性都应学会一些交谈技能技巧，以尊重男性或女性的旅游者为出发点。

3. 掌握当众发言的技能技巧

面对大众发言是旅游接待与导游语言交往的核心内容，同个别交谈有很大不同。例如，要克服怯场。怯场就是在大众面前发言产生一种胆怯和紧张的心理。这是由于信心不足或忧虑而产生的。克服怯场的方式就是要在发言前做充分的准备，不要去考虑以前自己曾经在大众面前发言失败受窘的场面，完善发言的内容，训练大众发言的技能与技巧。同时，注意发言要生动形象、通俗易懂、简明扼要、准确流畅，以生动的表情与潇洒的动作辅助讲话，才能引人入胜，达到激励、说服、交流的目的。

二、旅游接待与导游服务的心理过程

旅游接待与导游工作要适应旅游者的心理状态，一般要经历以下几个过程。

（一）了解旅游者的意图

旅游者的需要、动机、目的、兴趣、情感等是复杂的、多变的，并存在很大的差异。

所以，了解旅游者的意图，不是一件容易的事，但是旅游者对旅游业的设施、资源、服务管理工作的态度，会表现出在认识上有一定的看法，情感上有一定的好恶感，在行为上有一定的反应。而作为旅游接待与导游是最直接为旅游者竭诚服务的人员，应该主动地抓住最佳的接近时机从旅游者的态度来了解其意图。

首先，应该热情接待，精神饱满，积极态度，主动接近，使旅游者留下一个良好的第一印象，这是满足旅游者心理要求的第一步，这是了解旅游者意图的前提，有举足轻重的作用。

其次，要认真全面地观察旅游者的言行举止，判断其意图。旅游者到达旅游地或是在游览活动中，一般来说都表现着生疏感、新奇感、疲劳感、信赖感等心理状态，并表现在相应的行为中。这时候，接待与导游不但要热情、积极、主动地服务，而且更要做好周密的安排，充分注意到旅游者的时间知觉，也就是旅游者在旅游活动中所产生的经历变化。所以，应该迅速及时地安排旅游者的行、住、吃、玩、购等活动，以免旅游者觉得服务工作的拖拉与延误，造成时间上的浪费，引起厌烦的心理。例如，机场、车站、码头接待游客所需要的交通工具，以及行李的领取与运送等都要迅速无误。到达宾馆后，要了解旅游者对事先安排的住房有什么意见，是否符合其个人要求，是否要了解宾馆的设施情况，是否需要立即发给旅游的书面资料，是否需要帮助做些联络亲友的事情等。这些问题不能成堆式地发问，应见机行事，有的可以直接了解，有的应该从旁了解。

最后，要注意抓住最佳时机，了解旅游者的意图。从机场、车站、码头接到游客后，就要注意旅游者的地区、民族、国籍的礼节习惯。例如，美国人以不拘礼节、热情豪爽而著称，但美国人在谈话时，彼此之间得保持一定的距离，不能靠得太近。首次见面，常常是直呼对方的名字以表亲近。日本人在平时熟人见面时很少握手，大都鞠躬问候，尤其是男女之间一般是不握手的。这是接触旅游者不可缺少的常识。见面时寒暄几句表示欢迎后，请旅游者上车，注意敬老扶幼，关心病弱者，使对方感受到亲切热情、自然大方。行车中，一般的旅游者对窗外的景色很可能会有"先览欲知"或"欲览先知"的心理，要尽量满足旅游者的这一心理需求，做一些沿途讲解，使途中的气氛活跃起来，并注意激发旅游者的兴趣与情感。另外，在这个时候也可以先发一些有关的资料，请各位旅游者先了解一下，以便先有个大致的印象。到达宾馆后，先帮忙做好安顿的工作，如果是旅游团队，应该与领队者建立密切的联系，征求其对具体活动内容与时间的意见，尊重其合理愿望，尽可能满足其需求，在力所能及的情况下，做好耐心细致的解释工作，如果有临时变换的活动内容与时间，应该迅速与领队协商。如果是个体旅游者可以直接向其征询与商量。另外，在接待旅游团队时还可以通过领队来了解其他成员的个性心理意向与特征，尽可能快地记住每个旅游者的姓名与特点。总之，抓住最佳的时机，了解旅游者的意图，是旅游接待工作者应该予以注意的重要内容。请旅游者填写"每日征询卡"或"意见卡"是为接待与导游工作提供信息，请旅游者填写"项目评分表"是对接待与导游工作进行反馈，也是我们获得相关信息的一个来源。

(二) 掌握旅游者的心理变化

客观世界是复杂多样、多变的实体，又是引起心理活动与心理变化的刺激物，个体的心理因素是引起心理变化的主要内因。所以，旅游者的心理变化存在主客观的原因。

1. 兴趣的变化

在旅游过程中，旅游者的兴趣特点有共同性，也有明显的差异性，有相对的稳定性，也有一定的可变性，这是兴趣能动特点的表现。

兴趣是人们对特定的事物与活动有独特关注的意向。兴趣不仅是对事物或活动的表面关注，而且包括内在的趋向性与内在选择性的特点，这些特点同人们的认识结构(特别是有意注意)密切相关。兴趣是在需要(特别是社会需要)的基础上形成，并在社会实践活动中发展。动机可以促进兴趣，兴趣也可以促进动机。兴趣可以分为直接兴趣与间接兴趣，这两种兴趣是可以互相转化的。

根据兴趣的一些特点，作为旅游接待与导游应该怎样掌握旅游者的兴趣变化呢？

第一，要明确兴趣的基础是需要，由各人的地位、职业、年龄、性别、信仰、文化水平所决定，从中可以预测旅游者的兴趣特点，因人而异地安排活动的内容，但预测的准确性往往要受预测者的主观经验所约束，又受实际情况变化所影响。因此，在安排活动内容与时间上要有一定的灵活性，既要照顾一般的兴趣，又要照顾特殊的兴趣，以满足旅游者兴趣的差异。

第二，要注意旅游者兴趣内容的转换与兴趣强度的增减，这两种情况随时都会产生变化与增减。例如，游览山水风景，不外乎是岩石、树林、花卉、湖水、瀑布，配有寺庙建筑等，其实每个山水风景都具有独特的风格，就是寺庙的外观、结构等好像都差不多，但每座寺庙的建筑都是有历史背景或典故的旅游资源。就是因为具有特色，才能成为游览的胜地。这种旅游资源的特色要靠旅游接待与导游来介绍，使旅游者对之从不感兴趣或兴趣不浓变成有兴趣。旅游接待与导游要运用激励与帮助的办法，引起旅游者的兴趣或保持兴趣的稳定，消除生理的消极因素的影响。例如，对于有的年老体弱的旅游者要特别强调游览对象的吸引力，才能帮助旅游者克服生理上的障碍因素，仍然保持旅游兴趣的强度。也有的旅游者的兴趣特点是范围广而没有中心，容易变化而且不稳定，就是很有特色的旅游资源也引不起他太大的兴趣，另外还有的是对每个游览对象都感兴趣，针对这种情况，旅游接待与导游应该根据其活动的表现，采用对比与实践的办法，引导其亲自观察、比较或者是亲自尝试操作一下某一旅游活动，激发兴趣的产生。

2. 情绪的变化

旅游者一般都存在着"花钱买舒服"的观点，因此，在旅游活动中，个人需求是很多的，当需求得到满足时，情绪就显得高兴，相反就不高兴。这是因为情绪是人对客观事物以需要为中介产生的体验性态度。体验是内在的心理活动，态度是外观的心理活动，两者是统一表现的心理活动，并具有两极性的特点。但是，这种情绪的表现与变化，有的形于表，有的隐于心，有的随兴趣表露与变化，有的随身体情况与其他情绪而表露与变化。总之，旅游者的情绪变化是复杂多样的，随时都有可能发生的，这同旅游者本人的认识心理活动与个性心理形成有关，特别是旅游者的情绪的强度、速度和持续时间的长短所表现的心境、激情、应激都决定着这种变化的发生。所以，旅游接待与导游应善于从旅游者流露在外表的情绪状态即表情来观察、分析、掌握旅游者的情绪与情绪变化，从情绪中得到反馈，找出对策，从而及时调节旅游者的情绪，有利于旅游服务工作的顺利进行与圆满完成。

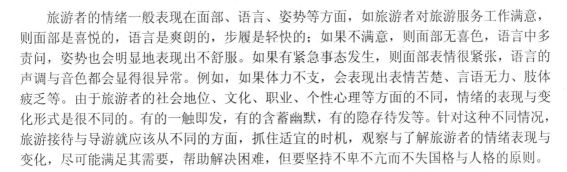

旅游者的情绪一般表现在面部、语言、姿势等方面，如旅游者对旅游服务工作满意，则面部是喜悦的，语言是爽朗的，步履是轻快的；如果不满意，则面部无喜色，语言中多责问，姿势也会明显地表现出不舒服。如果有紧急事态发生，则面部表情很紧张，语言的声调与音色都会显得很异常。例如，如果体力不支，会表现出表情苦楚、言语无力、肢体疲乏等。由于旅游者的社会地位、文化、职业、个性心理等方面的不同，情绪的表现与变化形式是很不同的。有的一触即发，有的含蓄幽默，有的隐存待发等。针对这种不同情况，旅游接待与导游就应该从不同的方面，抓住适宜的时机，观察与了解旅游者的情绪表现与变化，尽可能满足其需要，帮助解决困难，但要坚持不卑不亢而不失国格与人格的原则。

3. 意志的变化

意志是人类有目的的活动，表现着自觉主动地解决矛盾与调节活动的态度。它受人们需要与动机的支配，而又是个性意向性的精神支柱和能动作用，是人类所特有的心理活动。旅游者在旅游活动中，可能会碰到主观的困难与客观的困难，怎样克服与排除这些困难，就会表现出意志的变化。旅游者的意志的变化，同其自身的意志品质有关。

三、旅游者对导游服务的心理要求

(一) 导游应具备的心理素质

导游是完成旅游游览活动的关键人物，旅游者购买的旅游经历中应该包含有优质的导游讲解服务。导游的素质如何，直接关系到旅行社的声誉，直接影响着旅游者对旅游地的形象认知。

世界各国对导游都有严格的要求，因为导游不仅代表着自己的旅行社，而且还代表着自己国家的形象。日本导游专家大道寺正子认为："优秀的导游最重要的是他的人品和人格。"他认为导游的基本条件是健康、整洁、礼貌、热情、笑容、毅力、胆大、勤奋、开朗、谦虚；具体条件是掌握丰富的知识、灵活地运用经验、理解游客的心理、掌握说话的技巧。

我们认为，导游的心理素质包含一般的心理素质和特有的心理素质。一般的心理素质是指任何行业的从业人员都必须具备的心理素质，是完成大多数工作的前提条件，主要包括一定的敬业精神、良好的职业道德(当然，不同的行业有不同的职业道德)等；而特有的心理素质是指当一个人欲从事导游这一工作时所必须具备的心理素质或能力，也可以认为是成功的、优秀的导游所共有的心理素质。

我们认为，优秀的导游应该具备的特有的心理素质包括以下几种。

1. 良好的感知力和观察力

旅游者在游览的过程中，会随着自己的需要是否得到满足而产生不同的情绪体验。当旅游者的需要得到满足时，就会产生愉悦、满意、欣喜、欢乐等积极的、肯定的情感；反之，则会产生不快、懊悔、烦恼、不满甚至愤怒等消极的、否定的情绪体验。因此，导游应该善于观察旅游者的言谈、举止、表情的变化，并从中感知到他们的情绪变化，及时调整自己的讲解内容的详略、节奏的快慢等，使旅游者得到身心满足、感到愉悦。优秀的导游和一般的导游的差别就在于此。曾经有一个西欧旅游团在乘车前往旅游点的途中，遇到一只黑色的猫穿越大街。在某些欧洲人看来，这象征着会遇到不测，因此，几位旅游者叫道:"黑猫,一只黑猫,啊,真是……"敏感的导游立即拿起话筒:"女士们,先生们,不必担心,附近有人喜欢养猫,他们的猫经常在这条街上出现,但据我所知,在这条游览线路上还从未发生过安全方面的事故,没有什么不吉利的。中国人有一句俗语——'不管白猫黑猫,抓住老鼠就是好猫'。中国人都是比较喜欢猫的。"话音刚落,全车人都不禁笑了起来。在这一个事例中,导游在发现旅游者有焦虑、不安、气愤等情绪后,就及时找出原因,并采取了相应的措施和手段来调整其情绪。在这一危机的化解中,导游敏锐的观察力和感知能力起到了关键的作用,有力地调节了旅游者的情绪和车内的气氛。

2. 广泛的兴趣爱好

首先,每一位旅游者在外出旅游的过程中,好奇心一般都非常强烈,总喜欢问这问那,上至天文地理,下到鸡毛蒜皮;大至国家方针政策,小到风土人情、特色小吃、交通状况,都是旅游者所关心的。因此,要成为一名优秀的导游,广泛的兴趣爱好、广博的知识就成为一种必要的基本素质要求。对于导游而言,永远没有用不上的知识。例如有一次,在游览三峡大坝的过程中,就曾有客人向导游询问有关修建三峡大坝会不会导致库区血吸虫病的流行、是否会导致上海市的地下水变咸及大坝的修建是否会诱发地震等诸如此类的问题,甚至有的游客还要求导游比较三峡大坝与埃及阿斯旺大坝和美国的大古力大坝的区别。可以说,以上任何一个问题的回答,都要求导游对三峡大坝乃至世界上其他的大型水电工程有足够广度和一定深度的了解。这就要求导游平时注意知识的积累和广博兴趣爱好的培养。

其次,由于导游服务的对象——旅游者是来自于不同的国家和地区,来自不同的社会阶层,所受的教育水平也有很大的差异,具有不同的兴趣和爱好。对于同一景点、同一事物的感知、注意的重点是千差万别的,这也要求导游具有广泛的兴趣爱好,为客人提供优质的服务。

由此可见,具有广泛的兴趣爱好也是成为一名好的导游的素质要求和前提条件。

3. 外向乐观的性格特征

心理学研究表明,人际交往中短时间相遇所留下的印象,大多数是外现的性格特征起主要作用,长期相处则是内在的性格特点居主导作用。一般而言,旅游者和导游的人际交往都是短时间的、暂时的接触。因此,在旅游游览的途中,具有外向乐观性格特征的导游往往比较容易获得游客的认同,也容易与旅游者形成良好的人际关系,所以具有外向乐观的性格特征更适合于做导游工作。

4. 处危不惊的意志品质

导游的工作实际上是一项服务性的工作,具有面广、事杂、时间长、单调重复等特点。在大多数的旅游过程中,都是导游一个人单独进行的。游览活动中随时可能会出现一些无法预料的突发事件,如在爬山的途中客人受伤、划船的时候游客落水或者预定的航班被取消等。导游陪团的另一个突出的特点就是体力的高消耗和精神的高度紧张,要不断地克服困难、不断地解决各种问题。出现突发事件后,如果导游能够非常镇定、沉着,那么就比较容易控制住局面,稳定客人的情绪。否则,将会在旅游者中间引起极大的恐慌,导致局面失控,变得无法收拾。例如,西安某旅行社在7月份组织了一个旅游团前往桂林游览,安排了一名全程陪同人员，整个行程都比较顺利，但在返回的那天，由于火车晚点 12 小时，当时全部游客都要求返回酒店，推迟返回西安，但当时全陪坚决要求当日返回西安，回到西安后的第二天桂林就发生了洪灾，因此他们都很感激全陪的当机立断。在本次事件中，该旅游团在 7 月份去桂林旅游，恰逢南方潮湿多雨的季节，而广西的地形以山地丘陵为主，突降的暴雨和可能的塌方，会给整个旅游团的行程造成诸多不便，严重的还可能给旅游者和旅行社造成经济损失。假如全陪不能当机立断，却采纳了游客的意见，很可能会几天甚至一星期滞留桂林，而接下来的问题和要做的工作可能会更多。

5. 良好的言语表达能力

语言是导游和客人沟通的媒介，没有良好的语言能力，导游就无法与游客沟通、交流信息。良好的语言表达能力是做好导游工作的关键一环，是导游提供优质服务的基本前提。正如有人曾经说过导游是"说"的职业，导游通过语言的表达帮助游客观赏和理解景点，提供有关的生活服务等。

首先，导游的语言一定要规范，用词要准确。准确的用词，不仅可以生动地表达出自己要讲解的内容，而且可以防止产生歧义。用词不准确会让客人百思不得其解，是导游讲解的大忌。外语导游不得使用中国式的外语，一定要按规范的语法结构、用词来讲解。否则，客人会认为导游的语言能力差，导致对导游讲解内容的正确与否产生怀疑。中文导游则可以视游客的文化层次而决定采用何种语言形式，尤其要引起注意的是，导游千万要避免说错别字，由于晕轮效应的存在，任何的错别字都会使客人怀疑你的学历水平，导致对你整个讲解内容、服务层次的低评价。不管是中文导游还是其他语种导游，一般要多用口语，少用书面语，便于客人理解你所讲解的内容。

其次，导游的语言一定要严谨，来不得半点夸张和随意，否则可能会导致严重的后果。例如，天津某旅行社接待的一个旅游团，在游览天津蓟县盘山的过程中，导游告诉旅游者山上有很多野果子，这些野果子是可以食用的，如果游客愿意，可以随便摘着吃。有一位游客吃了一种野果子后，便觉得不舒服，回来的途中即发高烧，经诊断是轻度中毒，但和他在一起的游客也吃了这种野果子却安然无恙。后来该中毒的游客要求赔偿其医药费、精神损失费共 13 000 元。经交涉，旅行社赔偿其医药费 3000 元。

在这一事件中，导游关于山上的野果子"可以随便摘着吃"的说法是欠妥当的。一般而言，既然"山上有很多野果子"，而且都是"可以食用的"，那么告诉大家并进行讲解当然是必要的。但紧接着不应该随意地讲"可以随便摘着吃"，而应该是涉及饮食卫生的"慎而食之"的提醒了。由于导游缺乏必要的提醒，且有鼓动在先，发生纠纷以后导游和旅行社就都处于十分不利的境地。

6. 灵活机动，有一定的预见能力

在旅行游览的过程中，随时可能遇到一些计划中没有考虑到的情况，在这种情况下，就要求导游具有非常机动灵活的处事能力和一定的预见性。只有这样，才能取得好的导游效果，得到客人的认可。例如，2001 年 7 月的某一天，导游小李送一个 5 人的小型团队从宜昌到武汉，按预定计划是当天下午抵达武汉，住一晚后于第二天上午游览黄鹤楼，吃完午饭后送客人搭乘飞往北京的航班，任务结束。但是，当天抵达武汉时是下午 4 点，导游小李在征得客人的同意后，在下午4点30分开始游览了黄鹤楼。当天晚上客人喝酒比较多，第二天一直睡到11点左右才起床，吃过午饭后客人就前往机场，时间非常充裕，后来客人对导游小李的机动灵活非常满意。在这一事件中，导游小李预见到由于马上就要结束旅游的行程，客人在一起免不了要互相劝酒，可能导致第二天起床比较晚，游览黄鹤楼的安排极有可能受到影响。他非常敏锐地注意到当时客人的精神状态和情绪都还不错，而整个黄鹤楼的游览大约只需花两个小时，况且在夏季天黑得比较晚，而且接近傍晚时气温相对较低，比较适于游览。在考虑到这一系列的情况并征得游客同意后，小李将游览计划作了机动灵活的调整，取得了很好的效果。

(二) 旅游接待与导游服务中应注意的心理策略

1. 适当掌握旅游的节奏

从广义上来说，无论是宇宙万物，还是人类生活的各个领域，均存在着一定的节奏。一般而言，人们不喜欢杂乱，但也害怕单调；喜欢变化，但又讨厌无规律的活动；喜欢交替，但又回避无休止的重复。从旅游动机的实质来看，旅游者是在追求多样性和单一性的最佳结合点。高强度的旅游游览活动让旅游者紧张，但过于单调、散漫的旅游观光也会让旅游者觉得无所适从。因此，一项旅游活动或旅游产品要想为旅游者带来愉悦的感受，形成一次难忘的旅游经历，导游对游览活动节奏的掌握就显得尤为重要。

(1) 旅行游览活动的张弛结合

首先，游览参观活动安排要劳逸结合。在一条旅游线路中，总是不完全均匀的，这就要求参观游览活动要有远郊和近郊结合、城内和城外结合，如此安排，既符合旅游者生理节奏的一般变化，旅游者也乐于接受。例如，在宜昌旅游的安排一般是第一天在市内游览，第二天就安排到三峡工地参观，然后坐船离开宜昌，游览三峡。一般而言，坐车到三峡大坝工地去游览要比坐船游览三峡要累，所以安排在第二天，以保证游客能劳逸结合。

其次，餐饮安排要合理、富有变化。餐饮的安排也有讲究，一般旅游者在异国他乡时总存在一种矛盾的心理。一方面希望变化不大，能在一个全新的地方吃到自己所熟悉的菜肴，总是有很强烈的亲切感、比较容易被感动；但是游客同时也希望能品尝到该地独有的风味菜肴，既有好奇心，又害怕自己不能适应风味菜肴如麻辣或生吃等一些特殊的情况。所以，导游在安排旅游者餐饮的时候，要先考虑让旅游者能吃饱，保证旅游活动中游客具有充沛的体力，风味餐应该是一种点缀，在富有变化的同时，保持一些相对的稳定。此外，对风味餐中的一些特殊的地方，导游要事先给旅游者讲清楚，避免游客的不适应。

(2) 导游讲解速度的快慢协调

导游的讲解内容应该根据行程速度、内容特点、场合场景来掌握快慢速度。既不能为了赶时间匆匆忙忙，使旅游者没有听清楚所讲的内容，也不能慢慢吞吞，把客人拖得很无聊。一般的要求是，行路时讲解稍快，欣赏时要慢；次要的景点少讲，重要的景点要讲得详细；客人感兴趣的地方可以多讲一些，客人不太喜欢的景点、传说少讲。要达到如此的效果，就要求导游对沿途的景点内容把握准确、理解深刻。

(3) 导游语调的抑扬顿挫

一个人说话的频率是大致不变的，但声音的强弱大小是有差异的，如果一直是高声调的讲解，旅游者就比较容易感到疲劳、烦躁和不安，但是如果导游的声音比较小，由于达

第十四章 旅游接待与导游服务心理

不到听觉刺激的阈限,客人往往不太容易听清楚,影响对导游的评价。优秀的导游总是能够对自己讲解声音的高低变化进行及时协调,让游客感到是一种愉悦的享受。导游可以有意识地锻炼自己这方面的能力。例如,自己看到一则故事或传说以后,首先很夸张地讲解一遍,用录音机将自己的讲解录制下来,自己多听听,寻求一些感觉,纠正讲解中的错误和不规范的地方,然后可以考虑讲给自己的同事或朋友、家人听,要求他们给予评价,然后再次录音,听效果,就有可能达到比较满意的程度。

2. 协调客我关系

(1) 协调好导游和领队的关系

领队是指受雇于组团旅游公司或旅行社,陪同旅游者由居住地出发到旅游地,结束全部游程后,再陪同旅游者回到居住地并协调与接待方关系的导游。首先,领队是组团社的代表。其次,领队虽然是组团社的代表,但在一个完全陌生的环境中,旅游者一般视其为"自己人",对于领队的信任程度一般都比较高。导游如果要取得比较好的服务效果,得到旅游者对自己的认可,取得领队对自己的信任就显得尤其重要,协调好了与领队的关系,就等于成功了一半。任何人都有获取别人对自己尊重的心理需求,所以在实际的导游工作中,地方导游首先应该表示出对领队的尊重。遇到有关酒店住宿的调整、安排游览日程表的变化等敏感问题,一定要首先取得领队的认可;否则,若领队不配合,导游后期的工作一定会极为被动。

(2) 处理好导游和游客之间的关系

我们说要注意协调好和领队的关系,并不等于说我们可以无视旅游者的存在,旅游者是导游的服务对象。正因为如此,地方导游在协调好与领队的关系的同时,更应该处理好和游客之间的关系。德国一位旅游专家曾经说过,如果旅游团的客人是站在"圆周"上,那么导游就应该站在"圆心"上。这位专家实际上为导游处理和游客的关系提供了一个比较形象的比喻,也即导游对所有的旅游者应该是一视同仁的。导游要力求做到对每一位客人都既没有明显的疏远,也没有过分的亲近。

在实际工作中,即使导游做到了"一视同仁",旅游者也会根据某些待遇上的差别来指责导游有亲疏远近之别。有经验的导游会尽量避免同一个旅游团的客人得到不同的待遇。例如,进餐安排的先后、乘坐的旅游车的好坏等。如果实在不能避免,导游在事先一定要和旅游者商量,取得他们的谅解。对于"吃亏"的客人,事后应给予一些补偿,使他们保持心理的平衡。我们强调对待客人要"一视同仁",并不反对导游对某些特殊的客人予以"特别关照",因为每一位客人都希望自己是"特别"的,只有导游为他提供了针对他个人的服务时,游客才会觉得他是重要的,才会特别满意。导游处理好和游客之间的关系,首先要在不违背原则的前提下,尽量满足客人提出的一些"超常规"的要求;其次要在旅游者遇到特殊情况时,主动为游客提供解决问题的方法和服务;最后还要注意语言的艺术性,让旅游者感到自己是受到了"特别的关照"。

本 章 小 结

1. 导游服务是旅游服务的一项基本内容,在旅游服务中处于极为重要的地位。

2. 导游在游客的旅游活动中对游客的心理有着重要的影响。在游客刚到异地时、在旅游过程中及将要离开旅游地时，导游的言谈举止都会给游客造成影响。

3. 要想做好导游服务工作，必须了解游客对导游服务的心理要求，根据游客对导游的心理要求采取相应的心理策略。例如，树立良好的第一印象、提供微笑服务、正确地使用语言、正确分析把握游客的心理活动、向游客提供超常服务等。

案例分析

一定让老人登上长城

1990年10月，某旅行社一位导游带一个由18人组成的新加坡旅游团，其中有一位81岁的老人偕女儿同行。他是一位下肢瘫痪的残疾人。旅游团到X城，导游安排好游客住下以后，当晚就到客房去看望老人。老人深情地告诉导游："41年了，这是第一次我们父女俩一起回国观光，我有个心愿，在我走之前一定要看看长城，不到长城心不死啊，可是……"导游听罢，对老人说："您克服这么大的困难，不远万里来祖国观光，我一定设法使您尽量多看看。"一路上，导游不厌其烦地与各城市的机场、饭店联络，要求提供轮椅和方便，并不怕劳累地满足老人的心愿：在西安，她亲自推着轮椅带老人看兵马俑；在北京，当汽车抵达长城脚下时，她先带领全团客人登上长城，然后又跑回来找来了4位解放军战士，向他们说明情况请求帮助，战士们听了深受感动，欣然把老人连同轮椅一起抬上长城第一层敌台楼。老人感激得说不出话来，但见他老泪纵横，目击者无不为之感动。待全团客人到齐，留影并拍摄录像时，老人坐在中间，拉着导游的手，热泪满面地笑着说："这样好的导游只有在中国才有，此次来祖国真正感受到了人间的爱……"领队将录像带带回新加坡，作为宣传中国导游优质服务的见证。

分析：旅游行业是一项社会公共事业(包括经济、文化和民间往来等)，具有广泛的全民性，旅游服务也是为全体旅游者服务的。即只要是旅游者，都应该不分性别、年龄、民族、职业、宗教信仰等一视同仁，给予热情接待，使旅游者在旅途中感到安全、方便、舒适、愉快。此案例，导游在游览过程中通过对一位下肢瘫痪的残疾人热情的关怀，让他能够安全、愉快地完成此次旅游，正是让旅游者体会到了这一点。这位导游通过自己向旅游者提供的优质服务，不仅为中国的旅游业做了宣传，而且也增加了两国人民的友谊。

心理测试

特殊场景应变能力测试

测试说明：仔细阅读题目后选择你认为恰当的选项。

1. 在花园里你见到一个女人醉得东倒西歪。这个时候你该如何应变呢？（   ）

    A. 站在一旁观看，并暗想她不应该喝这么多酒
    B. 主动上前打招呼，并询问她是否需要帮助
    C. 厌恶地扭头就走
    D. 泰然处之，就当眼前什么事也没有发生过

2. 如果一个陌生人在酒吧里请你喝威士忌，你会做何反应？（   ）

    A. 欣然接受
    B. 欣然接受，并要求在威士忌酒里加冰块

C. 礼貌地拒绝

D. 坚决拒绝

3. 喝啤酒或威士忌酒时，侍者问你还有何需要时你如何应变？（ ）

   A. 回答说没有

   B. 回答说自己只想喝点酒

   C. 要侍者再来点炸薯条、鱿鱼丝什么的

   D. 对侍者说待会儿再说

4. 好朋友请你喝酒，要你选择场所，你会选择(   )。

   A. 大饭店的吧台

   B. 夜总会

   C. 可以边听音乐边跳舞的地方

   D. 要视朋友具体身份而定

5. 你与朋友正在喝酒时，侍者不慎将酒水洒到你身上，你如何应变？（ ）

   A. 无可奈何地、愠怒地看着侍者赔礼道歉

   B. 用餐厅卫生纸轻轻掸几下，对朋友微微一笑，并不在乎侍者道歉的举动

   C. 冷静地接受侍者的道歉，并劝说他下次小心点

   D. 要求与侍者讨论损失赔偿方案

6. 如果你与另一个人都在等着打出租车，并且你们俩同时拦住同一辆出租车，这时你会(   )。

   A. 不假思索地去抢座位

   B. 急忙向司机解释你有急事

   C. 让那个人乘坐，你自己等一下

   D. 站在那里，看那个人如何反应，再做决定

7. 在公共汽车上，你看到一个男青年坐在座位上而不给站在旁边的一位怀孕妇女让座，你会(   )。

   A. 见怪不怪

   B. 告诉售票员这一情况

   C. 主动走过去请年轻人给怀孕妇女让座

   D. 询问其他乘客是否能给怀孕妇女让座

8. 你在电影院里看电影时，如果前排那个人正好挡住了你的视线，你将如何应变？（ ）

   A. 在那里唉声叹气，做出一些声响，以提醒前排那个人；如不行，则向那个人提出你的问题

   B. 与旁边的人商量一下，可否换一下座位

   C. 无可奈何，坐在那里生闷气

   D. 干脆不看了，转身站起来走人

评分标准：

	A	B	C	D
1	3	4	1	2
2	3	4	2	1

续表

	A	B	C	D
3	1	2	4	3
4	1	2	3	4
5	2	3	4	1
6	1	2	4	3
7	1	2	4	3
8	4	3	2	1

测试说明：

29~32分，你的特殊场合的应变能力很强，能够充分看好时机，采取乐观、积极、向上的态度，净化了社会风气，也净化了人的心灵。

20~28分，你的特殊场合的应变能力不错，基本上能够按正常思维，以平静的心态去解决问题。

12~19分，你的特殊场合的应变能力很一般。由于你始终找不到一种合理解决问题的办法，常常使自己受到某种程度的损失。

11分以下，你的特殊场合的应变能力很糟糕。由于你不懂得用什么方法来解决自己想要解决的问题，这使你陷入了空前的困境。

思 考 题

1．在游览讲解过程中，导游如何抓准不同旅客的心理需求？
2．导游如何满足旅客的好奇心？
3．在游览过程中，导游应如何营造活泼的旅游气氛？

参 考 文 献

[1] 曹日昌. 普通心理学[M]. 北京：人民教育出版社，1984.

[2] 四院校. 普通心理学[M]. 西安：陕西人民教育出版社，1985.

[3] 孔令智，汪新建，周晓虹. 社会心理学新编[M]. 沈阳：辽宁人民出版社，1987.

[4] 赵国祥，赵俊峰. 社会心理学原理与应用[M]. 开封：河南大学出版社，1990.

[5] 刘伟，朱玉槐. 旅游学[M]. 广州：广东旅游出版社，1999.

[6] 李光坚. 旅游概论[M]. 北京：高等教育出版社，1995.

[7] 吴万森，姚清如. 普通心理学[M]. 哈尔滨：黑龙江教育出版社，1986.

[8] 甘朝有，齐善鸿. 旅游心理学[M]. 天津：南开大学出版社，2000.

[9] 刘纯. 旅游心理学[M]. 天津：南开大学出版社，2000.

[10] 伯纳德·韦纳. 人类动机：比喻、理论和研究[M]. 孙煜明译. 杭州：浙江教育出版社，1999.

[11] 诸明德. 旅游心理学[M]. 昆明：云南大学出版社，1999.

[12] 周妙祥. 管理心理学[M]. 厦门：厦门大学出版社，1993.

[13] 龚振. 消费心理学[M]. 大连：东北财大出版社，2002.

[14] 田里. 旅游学概论[M]. 天津：南开大学出版社，2000.

[15] 岳祚莆. 旅游心理学[M]. 上海：同济大学出版社，1990.

[16] 刘大文. 心理学简明教程[M]. 北京：电子工业出版社，1988.

[17] 潘菽. 教育心理学[M]. 北京：人民教育出版社，1985.

[18] 叶浩生. 西方心理学的历史与体系[M]. 北京：人民教育出版社，2001.

[19] 车文博. 当代西方心理学新词典[M]. 长春：吉林人民出版社，2001.

[20] 李丁. 消费心理学[M]. 北京：中国人民大学出版社，2001.

[21] 迈克尔·R. 所罗门. 消费者行为[M]. 张莹，傅强译. 北京：经济科学出版社，1999.

[22] 薛群慧. 旅游心理学[M]. 昆明：云南大学出版社，1997.

[23] 刘灿佳. 旅游心理学[M]. 北京：高等教育出版社，1996.

[24] 孙喜林，荣晓华. 旅游心理学[M]. 大连：东北财经大学出版社，1999.

[25] 乔修业. 旅游美学[M]. 天津：南开大学出版社，1993.

[26] 王兴斌. 21世纪旅游业发展战略与经营管理全书[M]. 北京：人民日报出版社，2001.

[27] 刘振礼，王兵. 中国旅游地理[M]. 天津：南开大学出版社，2001.

[28] 杨乃济. 旅游与生活文化[M]. 北京：旅游教育出版社，1993.

[29] 张永宁. 饭店服务教学案例[M]. 北京：中国旅游出版社，1999.

[30] 李祝舜，李丽. 旅游公共关系学[M]. 北京：中国教育出版社，2001.

[31] 陈志学. 导游员业务知识与技能[M]. 北京：中国旅游出版社，1994.

[32] 国家旅游局人事劳动教育司. 导游业务[M]. 北京：旅游教育出版社，2006.